教養としてのパンク・ロック

川崎大助

光文社新書

目次

序章　パンク・ロックが予言した未来に住まう僕たちは

セックス・ピストルズ、ジョニー・ロットン（左）とスティーヴ・ジョーンズ（Shutterstock/アフロ）

1　日本の日常も、すでにパンクに侵食されている

もしかしたら日本人は、ものすごくパンク・ロックが好き、なのかもしれない。ちょっとばかりユニークな関係性が、両者のあいだにあるみたいに僕には思えるのだ。なににもよらずロックの「過剰性」を好む日本人の嗜好性のなかでも、とくに突出して「パンク」が大好物みたいに見える、そんなときがある。歌舞伎や役者絵の伝統のせいかもしれない。「かぶき者」を許容する文化的遺伝子ゆえ、なのかもしれない。

ゆえに僕は、本書を執筆した。音楽ジャンルとしてのパンク・ロックの歴史や意義、そこから派生した音楽や、あるいはライフスタイルを総覧的に見てみることができる、読み物だ。パンク文化に興味を持ったばかりの人に「役に立つ」のはもちろん、現代の大衆文化のいたるところに遍在する「パンク・ロックの子孫たち」と、あなたがいい出会いをするためのハンドブックとなることを目指したい。

なぜならば、パンク・ロック的発想や哲学は、いまもなお、いやこれからも当分のあいだ、

有用なものだと僕は確信するからだ。「パンクさえ知っていれば」日本人だって、その「有用の波」に乗っかることができると思うからだ。

ポップ・パンクの復活

と、そんなことを言っていると、「パンク・ロックなんて、古いよ！」と突っ込みたくなる人もいるかもしれない。だがそれは、完全なる間違いだ。たとえば２０２３年の現在、英語圏を中心とする大衆音楽界のメインストリームにおいては、「ポップ・パンクの復活」が最新の流行キーワードのひとつとなっている。いくつか例を挙げてみよう。

まずは、オリヴィア・ロドリゴだ。まだ10代にして22年のグラミー賞で三冠に輝いたアメリカ人シンガー・ソングライターである彼女の大ヒット曲「グッド・フォー・ユー」は、誰見まごうことなきポップ・パンク・ナンバーだ。彼女が敬愛するというカナダ人アーティスト、アヴリル・ラヴィーンが18歳でレコード・デビューした当時の、つまりゼロ年代前半の大暴れをリブートしたかのような一曲だったと言えよう。ロドリゴとほぼ同世代のグラミー・アーティストであるビリー・アイリッシュにもパンクからの影響は強く見られる。こっちはゴス経由の、もっとダークな精神性なのだが。男性ならば、ラッパーから転身してポップ・パンク・ヒットを連発するマシン・ガン・ケリーが代表選手だろうか。

もちろん、こうした「メジャー」アーティストではなく、インディーで、アンダーグラウンドで活動しているアーティストたちには、そもそもパンク・ロック的な音楽性やスピリットが色濃い。世界中に無数の実例があるなかで、現代においてひとつ代表的な存在を選ぶとするならば、ロシアのプッシー・ライオットだろうか。彼女たちは覆面フェミニスト・パンク・ロック・バンドとして、プーチン政権下の同国にて、2010年代初頭より「過激な」体制批判を繰り広げている。バンド関係者による、18年のＦＩＦＡワールドカップ・ロシア大会での決勝戦ピッチへの乱入事件をご記憶の人も多いだろう。これまでの幾多の逮捕・拘束や弾圧にも屈することなく、戦い続けている。

のちに詳述するが、各々のフィールドにて「自分のペースで」活動していくメソッドを伝授し、模範あるいは反面教師として指針となったのもやはり、パンク黎明期のロッカーたちだった。だからもちろん、今日においてもなお、どこの国にも在野のパンク・ロッカーは、数多くいる。当たり前だが、現役そのものの状態で。

このようにパンク・ロックとは、ある意味「古くならない」のだ。だから当然、いつのどんな時代だろうが、パンク文化への正しき理解から得られる視座は、そのときどきの現実社会を生き抜いていく上で、きわめて有益なものとなり得る。もちろんこれは、音楽ファン以外にも大いに有効だ。物事を見る目、発想や考えかた、それらの足場となる態度(Attitude)などのすべてに関わるものこそが「パンクという人生哲学」なのだから。

たとえばパンク・ロックとは、さまざまな社会運動、とくに抵抗運動をあなたがおこなうような場合には、いつも足並みを揃えて行進してくれる、またとない心強い友となってくれるものだ。あるいは一方で、ビジネス分野において、高い競争力をそなえたニュー・アイデアへとつながる発想の元ともなり得る。コンテンツ産業全般のみならず、メタバース、VR関連だって相性がいいはずだ。じつはパンクの中にこそ、未来の鉱脈がある。学ぶべき知見が、山ほどある。

そして僕には、こんな目論みもある。パンク・ロックとその文化についてのハンドブックを日本語世界のなかに置いてみることによって起こるかもしれない、効果への期待だ。オランダ東インド会社の商館長が本国に持ち帰った北斎の巻子《かんす》みたいな——そんな効果とでも言おうか。つまり遠くない未来において「じつは教養としてのパンク・ロックにいちばん詳しいのは、日本人だよ」なんてことになったら、面白いじゃないかと思うのだ。そんなとっかかりのひとつに、本書がなれれば光栄だ。

パンクは「教養の産物」

とはいえ、この「教養」という言葉がそもそも気になる人も、きっといることと推察する。教養とパンクとは、一見ひどく相性が悪い取り合わせのように映る、かもしれない。現役パンクスのなかには、本書のタイトルを一瞥《いちべつ》するやいなや気分を害し「なにおう？」なんて気《け》色《しき》ばんでしまう人だって、いるかもしれない。

しかし、早まってはいけない。パンク・ロックとは元来「教養の産物」なのだから。僕が決めたことではない。歴史的事実だから、しょうがない。ちんぴらっぽい外見だったとしても（また実際問題、ちんぴらな内面の人も多かったのだが）、だからといって、それが「教養」と相容れないわけではない。

大量生産・消費型の大衆芸術商品の一典型であるロック音楽のなかには、「教養なくしては解けない」知恵の輪みたいな構造を持つ一群がある。じつはパンク・ロックこそが、史上最初にこうした構造を「大量に」その身中に有するサブジャンルとして、大きな注目を集めたものなのだ。そしてその構造ゆえに、天下を獲った。

パンク・ロックのどこに「教養」があるのか？というと、まず第一に、いわゆる「元ネタ」ありきで始まった創作物が多い、という点が挙げられる。またパンク・アーティスト側が、つまり「ネタの使用者」側が、それを使う意味および意義について、往々にして意識的であったことも大きい。つまり「理由があってのパクり」だという自覚と、その「効果」への関心が、表現の根本にあったわけだ。

だからこの「構造」を読み解くためには、どうあっても最低限度の教養がないといけない。作り手側と同程度ぐらいの、教養は。つまりパンク・ロックの内実とは、外見からくる大雑把なパブリック・イメージとはかなり違うということを、まず僕は言いたいのだ。

日本のパンク受容

じつは日本におけるパンク受容のありかたも、かなり「教養」的だった。パンクという抽象概念、テイストそのものを噛み砕き、各人が「ああ、あれね」と普通に理解できているからこそ到達し得た、とてつもなく広範な「パンク土着化」に成功しているという点が、証拠のひとつだ。「海外由来の教養として」頭で理解して、そして、日本語世界にパンクは移植され続けてきたのだ。

たとえば、あなたは幾度も耳にしたことがあるはずだ。形容詞としての「パンク」を。ごくごく普通の、日本語の日常会話のなかに、すでにして「パンク」は明確な居場所を得ている。元来は英語の「Punk」だったものが、カタカナ表記の外来語として。

誰もが馴染みあるだろう例としては、人物を指して「あいつはパンクだ」とか。「あの発言は、パンクだなあ」とか。ヴィジュアル面の「パンクな感じ」のほうが、わかりやすいかもしれない。髪型や服装、グラフィック・デザインなどにおける「パンク調」というやつだ。「パンクな絵柄のTシャツ」なんて言葉を目にしただけで、そこからすぐに、「なるほどね。ああいった感じね」と、なにかしらのイメージを思い浮かべてみることができる人は多い(でしょう?・)。

そんな日本で「パンク好き」として知られる著名人を列記してみよう（以下、すべて敬称略）。脚本家そのほかで活躍の宮藤官九郎、俳優の阿部サダヲ、黒木華《はる》、成海璃子、コメディアンの小峠英二、千原せいじ、タレントの千秋、福田萌……などをまず挙げることができる。

映画界や出版界にも「パンク好き」は多い。本職（直接的にパンク・ロックに関わっていた）人も多い。前者は石井岳龍《がくりゅう》（旧名・石井聰亙《そうご》）監督、山本政志監督など。後者は作家の町田康（歌手時代は町田町蔵）が筆頭だ。ライターのブレイディみかこはパンク好きが高じて渡英したという。

漫画界は、もっとすごい。パンクを愛する漫画家や、パンク・スタイルが反映された漫画作品は、数えきれないほどある。最近のわかりやすい「パンクっぽい」例は、藤本タツキ『チェンソーマン』あたりだろうか。

ここらへん、そもそもは80年代に雑誌『宝島』などが内外のパンク・ロックをコンスタントに紹介していたせいで、日本では裾野がとてつもなく広がったことの反映だ、との見立てもある（漫画以外では、劇団系やコメディアン系の「パンク好き」への影響も、この筋からのものだとの分析だ）。

原宿も強い。いや、原宿のストリート・ファッション界こそが、日本の洋楽パンク・ロックの聖地なのかもしれない。たとえば世界のモード・シーンを結果的にリードしてしまった、いわゆる「裏原」ファッションの関係者は「熱心なパンク・ロック信者ばかり」と言い切ってもいいほどだ。今日の原宿の基礎教養・音楽編は、ビートルズでもストーンズでもなく「まずはパンク」と言っていい（次点がヒップホップだ）。同様の意味で、ニューヨーク発のストリート・ブランド、シュプリーム（Supreme）も、もちろんパンク・ロックなしには成り立たない。だから米日ともに、スケートボード、スノーボードなどエクストリーム・スポーツの界隈で、パンク・ロックが鳴り響かない日はない。

肝心の音楽界、日本のロック界も、パンク・ロック抜きには一切語れない。往年のスターリン、アナーキーといったど真ん中の大物から、泣く子も黙るハードコア勢まで、また逆に極大の大衆的人気を得たブルーハーツから、忌野清志郎が「商業的にブレイクしたときの髪型」まで……日本人は本当に、パンクが「大好き」だという実例が、果てしなくある。

だから僕は、これはすごくユニークなことだと思う。なぜならば、数あるロックのサブジャンル名称のなかで、たとえば日常語としてここまで日本で広まったものなど、ほかにないからだ（「スワンプな奴」「ガレージな発言」なんて、まず言わない）。

音楽シーン、音楽ファンの専門領域を軽々と越えて、「パンク」という語と「パンクなイメージ」は、いつの間にかここ日本でもほぼ市民権を得ていると言っていい。「出どころ」である英語の世界と比べても、日本におけるこの定着ぶりは、ほとんど見劣りしないんじゃないかとすら正直思う。

かく言う僕も、パンク・ロックによって「ロック音楽の聴きかたに目覚めた」者だ。だからもし自分が、「このくされパンクスが」なんて誰かに罵倒されたならば、まあしょうがないよね、本当にそうなんだから――というぐらいの自己認識は、つねにある（決してそれが誇らしいわけではないのだが、しかし事実として）。

そんなパンク・ロックの「スタイル」や「概念」の起源はただひとつ、１９７０年代の英米のポップ音楽シーン、その片隅だった。ロック音楽のサブジャンルに端を発するものこそが、「パンク」の源流だった。

2　現代文化の隅々にまで、パンク・ロックの影響がある

パンク・ロックのざっくりした全体像

音楽ジャンルとしてのパンク・ロックは、70年代半ばに確立したものだ。おおよそ、楽曲の概観としては、以下のような傾向が強い。

まずは、エレクトリック・ギターだ。回転する旋盤や作動中の削岩機などと評されることもある、激しく、ささくれ立って、かつタイトなギター・サウンド。おもにコード・カッティングもしくは「リフ」を弾き、長いソロなどほとんどない。だからベースの主張力がとても重要となる。そんな音像を、シャープでタイトかつ「速い」ドラムスの8ビートがバックアップしていく。つまり60年代初期、もしくは50年代に先祖返りしたかのようなシンプルなロックが原型だ。ロック界にて巨大に成功した「最初の」リヴァイヴァル・ムーヴメントだと解釈することもできる。とはいえ、これが単なるリヴァイヴァルでは済まなかったとこ

ろが「事件」となった。

パンク・ロッカーたちは、おもに「ビートルズ中期以前」の時代のロックから、「甘さ」「やさしさ」「さわやかさ」などをほぼ完全に「切除」して、荒っぽさ、生々しさ、トゲトゲしさ、野卑な高揚感などを抽出し、培養した。さらには「ビートルズになれなかった」60ｓ～70ｓ初頭のガレージ・バンドの魂の咆哮《ほうこう》をも、我がものとした。墓場を掘り返し、亡霊たちを再決起させた。

そして音と拮抗していくヴォーカルは、流麗なメロディを歌うのではなく、叫ぶ、吠える、うなる――シンプルかつ往々にして過激な内容の歌詞に宿った「激情」にかられて、先へ先へとつんのめっていく。あらゆる強迫観念に急《せ》きたてられているかのように……といったところが、パンク・ロックのざっくりした全体像だ。「砕かれたガラス瓶や、錆びついたカミソリの刃のような音」だと言われることもある（セックス・ピストルズ）。

パンク・ファッション

そうしたパンク・ロックの精神性については、先鋭的で、潔癖症的で、妥協のない姿勢がよく指摘される。そんな内面がストレートに反映された結果、「新しい」感触を持つロック音楽となって、当時大きな注目を集めた。最初はニューヨークで誕生し、直後ロンドンで大きく花開いた。そして、すぐに散った——のだが、しかしそのビッグ・バンは、その後のロック界のみならず、現代文化の隅々にまで、ぬぐい去りがたい巨大な影響を残している。

音楽そのものだけではなく、演奏者であるバンドや取り巻きたちのスタイル（パンク・ファッション）も、世を騒がせた。ちんぴらっぽい、あるいは世間の良識を嘲笑《あざわら》うかのような「過激」きわまりない装いこそが、まずなんと言っても「パンク」のイメージを決定づけたのかもしれない。

加えてパンク・ロッカーたちの言動や哲学、作品を彩ったグラフィック・デザインなども、たびたび衝撃を呼んだ。音楽業界なんかはるかに跳び越えて、広い世間において、社会的に、ときには政治的にも物議をかもした。具体的には、イギリスのタブロイド系大衆新聞お気に入りのスキャンダル題材として、パンク・ロックおよびパンクスは、なにかにつけ叩かれることになる。

そしていつしか、「パンク」という言葉は人口に膾炙《かいしゃ》し、前述のような形容詞としても定着していったわけだ。英語圏のみならず、世界中で。ここ日本でも。

パンク神話と教養

とはいえパンク・ロックとは、「ファン以外の」広い世間からは、なにかというと「軽んじられる」傾向があるのも事実だ。おおよそのところ「こんな程度なんだろう」なんて思われているだろうところを、描写してみよう。まずは典型的な例から。

「パンク・ロックとは、やんちゃな奴らが勢いにまかせて、無手勝流で好き放題やって暴れているだけなのだ。その程度のことが誉《ほま》れの、適当な音楽ジャンルなのだ」

とまあ、こんな具合に決めつけられているようなフシがある。もっともこれは、明らかなる小児的ファンタジーでしかないのだが、しかし一面、これこそが「パンクの人気をぐんぐん伸ばした」神話の最たるものだったことも、否定できない。

だからこの先入観に、具体例を与えてみると……こんな感じだろうか。（1）演奏は、下手ならばより下手なほうがいい。(2) 頭と性格は、悪ければ悪いほうがいい。(3) なによらず「無知な素人」が、手っ取り早く、素朴に「手作り」したものがいい。(4) さらにそれを「年若い女子供」がやっていれば、なおいい——とかいったもの、だったろうか。

しかしこれらは「神話」だから、基本的に全部嘘か、なにかが針小棒大に誇張されているだけの、それこそ「子供だまし」の物言いでしかない。真に受けてはいけない。

真実は、本物のパンク・ロックの原型とは、正しく「教養」の産物であり、ゆえにポップ音楽におけるポストモダン時代の到来を、これ以上なくド派手に告げるものだったのだから。西洋史におけるルネサンスにも匹敵する、巨大かつ革命的な文化運動だったのだから。

「自らの疎外感、孤独感をこれほどまでにあけすけにひけらかした若者文化もかつてなかったが、そのニヒリズムを国家に対してだけではなく、若者文化にまでも向けたのは、パンクが初めてであった。戦後の数々の若者文化の歴史やスタイルをすべて叩き潰し、切り刻んだ上で、安全ピンでつなぎ合わせたのが、パンクたちだった」

(ジョン・サベージ『イギリス「族」物語』岡崎真理・訳／毎日新聞社／99年より)

これものちに詳述するが、黎明期のUKパンク・ロック・バンドが音楽性の「ネタ」として好んだもののひとつが、60年代半ばに同国で隆盛を見たモッズ（Mods）文化由来のバンド群だった。モッズとは、現代的な人たちという意味の「モダーンズ（Moderns）」から転じた、ある特定のライフスタイルを愛好する若者の「族」を指す流行語だった。だからその文化をサンプリングした上で改変し、「安全ピンでつなぎ合わせた」パンクがポストモダンとなる——というのは、たまたまにしては出来過ぎの話みたいにも思えるのだが、本当だ。

3　ジョン・ライドンの「教養」が、ロットンをリチャード三世にした

シェイクスピア作品からの影響

さらに、一流パンクスの「教養」とは、たんに若者文化、ロック音楽の知識だけに留まるものではない。一例を挙げよう。たとえばジョン・ライドンの教養がある。

ロンドン・パンクどころか、地球上すべてのパンク・ロックの基礎を決定づけてしまった怪物バンド、セックス・ピストルズのフロントマン「ジョニー・ロットン」として世を震撼《しんかん》

させた彼は、基本的にすべての歌詞を書き、歌ったのだが、決して博覧強記の人ではなかった。だがしかし、彼についてこう言い切ることはできる。

「自らに必要なことはすべて、『教養』として蓄積完了している、切れ味のいい知性と批評眼をそなえた」そんな若者だったのだ、と。10代終盤にして、すでに。

その証拠のひとつが、ライドンが「演じた」初代パンク・ヒーローと呼ぶべき「ジョニー・ロットン」のキャラクター設定だ。ここには、シェイクスピア作品からの影響が大きい。16世紀から17世紀にかけてイングランドで活躍した、英文学史上に燦然《さんぜん》と輝く劇作家にして詩人の、あのウィリアム・シェイクスピアのことを、僕は言っている。

嘘ではない。なんせライドン本人が幾度も語っていることなのだから。数多いシェイクスピア作品のうち、彼が「ロットン」を演じるときのイメージ・モデルとしたのは、名作『リチャード三世』にて描かれた、醜く性格悪く、愛されない王の姿だった。

とくに映画化されたものに、ライドンは大きなインスピレーションを得ていた。名優ローレンス・オリヴィエが監督・脚本・製作・主演の四役をつとめた1955年版の同名映画におけるリチャード三世像が「胸くそ悪くなる感じ」で、ことのほか気に入っていた。もちろん彼が映画を観たのはピストルズ加入前のことだ。そしてライドンは、初めてのバンド活動であるこのときに、自らがリチャード三世と化すことを思いつく。

つまり、ライドンの「教養」ゆえ、薔薇《ばら》戦争時の15世紀イングランドに生まれ没した、ヨーク朝最後の悪名高き王の「玄孫《やしやご》引き」ぐらいのサンプリングがおこなわれたわけだ。その発想が、唾ばかり吐く、猫背でいつも不機嫌そうなパンク・ロッカー像へと結実した。これによってポップ音楽界は、いや「パンク以降」の大衆文化は、その性質が永遠に変わってしまうほどの「激震」をこうむることになったわけだ。

これこそが「教養の力」にほかならない。だから聴き手である我々としては、ライドンがリチャード三世を「使った」動機をつかまえてみる必要がある。さらにライドンは、50年の映画『シラノ・ド・ベルジュラック』にてホセ・フェラーによって演じられた、醜いながらも純真な近衛騎士シラノのイメージも大変お気に入りだった旨の発言をしている（「映画のなかの見捨てられた役に惹かれる」と言っている）。つまりここらへんが、ジョニー・ロットン像の元ネタの一部だった、ということだ。まさに「教養の上に立った」強靭なイメージこそがパンク・ロックを生み出したのだ。

こうした点を把握することが、セックス・ピストルズへの、パンク・ロックへのより深い理解を生むことはもちろん、当時から現在にまで至る「パンクによって変えられた社会」の来し方行く末を、立体的に把握することにも大きく貢献するはずだ。もってポスト・ポストモダン社会のありようをも、謙虚に見つめるための思考装置ともなり得るはずだ。

21世紀とは、20世紀の総括の上にしか、成り立たない。つまり（これも言葉遊びではなく、事実として）パンクをしっかり理解した上での「ポストパンク」以降にしか、ない。たとえばいま現在のストリーミング・サーヴィスほか、ネットを介した文化的商材のやりとりの発想の根本部分には、かつて無数のパンク・ロッカーたちが「それまでの常識」にボコッと穿《うが》った空洞が、ちょうど柱穴みたいにして機能しているとも言える（ヒッピー哲学がインターネット発展の基礎となったわけだから、これは当然といえば当然のことなのだが）。

パンクな首相

そしてなによりも、度しがたい怒りにとらわれたとき、髪を逆立て、Tシャツとジーンズを引き裂いて、中指を立てて異議の叫び声を上げたくなったとき（あるいは、気持ちだけでも、そうなったとき）——あなたが無意識に模倣しようとした「その類型」の原点を、真の意味を知っておくことは、決して無駄な行為とはならない。それどころか、有形無形の、大きな助けとなるはずだ。もしかしたら、人生の土壇場においてすら。

真なるパンクとは、どこまで行っても「反逆者」の意味をともなうもの、だからだ。他者を「上から踏み潰す」側ではなく、踏まれる側につねにあって、てやんでえと「あらがう」ときの流儀であること——この点にかんしては古今東西、地球上のどこに行っても変わることはない。だからパンクな庶民ならいくらでもいるが、パンクな王様は（もしいるとしたら）語義矛盾でしかない。

パンクな首相なら、いた。２０２１年12月に退任したドイツ首相のアンゲラ・メルケルだ。16年にわたる首相職の締めくくりとして、退任式典で彼女が選んだ曲は、ニナ・ハーゲンの74年のナンバー「Du hast den Farbfilm vergessen（邦題「カラーフィルムを忘れたのね』)」だったことが、話題となった。かつてメルケルが共産圏だった東ドイツ在住の青春時代に親しんだのが、この曲だったという。強制収容所で没したユダヤ人の祖父の血を引くハーゲンも同じ東独出身で、76年に西側に脱出し、パンク・シンガーとして国際的に名を成した。音楽性的にはニューウェイヴのほうが近いと僕は思うが、アーティストとしての姿勢は、間違いなくパンクだ。東独出身のメルケルが、ハーゲンの息吹を吸って、のちに統一ドイツを率いる宰相となった——という文脈もまた、「踏まれても、あらがう」パンク精神と一脈通じるものがある、のかもしれない。

かつて世界には、東西冷戦があった。世紀末はまだ先だったのだが、そこまでたどり着けないような切迫した終末感すらあった。公害も、テロも、極右の跋扈《ばっこ》も、限定核戦争の恐怖も、不況も、麻薬禍も、地を覆わんばかりに増殖を重ねていく「新しい」資本主義の伸長も、あった。イギリスではマーガレット・サッチャーが、アメリカではロナルド・レーガンが牙と爪を研いでいた——そんな時代相のなかで「誰に求められることもなく」誕生した、ロック史上最強の私生児こそがパンク・ロックだった。ロックンロールの「本義」の一部が、まるで戯画化されたみたいにして結晶した「スタイル」こそがこれだった。

いま一度、あの混沌の時代へと旅をしてみよう。「ノー・フューチャー」と言われてしまったあとの「未来」に住む僕らになら、それができるはずだから。

第1章

なぜなにパンク・ロック早わかり、10個のFAQ

ラモーンズ。左からジョニー、ジョーイ、トミー、ディーディー
(Photofest/アフロ)

ではここで、初歩の初歩から「パンク・ロックのＦＡＱ」をやってみよう。いまさら聞けない系の、素朴な疑問への回答と解説だ。音楽性だけでなく、外見も含め、なにはなくとも「個性が強い」のがパンク文化の一大特徴。ならば、それら特徴のひとつひとつについて「なんでそうなるの？」という原点をほじくっていけば——きっとあなたの、パンク理解はぐっと深まるに違いない。まずは音楽編から、行ってみよう！

Ｑ１-１「どんな音楽がパンク・ロックなのか？　実例を」基礎編

なにごとにも「典型」というものがある。パンク・ロックとて、それは同じ。そこでまずは、初心者のかたでもＯＫの「３曲でわかるパンク・ロックの基礎」というのを、やってみよう。「これだけ聴けば、パンクがわかる」——というものの３つの選曲を試みると、僕ならば、こうなる。

１　ラモーンズ「ブリッツクリーグ・バップ」（1976年2月／Sire／米）

なにはなくとも「パンク・ロックという音楽スタイルの基本型」の、おおよそ8割方は、この一曲を聴くだけで理解できるはずだ。邦題は「電撃バップ」。速いビート（ＢＰＭおよそ１７７）の短い曲（約2分10秒）、コードは３つ。そしてディストーション・ギターのリフは一種類……だから、ギターを初めて買った若者がその日のうちに弾ける（速さにさえ、ついていければ）。そして一度聞いたら一生涯忘れようもない（ベイ・シティ・ローラーズ「サタデイ・ナイト」のコールをパクった）「ヘイ！ ホー！ レッツ・ゴー！」のチャント――というこの一曲が、巷間「世界で最初にパンク・ロックのスタイルを提示したナンバー」だと言われている。

歌詞の内容は、進撃していくワルガキをナチスの電撃戦（後述）に見立てたもので、だから素朴なキッズ讃歌であり、パーティー・ソングだ。音楽的には、60ｓガレージ・ロックからの影響が大きい。だから曲構成は、まるでビートルズ初期かそれ以前のようなシンプルなロックンロール構造で、この点では、リヴァイヴァル以上の意味はなにもない。だがしかし、そこに「ラモーンズならでは」のビート感とスピードが加わると、意味がまったく違ってくる。楽曲のタッチが、ニュアンスが瞬間的にアップデートされて、「一直線に突っ走る、刺激的な最新ポップ・チューン」へと大変貌する――つまり、これこそが「パンク・ロックという出来事」だったわけだ。

当曲は、この「公理」を、突然にして彼らが「発見」してしまったことを高らかに告げるナンバーだった。まさに偉大なる発明品であり、かつまた「とても簡単な」一曲でもあったから、模倣者が世界中で増殖し続けた。『教養としてのロック名曲ベスト１００』（以下、『名曲１００』）にランクイン。彼らのセルフ・タイトルド・デビュー・アルバム（『教養としてのロック名盤ベスト１００』、以下『名盤１００』にもランクイン）のオープニング曲もこれだった。

２　セックス・ピストルズ「アナーキー・イン・ザ・ＵＫ」（１９７６年11月／EMI／英）

ロンドン・パンクの「地獄の季節」の——つまり、最高の季節の——幕開けを告げた必殺ナンバー。セックス・ピストルズのデビュー曲だ。

当曲は、なによりもまず、イントロダクションのギターだ。スティーヴ・ジョーンズによる、一世一代（かもしれない）すさまじいまでの「破壊力」が、そのコード・カッティングには宿っていた。ミッド・テンポで、Ｇ、Ｆ、Ｅ、Ｄ、Ｃと順に下方へと「崩れ堕ちていく」かのような連続のなかに、きわめて高純度の荒々しい「怒り」が充満——これぞ「ピストルズのパンク・ロック」の結晶、その一発目を告げる大号砲だった。彼らのデモ・テープ制作を手伝っていた、イギリスのロック／ジャズ・アーティストにして練達のギター・ヒーローのクリス・スペディングは、ジョーンズのセンスをべた誉めしていた。「20年間ロックンロール畑で仕事をしてきたけど、これほど表現力豊かなギター・ラインを持つバンドにはお目にかかったことがない」と（ジャーナリスト、キャロライン・クーンの証言。ジョン・サヴェージ『イングランズ・ドリーミング　セックス・ピストルズとパンク・ロック』水上はるこ・訳／シンコーミュージック／95年より）。

そして、ヴォーカルのジョニー・ロットン（ジョン・ライドン）だ。彼のほうは、クーン本人の言葉として、こんなふうに称賛されている。「ジョニーは若い頃のランボーみたいだったわ、思慮深く、激しく、美しかった」（同前）。この「美しき」パンク・ランボーは、アメコミ・ヴィランみたいに毒々しく笑い、吐き捨てるように、そして痙攣《けいれん》しているかのような耳障りな声で、社会の良識をひたすらに侮蔑する。「俺は反キリストだ／アナキストだ」で幕を開け、「無政府状態（Anarchy）をイギリスに」と繰り返し、「デストロイ！」で幕を閉じる――という、そんな一曲だ。『名曲１００』にランクイン。また『名盤１００』にランクインした彼らのデビュー作にしてたった１枚のオリジナル・アルバム『ネヴァー・マインド・ザ・ボロックス、ヒアズ・ザ・セックス・ピストルズ（邦題『勝手にしやがれ!!』）に収録されている。

当曲を始め、セックス・ピストルズの音楽性には、じつはラモーンズの影響は、ほとんどない――ということに、表向きはなっている。幾度も執拗に、ライドンが否定している（の、だが……この因縁話の詳細はのちほど）。ガレージ・ロックの影響はある。だからラモーンズよりもデビューは後だったのだが、同じルーツからの養分も吸収していたわけだ。しかし彼らにとってより大きなものは、60年代イギリスの「モッド・ポップ」だった（対してラモーンズは、ピストルズと比べると、こっち側の素養への傾斜がずっと小さい）。

３　ザ・クラッシュ「ホワイト・ライオット」（１９７７年３月／ＣＢＳ／英）

そしてこちらは、明らかにラモーンズの影響のもとに作られた一曲だ。その意味で、音楽的にはロンドン・パンクの典型のひとつかもしれない――というのが、このザ・クラッシュのデビュー曲だった。このあとの彼らとはかなり違う、性急なビート。つまり「ラモーンズ直系」のリズム・セクションに、まるで追い立てられているかのように、ヴォーカルのジョー・ストラマーが吠える。狙ったのだと思うのだが「ブリッツクリーグ・バップ」よりさらに曲は短い。ワーッとがなり立てたと思ったら、スパッと終わる。あっけないほど、あとくされなく、パッと散る。

そんなナンバーにおける「クラッシュらしい」特徴の第一とは、まず、歌詞のモチーフだ。「白い暴動、来たれ暴動／白い暴動、俺の暴動」と、前のめりに連呼される。「白い暴動」とは、なにか？　今日の目で見ると、まるで白人至上主義者がブラック・パワーに対抗したつもりで唱える「ホワイト・パワー」にも似ているのだが――だからまるで人種闘争を呼びかけているかのようだが――まったく違う。逆だ。ここでは、以下のようなアジテーションがおこなわれているのだから。白人ももっと声を上げるんだ、蜂起せよ、「76年のノッティング・ヒル・カーニヴァルの暴動で立ち上がった黒人たちのように」――というのが、この歌詞の趣旨だ。ストレートに、直接的に「政治的」なのだ。

つまり戦うべき真の相手は「体制そのもの」。だから「抑圧されている者」は、黒人もアジア人も白人もみんな連帯して立ち上がらなければならない。「ビッグ・ブラザー」に対抗して！……と、そんなふうにストラマーは、ここで階級闘争を呼びかけているわけだ。まるで左翼セクトか労働組合の集会の演壇に立った熱血弁士のごとく。要するにアジビラや告発文、デモのコール&レスポンスやチャント、シュプレヒコールなどの要素が、ど真ん中豪速球パンク・ロックの燃料たり得ることを、クラッシュが身をもって示してくれたナンバーが、このデビュー曲だった。

にもかかわらず、早くもほんのすこし「音楽的に豊か」だった点も彼ららしい（特徴の第二）。当曲において唯一「ブリッツクリーグ・バップ」より多いものが、コードの数だ（と言っても、他ジャンルよりは全然少ないのだが）。コーラス部は２コードながら、ヴァース部およびギター・リックにはもうひとひねり、50ｓロカビリーからの遠い道のりすら、うっすらと垣間見えてくる。のちに「史上最も音楽的に豊潤かつ幅広いパンク・ロックの確立」という、一大事業を達成するバンドとなる萌芽が、すでにここにある。当曲は彼らのセルフ・タイトルド・デビュー・アルバム（邦題『白い暴動』、『名盤１００』にもランクイン）に収録されている。

Ｑ１-２「どんな音楽がパンク・ロックなのか？　実例を」発展編

基礎の次は「発展型」の実例を見てみよう。精神性はまぎれもないパンク・ロックでありながら、しかし音楽的にはさらに発展していった、という3曲。つまりパンク・ロックに立脚しつつ、そこから徒歩でたどっていける「果てしない未来への可能性」をも指し示してしまった――そんなナンバーが、これらの3つだ。

1　ザ・クラッシュ「(ホワイト・マン) イン・ハマースミス・パレス」(1978年6月／CBS／英)

パンク・ロックなのだが、レゲエなのだ。いや、レゲエなのに、熱き血潮たぎるロックであり、そしてまぎれもなくパンク――という一曲がこれだ。クラッシュの専売特許である必殺技「パンクな精神にて楽曲に取り組めば、元来それがどんなジャンルであろうとも、パンク・ロックになり得る」が、目に見えて発揮され始めたのは、ここらへんからだった。

歌詞が玄妙だ。オールナイトのレゲエ・コンサートをハマースミス・パレスに観に行った主人公が、思いついたことをつらつらつぶやく、という外枠なのだが、これが――大袈裟に言うと、まるでプルースト『失われた時を求めて』のマドレーヌ効果のごとく――寂れゆくイギリスの「現在」の、かなり広い範囲を次から次へと素描していくことになる。この点で当曲は、クラッシュの代表曲のひとつとして、またパンク・ロック史に残る名曲として、多くの人に記憶されている（レゲエなのに）。

主人公は、社会に幻滅はしているものの、とくになにもできない（やらない）「ダメな白人の僕」だ。ジャマイカから「レベル・ロッカー」がやってくると期待したのに、そうじゃなかったという手前勝手な幻滅が引き金となって、そこから思考が広がっていく。印象的なフレーズは、多々ある。「オーヴァーコートに合わせて、投票先を変える人々は／アドルフ・ヒトラーが今日やって来たら、リムジンでお出迎えするんじゃないか」とか。「白人の若者、黒人の若者／もっと別の解決法を探したほうがいい」とか。「ＵＫのパンク・ロッカーは、喧嘩に忙しくて」いろんなことに気づけないんだ、とか……。そして結局のところは、主人公の自虐と自嘲へと、語りは収斂《しゅうれん》していく。こうしたモノローグの乗り物として「ぶっといレゲエのビート」が最適だということを、彼らはここで実証した。

すでにして当曲で、ジョー・ストラマーは「政治的なパンク・ムーヴメント」すらをも対象化している。しかしそこにあるものは、諦念《ていねん》ではない。「白か黒か」と性急に答えを求めるがゆえに失敗する愚から、遠く離れていくための歌なのだ。主人公の意識の流れに同期していくことで、結果的に「革命は一日にして成らず」「だから歩みを止めないこと『こそ』

が重要なのだ」といったテーゼが立ち昇ってくるように、綿密に設計されている。当曲はシングル曲として制作された。『名曲100』にもランクイン。のちにアメリカ盤デビュー・アルバムに収録された。

2　バズコックス「エヴァー・フォーレン・イン・ラヴ（ウィズ・サムワン・ユー・シュドゥントゥヴ）」（1978年9月／United Artists／英）

のちの世の「ポップ・パンク」と呼ばれるジャンル——つまり、かなり大きなマーケットを形成することになる「人好きがする」パンクの典型例——の、出発点と呼ぶべき傑作ナンバーがこれだ。すさまじくキャッチーなイントロ。ざらついて、しかし哀切の、2コードのストロークとリフ。そしてなによりもこの曲は「恋の歌」だった。当曲以前にも恋愛について歌ったパンク・ロックはあったが、これほどまでに「聴き手の感情をゆさぶった」ものは、なかった。「深い情感を共有する」という機能が、バズコックスによってパンク・ロックに書き加えられることになった。そんな画期的な一曲がこれだ。

恋は恋でも、当曲は「決して叶わぬ恋」について歌っている。タイトルは「恋したことあるかい？（すべきじゃない人に）」という意味だ。だから歌い出しは、ウェットきわまりない。「お前は俺の自然な感情を袖にする／お前は俺を汚物になった気分にさせる／それって、つらいんだ」……巷間、このストーリーについて、いくつもの「読み」がある。不倫だとか、友人の彼女への横恋慕なのだとか、あるいは、ゲイであることを隠している人が、異性愛者の親友に対しての秘めたる気持ちを歌ったのだ、とか……とまれ主人公が抱え続けている、誰にも言えない胸苦しさを「ここでだけは」、つまり歌のなかでだけは吐露しているようなニュアンスなのだ。だから聴き手は、主人公に、あるいはソングライターであり歌い手のピート・シェリーに、バンドに、とても親密な感情を持った。まるで友だちのひとりがそこにいて、打ち明け話を聞かされているかのような。一緒になって涙を流し、つらいよなあ、それってつらいよねえ、と慰めあっている——かのような。

イングランド北部の都市、マンチェスターのバンド・キッズが、セックス・ピストルズに大きな衝撃を受けて結成したのがバズコックスだった。つまり「パンク第二世代」であり、地方の星となるべき運命を彼らは背負った（そして、見事それを果たした）。この曲だけでも、21世紀の今日に至るまで、幾度もカヴァーされ、映画やドラマに使用され続けている。シングル発売され、アルバム『ラヴ・バイツ』に収録されている。

3　ザ・ストラングラーズ「ノー・モア・ヒーローズ」（1977年9月／United Artists／英）

異色の、と枕詞《まくらことば》を付与すべきパンク・ロッカーが彼らだ。ヴォーカル・ギターのヒュー・コーンウェルらが、当時の基準としては「高年齢」（と言っても20代終盤だったのだが）であり、かつまた、大学卒のメンバーがいた（ヒューは生物学の学士号取得後、スウェーデンの大学で研究生活を送っていた）。最大の「異色」は、キーボードが前面に出ていたところ。とかくギター・サウンド主体だったシーンのなかで、この点が斬新だった。しかしシンセ・ポップ的なニューウェイヴというわけではなく、精神性はまぎれもなくパンク。しかもかなり、暴力的な。

アンサンブルの要となっているのは、ベースだ。この時代、パンクとレゲエの混淆にあらわれているように、ベースの存在感が次第に大きくなっていた。リズム隊の一員としてビートを支えるのは当然として、同時にまた、「低音のメロディ」にて楽曲を先導していくリード楽器としての役割も、しばしば担っていた。その典型例が、このジャン＝ジャック・バーネルの、ぶりぶりと鳴る、でっかい音のベースだった。彼も大卒であり、また同時に、極真空手の黒帯である点も日本で話題となった。彼のありようが、ストラングラーズの暴力性のほとんど大半を説明している。つまり知性的で、かちっとタイトに構築された「一撃必殺」

のパンク・ロックだということだ。

「ヒーローなんて、もういらない」と繰り返される当曲の主題は、たしかにパンク・ロックっぽい（クラッシュのナンバー「１９７７」みたいだ）。しかしその「ヒーロー」が、こっちの場合、ひと味違う。ロックスターやスポーツ・ヒーローとかではなく（以下、出順に沿って）、まずはトロツキー、次にレーニン、それから贋作画家のエルミア・デ・ホーリー、そして小説『ドン・キホーテ』に登場する従者のサンチョ・パンサ（つまり架空の人物だ）を並べて、そして彼らに「なにが起こったか?」と問う。「ヒーローたちに、なにが起こったのか?」と……まさに教養としか言いようのない方向から「暴」を振るうこのナンバーに、聴き手は新鮮なる興奮を覚えた。シェイクスピアの全作品も、その現在的な価値を問われている。「奴らは、自分たちのローマが燃えるのを見たはずだ」と。

パンク・ロックという「発想と態度」の出現は、無数の在野の才人たちへの目覚まし時計、もしくはビッグ・バン的な役割を果たした。ストラングラーズ同様、たとえばエルヴィス・コステロなども「パンクに触発されて」シーンの第一線へと躍り出た。そこからニューウェイヴやポストパンクといった、未来への架け橋が生まれ出た。そんな混沌のど真ん中で、狂おしく鳴り響くロックが当曲だった。意外にヴォーカルが演歌ちっく（こぶしが効いている）なのも、ストラングラーズ味だ。同名アルバムに収録されている。

と、ここで一息。さらなるパンク・ロックの発展型や亜種、あるいはルーツ解析などについては、のちほどあらためて記そう。ここからは一度すこし音楽から離れて、文化体系としてのパンクに目を向けてみたい。次項はパンクスの「外見」つまりは「スタイル」から、思想にまで視野を広げたときに湧き上がるだろう「なんで?」についてのＦＡＱだ。

Ｑ２「パンク・ロッカーの髪は、なぜ逆立っているのか?」

スパイキー・ヘア（Spiky Hair）

これは「わざと」逆立てているからだ。自然にああなったわけでも、『ドラゴンボール』みたいに、なにかやろうとした（気合を入れた?）ための副産物でもない。

パンク由来の逆立て髪型は、一般的にスパイキー・ヘア（Spiky Hair）と呼ばれる。とくに初期パンク・ロック・スタイルのアイコンとして有名になったのが、それだ。頭全体の髪が全方位的にツンツンと、たんぽぽの綿毛が硬化したか、ウニの殻か、もしくはイガグリみたいに突き立っているスタイルだ。アルバム『ラプソディー』でブレイクしたころの忌野清志郎、あるいはザ・クラッシュ初期のポール・シムノンを思い出していただきたい。

このスタイルの「出どころ」のひとつが、ニューヨークのロック・アーティストにして作家、リチャード・ヘルの髪型だと言われている。同地が誇る文芸派パンク・バンドであるテレヴィジョンを率いるトム・ヴァーレインと同郷の友人どうしであり、同バンドの初期メンバーでもあったヘル（もちろん芸名だ）は、19世紀フランスの詩人、アルチュール・ランボーに傾倒していた（これも「教養」だ）。ランボーの有名なポートレートに、まるでひどい寝癖のような髪をしているものがある。エティエンヌ・カルジャによって１８７１年10月に撮影された、ランボー17歳当時の肖像写真だ。ここからヘルはスパイキー・ヘアを思いついたのだ、との説がある。または、ヌーヴェルヴァーグの名作であるトリュフォーの『大人は判ってくれない』（59年）の主人公、12歳のアントワーヌを演じたときのジャン＝ピエール・レオの髪型が影響していた、とも……。

70年代中期のロック界隈は、どこもかしこも長髪だらけだった。サラサラなストレート・

ヘアもあれば、パーマ・ヘアも人気だった。それらへの反逆心から、パンクスはこぞって、まっすぐな髪を「スパイキー」に仕上げた。だから彼らの逆立った髪とは、どこか突き立てた中指みたいな意味を持っていたのかもしれない。

具体的には、短めの、中途半端な長さに切りまくった髪を、いろんな方法で逆立てるのが基本型だ。ジェルやヘアスプレーなど整髪料各種はもちろん、ときにワセリンやヴイックスヴェポラッブ、オレンジ・ジュース（糖分があるから）や、洗濯糊までもが使用された。

もっとも、ヘル以外のオリジン指摘もある。セックス・ピストルズのベーシスト、シド・ヴィシャス、そしてジョニー・ロットンも、もちろん「スパイキー」ヘアだったのだが、これらはヘルではなく、イギリスを代表する「芸術的」ロックスター、デヴィッド・ボウイからの引用なのだ、との説だ。72年の名盤『ジギー・スターダスト』発表当時のボウイは、グラム・ロックを志向していた。短めのザンギリ髪をオレンジ色に染めて、逆立たせていた。ここからの影響だったという指摘だ。実際問題、ピストルズ加入前のヴィシャスがかなり重度のボウイ信者で、彼のスタイルの真似ばかりしていた、ということをのちにライドン（＝ロットン）は語っている。ギターのスティーヴ・ジョーンズも「ジギー」最終公演のステージ機材を盗みまくってしまうほどのボウイ（とくにジギー）ファンだった（実話）。

こうした初期スパイキーからの発展型にして派生種に、大型のモヒカン・ヘアがある。尖ったトサカを高々と立てた「トロージャン」と呼ばれるスタイルがそれだ。その形状の異様さだけではなく、立った部分の髪があざやかな色（真紅や緑とか）に染め上げられたものが多かった点も、ド派手な印象を見る者に与えた。

80年代初頭、そんなトロージャン・ヘアを有名にしたのは、ハードコア・パンク・バンドＧ．Ｂ．Ｈ．のコリン・アブラホールや、ジ・エクスプロイテッドのワッティー・バカンといったロッカーたちだった。このときのイメージがあまりに強烈だったせいで、『マッドマックス２』（81年）や『ブレードランナー』（82年）、『ターミネーター』（84年）といった大衆娯楽映画にまで、近未来的な不良姿の代名詞であるかのようにして、トロージャン・ヘアが登場することになった。さらにそこから、当然の成り行きとして、パンク由来のイメージが『少年ジャンプ』などの漫画キャラクターにまで孫引きで転生していくことになる。髪型と、そして「トゲトゲの付いた革ジャン」を着た悪者というイメージのもとで。

Q3「パンクスは、なぜトゲトゲ（スパイク）の付いた革ジャンを着るのか？」

今日の我々が知る、尖ったスパイク（Spike）、もしくはスタッズ（Studs）が打たれたレザー・ジャケットのスタイルも、ハードコア・パンクから発展していった。代表的な例のひとつが、同シーンの先駆けとなったバンド、ディスチャージのデビュー・シングル「リアリティーズ・オブ・ウォー」（80年）のジャケット写真だ。ブラック・レザーの革ジャンの背中じゅうに鋲が打たれているのだが、僕にはこれが、決して攻撃的なものとは見えない。逆なのだ。つまり戦争に象徴されるような、現実世界のなかにごく普通にあふれる「暴力」から身を守るための防御層として、まるでハリネズミの針のように装着したもの――そんなふうに思えてしょうがない。決して『北斗の拳』の悪者ではなく。

そもそもパンク・ロッカーが革ジャンを着用し始めたのは、ニューヨークのバンド、ラモーンズが嚆矢《こうし》だった。前述のとおり、音楽ジャンルとしてのパンク・ロック、その基礎を一瞬で作り上げてしまった偉大なバンドである彼らは、一種の「制服システム」を採用していた。メンバー全員、決まりきったドレス・コードに沿った服装「しか」しない、というもので、そのひとつが「ブラック・レザーの革ジャン」だった。ダブルブレストを中心としたライダース・ジャケットが好まれた。

ほぼ同様のジャケットを愛用していたのが、イギリスのバイカーたちだった。50年代発祥の、ロッカーズもしくはトン・アップ・ボーイズ（トン・アッパーとも）と呼ばれるスタイルがそれで、頭が丸い鋲（Rivet）を打ったり、ペイントしたりしてカスタマイジングした革ジャンを着て、英国製のオートバイをかっ飛ばした。このスタイルが、のちにセックス・ピストルズのなかに転生する。悪名高きマネージャー、マルコム・マクラーレンがクロージング・ストア、つまり服屋さんを経営していたからだ。そのときどきに方向性や名前を変えつつもロンドンはキングス・ロードにて話題を呼び続けていたその店は、テディ・ボーイズ（テッズ）やロックンローラーの「スタイル」に関連する服を売っていた時期があった。そんなところから、ピストルズにも革ジャンが与えられた。ロットンはもとより、シド・ヴィシャスがとくにこれを好んだ。

Q4「パンク・ファッションは『ブランド服』なのか?」

少なくともまず、セックス・ピストルズは、まぎれもない「デザイナーズ・ブランド」の一丁羅を身に着けることが、よくあった。マネージャーのマルコム・マクラーレンの「本業」が洋服ブティック経営であり、店の宣伝のために、出入りしていた若者たちに声をかけ、彼が「結成させた」バンドこそが、セックス・ピストルズだったからだ。後述するが、バンド名もマクラーレンが「勝手に考えて、押し付けた」ものだった。

ゆえに、ピストルズの面々にはつねに「店の商品」をマネキンかモデルよろしく着続けるという任務があった。当時マクラーレンのパートナーだったデザイナー、ヴィヴィアン・ウエストウッドの手による奇抜な衣装の数々を。ウエストウッドはのちに自身の名を冠したブランドなどを成功させ、06年には英王室よりデイム・コマンダー(DBE)勲章を授与されている。これはナイト爵のひとつ下の、つまりかなり高位の勲章だ。

そんなウエストウッドとマクラーレンが、どう考えても勲章には相応しくないような

マルコム・マクラーレン（左）とヴィヴィアン・ウエストウッド
(Mirrorpix/ アフロ)

ファッションをせっせと売っていた店が、かつて「キングス・ロード４３０番地」にあった。71年のオープン時には〈レット・イット・ロック〉という店名で、英国風のロックンロール・ファッション、つまりエドワーディアン・スタイル（＝エドワード朝風の男性ファッションを、ストリート・スタイルに落とし込んだもの）を、売った。のちにこうしたファッションを、まずピストルズは「着せられた」。テッズのスタイルを。

「マクラーレンはテディ・ボーイズのファッションを戦後の若者ファッションの代表として、セックス・ピストルズに取り入れた。つまりヴェルヴェットの襟のジャケットにペッグパンツないしズートスーツのパンツである。このファッションゆえにピストルズはシャープさを得たようなものだ。しかし大半が人種差別的で乱暴なテッズたちは、このファッションに反発した。76年の終わりにはセックス・ピストルズに触発されたパンクは、テッズと敵対しあい、77年夏にはキングス・ロードで文字通り大げんかが繰り広げられた」

（『イギリス「族」物語』より）

つまり日本に置き直して卑近な例でいうと、ヤンキー・ファッションが当たると思って店で売り始めた、原宿の服屋のオヤジ率いる若者バンドが、マジモンのゾクに襲われる——というような構図だろうか。〈レット・イット・ロック〉は72年にその名前を〈トゥー・ファスト・トゥー・リヴ、トゥー・ヤング・トゥー・ダイ〉と改めた。テッズのスーツではなく、ロッカーズ・スタイルの「リベット付き革ジャン」を売り始める。これものちにピストルズに与えられた。

ちなみに、エドワーディアン・ルックが最初に流行したのは、第二次大戦後すぐの40年代だった。焼け跡で闇屋に出入りしているような不良青少年のあいだで、元来はアメリカ風ジャズ・スタイルだったズート・スーツの変種として取り入れられたのが最初だ。日本で言えば幾度も映画化された『肉体の門』みたいな世界における「ちんぴら」ルックだったわけだ。この層の少なくない数が、のちにアメリカ製のロックンロールやロカビリーの受容者となった。そして50年代後半には、ここが革ジャンのロッカーズ・スタイルにもつながっていく。

ヒッピー文化への反逆

こうした「過去のロックンロール・スタイルの『リヴァイヴァル』」を、マクラーレンは大いに促進した。その動機も（じつに彼らしく）理論化されたものだった。この行為は、当時まだ世に蔓延していたヒッピーから流れてきた文化への「反逆」だったのだという。なぜならば彼もウエストウッドも、ヒッピーが唱える理想のなかに、強烈な「偽善」の匂いを嗅ぎとっていたからだ。ゆえにふたりは、若者文化が本来持っていた「ニヒリズム」を復活させようと試みていた。

ニヒリズムとは、つまり「虚無」主義のことだ。口先だけの「ありがたいお言葉」になど、決して頭《こうべ》を垂れるものか、との不信感の血肉化から始まる「ＮＯ」の姿勢を指す。世にあふれる「良識的で肯定的なもの」なんてなにもかも嘘だとして否定し、拒絶すること。その逆に、たとえば洋服に、オートバイのスピードに、ドラッグやセックスに、そしてなによりもロックンロールの「肉体的で、直接的な」快楽に身をゆだねることが、いかなる美辞麗句よりもずっとずっと価値あることなのだ――という刹那《せつな》の美学と地続きの、ワイルドかつ生命の根源的な喜びに満ちた破滅型ライフスタイルを、「若者らしいもの」だとして、マクラーレンとウエストウッドは正面きって称揚しようとしていた。もちろん、ビジネスを通じて。

それから〈SEX〉だ。74年にまた改称したふたりの店は、SMファッションを売った。ボンデージ・グッズや、性玩具そのもの、ポルノのイメージを洋服に取り入れた。そしてこの店の宣伝のために「結成させられた」バンドだったから、ライドンたちは「セックス・ピストルズ」という名前になった（バンド名に店名を入れられた）。

さらに76年、同店は〈セディショナリーズ（Seditionaries）〉となる。これは「（おもに反政府的な）扇動をおこなう者たち」といったような意味だ。この名のもとで、ついに、ヴィヴィアン・ウエストウッド印の「正真正銘」オリジナル・パンク・ファッションが花開くことになる。

ずるずると長い袖、そこらじゅうに穴が空いた「ガーゼ・シャツ」。両足の裏側にベルトを付けられた（だから歩きにくい）タータン・チェックの「ボンデージ・パンツ」。そしてきわめつきが「アナーキー・シャツ」だった……こうしたものすべてが、セックス・ピストルズが世間を震撼させた瞬間のコスチュームとなった。

マクラーレンの没後数年経った２０１６年11月26日、つまりセックス・ピストルズのデビュー40周年記念日に、彼とウエストウッドのあいだに生まれた息子であるジョセフ・コーが、父が遺した〈セディショナリーズ〉の洋服、同店やピストルズ関連物品、総額およそ10億円（ロイターによると、総額５００万から１０００万ポンド）相当のものを「全部燃やしてしまう」イベントを開催した。パンク誕生から40周年を祝う「パンク・ロンドン（Punk. London）」なる一大キャンペーンを批判するためであり、さらには同キャンペーンが「王室からも許容されている」に等しい」ことについての欺瞞《ぎまん》を撃つためのパフォーマンス、だったそうだ。彼の行為の是非はともかくとして（僕は個人的には、すべてオークションなどで金銭に変換したのち慈善団体などに寄付すべきだったと思うが）、真正のパンク・アイテムが、のちの世で「きわめて高い価値あるもの」となっていたという、とてもわかりやすい事例がこれだ。

マルコム・マクラーレンのネタ元

とはいえ、ピストルズ以外の初期パンク・バンドには、ここまであからさまに「ブランド」や「デザイナー」は関わってはいない。ザ・クラッシュはスプレーを用いて、自分たちでシャツに文字をステンシル・プリントして、コスチュームとした（つまり、手作りした）。のちには古着のスーツを愛用した。こうした「DIY派」のほうが圧倒的多数だった。アート・スクールの出身者も多かったからだ。

ラモーンズのユニフォームも「自前」だった。ただ、アイデア・ソースは外にあった。70年代中期の米都市部では、ブラック・レザーのライダース・ジャケットというと、ゲイ・ファッションの印象が強いものだった。ぴったりしたTシャツや破れたジーンズも同様だった。こうした感覚を、彼らは「制服」として取り入れた。「俺らのチーム」のアイデンティティとしたわけだ。ヴォーカルのジョーイ・ラモーンは、ラモーンズ結成以前の73年ごろ、つまりグラム・ロックの時代はスナイパーというバンドにて、レギンスの上にビキニ・ショーツを穿《は》いた「フェミニンな」姿でステージに立っていたこともある。

ちょうど79年の映画『ウォリアーズ』で描かれていたように。ニューヨーク近辺には数多くの「チーム」があって、それぞれが固有のユニフォームを身につけている、場合もあった。それらのチームには、ストリート・ギャングもいれば、ダンサーも、バンドの連中もいた。たとえばラモーンズはクイーンズ区のフォレスト・ヒルズ出身だが、同じ区のホリーズからすこしあとに登場してきたのが一大ヒップホップ・スターとなるランＤＭＣだった。後者は70年代にプロ・バスケットボール界で一世を風靡したレザー・スニーカー、アディダスのスーパースターがトレード・マークだった。前者ラモーンズは、戦前に生まれたローテクのキャンバス・スニーカー、ケッズのチャンピオンやコンバースのオールスターを好んだ。70年代当時、これらは子供の運動靴のような印象だったろうか。ここに僕は「チーム間の駆け引き」のような、一種の対抗意識を見る。「あっちがこうなら、俺らはこう」なんて、お互いがお互いに、つねに牽制し合っているかのような。

そんな「現場」の一部を、73年にマルコム・マクラーレンは直接目撃することになる。のちの世で「プロトパンク」と呼ばれることになるニューヨーク・ドールズも、そのひとつだった。そして１９７４年の11月から翌75年にかけてニューヨークに滞在した彼は、まさに全身でもって「誕生したばかりのパンク・ロック」を体験してしまう。商機にさとい彼が、これをロンドンに移植しようとする――もとい、これを「パクった」自前のものを始めようとする――のは必然だった。かくして、彼とウエストウッドの店にて、ロンドン・パンク最大の爆弾は着々と仕込まれていくことになる。あくまでも「洋服販売のための」企画として。

たとえばリチャード・ヘルが、わざと破いたTシャツの裂け目を安全ピンで留めていたアイデアも、マクラーレンによってイギリスに持ち込まれ、そこから拡大解釈されていく。「パンク・スタイルにうってつけのアイテム」として、安全ピンがロンドンで流行してしまうのだ。服に刺すだけではなく、ピアスのごとく耳や鼻に刺したあげく、インドのノーズティカよろしく、耳の安全ピンと鼻の安全ピンを細いチェーンで結ぶ者もいた。あるいは全身のそのほかの箇所、乳首などに安全ピンを刺す者もいた。また安全ピンからの連想だったのか、安全カミソリの刃のアクセサリー化も流行した。

つまり「安全なはず」のしつらえのなかに収められていた「本当は鋭い尖端や刃がある」ような日用品を、まったくもって安全ではない行為（傷つけることも含めた身体改変）などに強引に利用することで、元来の意味および価値転換を図る――そんなアイデアを象徴するアイテムとして、これらは多くのパンクスに好まれた。のちほど詳述するが、あげくの果てに安全ピンは、エリザベス女王の肖像写真の鼻のあたりに突き刺されることになる。１９７７年に。

Ｑ５「パンク・ロックの本場は、アメリカとイギリスのどっち？」

かなり難しい質問だ。なにをもって「本場」とするかによって答えが変わるのだが……いつになっても連綿と、全国のいたるところで「広義のパンク・バンドが活動し続けている」という点では、アメリカのほうに軍配が上がる。かの国こそ、とにもかくにも「多様性の大陸」だ。郊外には電気を使わないアーミッシュの集落がある一方で、大都会にはドラァグ・クイーンのコミュニティがあったりする。それゆえなのか、いつもいつまでも、パンク・ロックも元気に、どこかにある。

とはいえ、逆にここがひとつの限界でもあった。ニューヨークのローカル・シーン、なかでもそのアンダーグラウンド領域にて産声を上げたパンク・ロックは、当初、世間から驚くほど注目されなかった。メジャー・デビューしたラモーンズは、ほとんどまったく、売れなかった。アメリカの都会における「多様性」とは、無関心の言い換えでもあったからだ。パンクだろうがなんだろうが、「好きにしてれば?」と容易に突き放してくれるかわりに、逆に少々のことでは誰も注目などしてくれない、というか。

ゆえにロンドンこそが「パンク・ロックを大きく花開かせた都」となった。策士マルコム・マクラーレンによってロンドンに持ち込まれた「ニューヨーク生まれのアイデア」が、これ以上ないほどの悪目立ちをして、ナショナル・チャートの上位にまで食い込んでいった。たんに売れただけではなく、大衆紙の絶好の「叩きネタ」として、にぎやかにスキャンダルを撒き散らし続け、大きく耳目を集めた。一連のこうした騒ぎによって、パンク・ロックという音楽の可能性および未来は、一気に豪快に、切り開かれていった。

ニューヨークから見た「ロンドンのパンク・シーン」

ではそんな「ロンドンのパンク・シーン」をニューヨークの当事者はどう見ていたのだろうか? ここでリチャード・ヘルの発言を引いてみよう。ジョン・レノンの写真などで有名なニューヨークのフォトグラファー、ボブ・グルーエンがザ・クラッシュを撮ったショットをまとめた写真集のなかに、1977年のヘルが写っている一枚がある。ザ・ヴォイドイズを率いて、初のリーダー・アルバムを引っ提げ、同年11月にロンドンでライヴをおこなったときの彼の姿だ。その写真キャプションのなかでヘルは、当時の模様を振り返って、こんなふうに語っている。

「イギリスのパンク・シーンに、僕は複雑な気持ちを抱いたよ。だって基本的に僕らが創造したもの——この『僕ら』というのは、ラモーンズと僕とニューヨーク・ドールズ、そして１９７４年から76年ごろのニューヨークのシーンを指すんだけど——それを下敷きにしてこしらえたようなバンドを応援しにきている観客の前で、自分自身が演奏するっていうのは、ちょっとばかり屈辱的だったというか。まあでも同時に、イギリスの人たちがなにに興奮しているのか、よくわかったけどもね。興奮すべきものなんて、ほかにはなかったんだろうし」

（'*The Clash*' Photographed by Bob Gruen / Vision On / 2001 より）

そのとおり、ロンドンの若者たちの一部は、パンク・ロックに、パンクに関連する文化に、とても興奮していた。だからバンドだけではなく、その友人たちや取り巻き、お客まで含めて「パンクという新しい都市風俗」を生み出し続ける溶鉱炉みたいになっていた。

ウエストウッドの店に勤務していたジョーダン・ムーニーことパメラ・ルークは「パンク・クイーン」と呼ばれた。ときにトップレス（に透明プラスティックの服を着た）姿で電車通勤してくる彼女は、文字通り毎日、人々の好奇の視線を集め続けた。スー・キャットウーマンの、パンク・シーンにおいても奇抜な髪型（頭の両サイドの髪のみワックスで固めて立てて黒く染め、それ以外はほとんど坊主頭に近く刈り込んで明るい色にした、一種の悪魔スタイル）も注目された。スーはロンドン郊外の南東部、ブロムリーからやって来ては、いつも店やピストルズのライヴでたむろしている集団、通称「ブロムリー軍団」の一員だった。この軍団のなかには、のちにスージー＆ザ・バンシーズとなるスージー・スーとスティーヴン・セヴェリン、それからビリー・アイドルがいた。

「パンクの火種」

こうして「興奮の坩堝《るつぼ》」となっていたロンドンは、しかしあっという間に「パンクに飽きて」しまう。ロンドン・パンクの栄光は、長続きしなかったどころか、一瞬で消費され尽くしてしまう。かの地の音楽業界は、とにもかくにも「飽きっぽい」のだ。いつもいつも「次なる話題」に飢えているのが、ロンドンのロック／ポップ文化業界だから、すぐに「もうパンクじゃないよね」など、誰かが率先して言い出すのだ。そしてまたぞろ、次の流行を推し始める。

しかし言うまでもなく、ロンドンがそうなったあとでも「我関せず」の態度で、こつこつとＤＩＹ道を進むパンクスが、アメリカには多くいた。ニューヨークだけでなく、サンフランシスコやロサンゼルスが一大拠点となった。ワシントンＤＣなどが、それに続いた。さらには、全国のリベラル系大学のある街ならどこにでも、カレッジ・ラジオやクラブやレコード店を情報および人的なターミナルとして「草の根」でパンク文化が広がっていった。その「種子」が目立って発芽し始めたのは、ロンドンが鎮火したあとだった。

そしてイギリスならば「パンクの火種」は、ロンドンではない地方都市にこそ残っていた。そこから火の手が上がるのが、80年代だ。

Ｑ６「パンクは左翼なのか？」

そうだ――と言い切りたいところなのだが、しかしかならずしも、そうではない。もし全世界のパンク・ロック支持者全員に統計をとってみることができたならば、おそらくは左派やリベラル派が多数を占めるだろう、と僕は想像するが——だがパンク・ロック音楽家にもファンにも、少なからぬ数の右翼もいることは、歴史が証明している。

たとえば今日、極右や人種差別主義者、ネオナチの代名詞と化している感のあるスキンヘッズ（＝頭髪を五分刈り以下程度の坊主頭にする、もしくは完全に剃り上げるストリート・スタイル）は、伝統的に、パンク・ロックと浅からぬ因縁を有する。そもそもはイトコ同士だったのに、モメて袂《たもと》を分かってしまったぐらいの関係性だろうか。

また「パンクは政治的なのか？」と問われると、これも前述同様の、玉虫色の答えとなる。総じて見ると、パンク的姿勢のアーティストには、政治的、社会的問題に「意識的」であり、そんな考えが歌詞や発言に反映されている人が、たしかに多い。とはいえ、元来のパンク・ロックとは、とくに「政治的」なものではなかったからだ。

たとえばラモーンズ、あるいはリチャード・ヘルを擁したテレヴィジョンなどのニューヨーク・パンク勢の曲は、直接的には、政治性はさして高くなかった。ロンドンでも、当初この点は同様だった。セックス・ピストルズは登場するやいなや世間を騒がせ、大いに物議をかもしたが、とくに「政治的意図」があったがゆえに生じた事態ではない。「結果的に」政治性を帯びてしまった、ということは言えるだろうが。

ピストルズは政治的か？

典型的な例が、ピストルズが世を激震させた最初のシングル2連発、「アナーキー・イン・ザ・UK」と「ゴッド・セイヴ・ザ・クイーン」(両者ともに『名曲100』にランクイン)。これらですら「政治的なのか」というと、疑問符が付く。なぜならば、双方ともただひたすらに、呪詛《じゅそ》を、嫌みを、社会全体に、あるいは「かくあるべき」とされている世間の良識に向けて投射している——といった歌だったからだ。不遜や不埒《ふらち》という語がこれほど似合う音楽も稀《まれ》だというほどに。

つまりは「これぞニヒリズム」だった、と解釈するのが正しい。まるで悪罵《あくば》を飛ばしながら同時に自己崩壊していくような、まさに毒々モンスターみたいな音楽とでも言おうか。ゆえにそういった意味で「過激」ではあるのだが、しかし一方、明確な政治的主張があったわけではない。さすがにまあ、演者側が右派や保守層でないことは明らかだろうが、しかし左派かどうかすらも——じつは、少なくとも歌からは——一切わからない。

もっとも、デビュー・シングルの「アナーキー～」では、「イギリスに無政府状態（アナーキー）を」とは、歌われている。主人公は歌の序盤で「俺はアナキストだ」なんて述べる。とはいえ、ここがすぐにブレるのだ。「俺はアナーキーになりたい／アナキストになりたいんだ」などと後退する。だから本当は、歌のなかの彼は、いまは何者でもなく、なにができるわけでもない、日々鬱屈しては、いらいらしているだけの人物――なのかもしれない。序盤のアナキスト宣言は、その前の節、つまり歌い出しの「俺は反キリスト（アンチ・クライスト）だ」と韻を重ねただけ、なのかもしれない（ライドン本人はそう主張している）。ただただ言いたいことの核心は、最後の最後に出てくるひとこと「俺は頭に来てんだよ、デストロイ！」だけだった――のかもしれない。

つまりピストルズの歌における反体制の姿勢とは、わかりやすく右や左を選べるような小気味いいものではない、ということだ。言うなればその対極だ。まったくもって、はっきりするはずもない「混沌（Chaos）」のぶちまけのような面が、あった。血も凍るような冷笑と、むき出しの刃物のような怒りにもとづいた、身も蓋もない「悪魔めいた高笑いの歌」とでも言おうか。

こうした点から、たとえば非常に評価が高い２００８年のバットマン映画『ダークナイト』における、ヒース・レジャーが演じたジョーカーのなかに、ジョニー・ロットン像の転写を垣間見た人は、世に少なくなかった。レジャー版のジョーカーは、カネや権力に焦がれるような、色や欲に翻弄《ほんろう》されるような、つまり現世と接点があるようなレベルの「悪」ではない。というか、なぜ「悪」となったのか、その動機すら一切不明、正体不明。ただひたすらに秩序を紊乱《びんらん》し、正義を穢《けが》し、人の世に「混沌を招来しようとする」……そんな怪異なるキャラクターの遠い背景に、セックス・ピストルズがいただろうことを僕も信じる。若きライドンが叫んだ「アナーキー」や「デストロイ」の断片があったことを。

「政治的なパンク・ロック」の元祖はクラッシュ

他方、今日の我々が認識するような意味での「政治的なパンク・ロック」の元祖は、ザ・クラッシュだと考えられている。76年のピストルズにすこし遅れて、77年にデビューした彼らは、明確に「政治的」な歌詞を連発した。失業や搾取、アメリカによる帝国主義的政策への批判など、社会問題も小から大まで積極的に歌のテーマとした。またパンク・ロックと政治の関わりにおいて、最初の大きなエポックとなった運動およびイベント『ロック・アゲインスト・レイシズム（RAR）』においても、クラッシュは重要な役割を担った。

もちろんパンク以前にも、「政治的な歌」は数多くあった。ロックやフォーク、ソウルの世界に、反体制的な歌、左翼的な歌、人種問題への言及や反戦歌など、無数にあった。だがしかし、クラッシュによる「政治的パンク・ロック」の即効性は、傑出していた。身辺のささいな日常的事柄から、社会に満ち溢れた矛盾の核心へと一瞬で斬り込んでいくその「足の迅《はや》さ」もさることながら、各種発言やコンサートやイベントなどにも参加、具体的、直接的に社会問題に関与していく積極性も、後続世代の模範となった。

Q7「パンクは親ナチなのか？　それとも、逆？」

「ナチ・パンクス・ファック・オフ！」

これについては「残念ながら」との枕詞《まくらことば》を置いた上で、パンク・ロックとナチの関係は浅からず、と言わざるを得ない。全体的には、あらゆる意味でナチ思想と戦うパンクスが圧倒的大多数ではあるものの、しかし「親ナチ」どころかネオナチそのもののパンクスも、いまもなお、少なからずいる。

たとえば81年には、米ハードコア・パンク・バンドのデッド・ケネディーズが「ナチ・パンクス・ファック・オフ!」というタイトルの曲をシングルで発表して、戦いを挑んだ。「目を醒ませ」とキッズに呼びかけた。つまり、わざわざ呼びかけざるを得ないほどの状況があったのだ、と理解していただきたい。

タイトルのとおりこの曲は、ナチ・モチーフを身に付けたり、ナチ思想にかぶれたりするパンクスをストレートに批判したものだ。全編たった1分強という短さながら、すさまじく速いテンポのもとで幾度も幾度も「ナチ・パンクスくそくらえ!」と繰り返される。こんなラインもある。「まだスワスティカ（Swastika ＝カギ十字という意味の英語）がクールだと思ってんのかよ／本物のナチがお前の学校仕切ってるぜ／運動部のコーチやビジネスマンや警官だ／本物の第四帝国なら、お前まっさきに特攻する奴だ」――。

印象強いこの曲は、93年にはグラインドコアの雄、ナパーム・デスにカヴァーされた。また２０１５年には、Ａ24製作のホラー映画『グリーンルーム』でも使用された。劇中、ワシントンＤＣの売れないパンク・バンドが、ポートランド郊外のライヴハウスでこの曲を演奏する。しかしよりにもよってそのハコは、暴力的な白人至上主義ネオナチ・スキンヘッド集団で満杯。奴らは殺人まで犯す。襲いかかってくるそんな連中からバンドは逃れられるか？——というストーリーの一作だった。

要するに、80年代も90年代も、現代においてもなお——いや、さらに勢いを増して——ナチ・パンクス的な連中は存在し続けている。極右スキンヘッズのなかに「パンク流れ」の層がいる。つまり、こういうことだ。かつて図らずもキッズの「ナチ化」を推進してしまったのもパンクだし、ナチ化したキッズやその主張に対抗する最前線に立ち、身を挺《てい》して戦うのもまたパンクだった——というのが、偽らざる現実だ。

そんな構図が、パンク・ロック文化のなかには連綿と存在し続けていた。そしてこのような分裂が起こってしまった起点は、パンクの歴史のごく初期に生じた。

「ナチ・モチーフ」への安易な接近

まずはっきりしているのは、とくにムーヴメント黎明期において、パンク・ロック界隈における「反ナチの気運」は低かった、ということ。つまり脇が甘かった。だから「過激なモチーフ」という点で、あろうことか、ナチ・イメージへと安易に接近していくという愚を犯す者が、少なくなかった。ゆえにパンク・ロック由来の一部スタイルが「未来のネオナチの温床」とも、なってしまった。この顛末《てんまつ》について、具体的に腑分けしてみよう。

最初に着目すべきは、パンク・ファッションにしばしば見受けられる「ナチ・モチーフ」だ。たとえばハーケンクロイツ（Hakenkreuz＝カギ十字という意味の独語）は、Ｔシャツの柄やパッチ、缶バッジなどで、パンク・ロック初期より頻繁にそのスタイルのなかに登場していた。これを流行らせた元凶はというと、やはりヴィヴィアン・ウエストウッドとマルコム・マクラーレンだった、と見るのが正しい。彼女らがセディショナリーズの商品である「アナーキー・シャツ」に、ハーケンクロイツのパッチを縫い付けたのが大流行のきっかけだった、とも言われている。

とはいえ、ふたりはとくにナチ信奉者というわけではない。マクラーレンに至っては、母方がユダヤ人だ。なのに、なぜ？――というところの「考え落ち」にこそ、じつは「教養」の毒が、失敗があった。教養ゆえの、頭でっかちの、上滑りだった。

「シチュアシオニスト（状況派／状況主義者）」

1968年のフランスでは、いわゆる「パリ五月革命」の嵐が吹き荒れていた。学生層を中心とした体制への異議申し立てであり、街頭でのデモや騒乱そのほか、戦いが繰り広げられていた。そのなかには、芸術を通しての「闘争」もあった。若き日のマクラーレンとウエストウッドは、この闘争に大きな影響を受けていた。具体的には「状況主義」と日本では呼ばれるものだ。あるいは、フランス語の発音に準拠して「シチュアシオニスト（状況派／状況主義者）」と呼ばれる立場——これはフランスの文化批評家、映像作家、マルクス理論家のギー・ドゥボールが中心人物となった運動に関わる者たちの総称だった。

シチュアシオニストとは、まず資本主義社会を否定する。大量消費や商業主義、マスメディアによる洗脳が浸透した状態を「スペクタクルの社会」として敵視する。とはいえ「東側」の共産主義的国家主義をも否定する。だから巨大な怪物（＝スペクタクル社会）に対抗する状況（Situation）を芸術を用いて構築、もって革命的「意味の改変」をおこなうことを目標とする。状況の構築については、20世紀初頭の芸術運動であるダダやシュルレアリスムの発想や手法が、ここで再活用された。

たとえば「剽窃《ひょうせつ》（Détournement）」と呼ばれる手法。これは「社会的に強力な象徴」を芸術的モチーフとして再現してみることで、まったく別の（ときには逆の）意味の表象へとすり替えてしまう、というもの。「あまりにも資本主義的な」マクドナルドのロゴや、ディズニー・キャラクターのイメージを、表現上での処理方法により「忌まわしいもの」へと化けさせてしまうような方法論だ。資本主義の懐に入り込んで、まるで資本主義を礼賛するかのようにして――しかし確実に「内部から腐らせていく」ような戦法だ。

そしてこの「剽窃」こそが、マルコム・マクラーレンの十八番、得意技だった。言うなれば、服屋の経営もピストルズへの関与も、彼がおこなった行為はすべて、この「剽窃」手法による芸術的表現だった、と解することもできる。シチュアシオニストとしての彼の、まさに十年戦争の帰結こそが、ピストルズだったのかもしれない。若きバンドを、まさに彼の思想という弾丸を世に広めるための「ピストル」に仕立て上げて……。

凶悪なデザイン

そんな意図のもと、ハーケンクロイツのパッチはアナーキー・シャツに縫い付けられた。シャツには同時に、中華街で買ったカール・マルクスの肖像画パッチが縫い付けられている

 こともあった。ナチと共産主義を「隣り合わせ」で並べる――というシチュアシオニストの方法論によって「混沌」を表現しようとしていたわけだ。しかし当然のことながら、両者のうち、より刺激性の強いモチーフだったハーケンクロイツばかりが人目を引いて、おそらくは作り手側の思惑をはるかに超えて「流行」してしまう。

ピストルズのメンバーのなかでは、シド・ヴィシャスがハーケンクロイツを身に着けた写真が多く残されている。またライドン（ロットン）も、セディショナリーズの人気商品「デストロイ」ガーゼ・シャツを着せられている（「ゴッド・セイヴ・ザ・クイーン」MVのなかでも着用している）。これは一連の問題モチーフのなかでも群を抜いて凶悪なデザインの一品で、こんなグラフィックが胸いっぱいにプリントされていた。まずは十字架にかけられたキリスト像が逆さに刷られ、そこにハーケンクロイツが「多重的」に乗っかり、最後に上部に大きく「DESTROY（ぶっ壊せ）」と文字が記されているもの――だからまあ「ナチ（やアンチ・キリスト?）なんてぶっ壊せ」と言っているようにも見えるし、たんに「ナチ（やアンチ・キリスト?）の名のもとに『破壊せよ』」と言っているようにも見える――というデザインだったので、大いに物議をかもすことになった。

そして、あまりのインパクトゆえにこのデザインは流行ってしまい、有名なところでは、大成功したローリング・ストーンズの78年『サム・ガールズ』アメリカ・ツアーの際、ミック・ジャガーがテキサスのフォート・ワース公演やカリフォルニアはロス郊外のアナハイム公演にて、ステージ衣装としてデストロイ・プリントのＴシャツを着用していたことが、写真や映像に残されている。

『ロック・アゲインスト・レイシズム（ＲＡＲ）』

そんなことになったのだから、当然、模倣品も含めて、パンク・ファッションのそこらじゅうにカギ十字が使われまくることになった。そしてこんなモチーフを付けて悦に入っているうちに、思想的に感化されて、本当に国粋主義者になるパンクスも増えていく。このころちょうど、どんどん勢いが増していたイギリスの極右政党、国民戦線（ナショナル・フロント）と、一部パンクスの蜜月も始まっていく。

つまり頭をスキンヘッドにして、米空軍由来のフライト・ジャケットＭＡ‐１やサスペンダーで吊ったリーヴァイス、ドクターマーチンのブーツなどで身を固めた青少年たち――元来これは60年代中盤、モッズの後継のひとつとして世に広まった、スカやロックステディ、レゲエを好む労働者階級のスタイルだったものが、世代が下っていくにつれアイデンティティが変化し、サッカー・フーリガンの流儀も合流した上で、極右化していった——が、ユニオン・ジャックのモチーフを好んで身に着けては、ナチス・ドイツ式敬礼をしながら集団で行進する光景が目立つようになったのは、このころが最初だ。だから今日にまで国際的に蔓延する「ネオナチ」スタイルとしてのスキンヘッズの原点は、イギリスの「ここ」だった。同国のユース・カルチャーが、結果的に生み出してしまった化け物がスキンヘッド・ファシストであり、パンクにて結実した「戦後のそこまで（モダン）の総決算」が、影の領域の総決算をも促進してしまったのかもしれない。

であるから当然、ＵＫ産の国粋主義や人種差別思想や言説への反駁《はんばく》や対抗策には、数多くのパンクスが積極的に関わった。

社会主義労働者党（ＳＷＰ）の主導のもと結成されたアンチ・ナチ・リーグと共闘する者もいたし、前述の『ロック・アゲインスト・レイシズム（ＲＡＲ）』は、パンク・ロック初期における、同趣旨の最大イベントとなった。

パンク隆盛の背景には、絶望的な不況に苦しむイギリス社会があった。人々の不満の捌け口を、黒人やアジア系などのマイノリティや移民への差別や暴力へと求める層がいた。ここに「ＮＯ！」を突きつけた運動体がＲＡＲで、その活動のハイライトとなったのが、78年４月30日、10万人を動員したデモ行進と最終目的地でのコンサートだった。ここにザ・クラッシュ、トム・ロビンソン・バンド、Ｘ・レイ・スペックス、レゲエのスティール・パルス、フォーク・パンク創始者のパトリック・フィッツジェラルド、さらには「Ｏｉ！（オイ！）」と呼ばれるスキンヘッド・パンクスに人気のバンド、シャム69のジミー・パーシー（クラッシュといっしょに「白い暴動」を歌った）も参加した。その模様は『白い暴動』（19年）というドキュメンタリー映画にもなっている。

Ｑ８「そもそもパンク関係者は、なぜナチにこだわったのか？」

「親の世代」への反逆

戦争による影響が大きい、と僕は考える。マルコム・マクラーレンは１９４６年生まれ。ヴィヴィアン・ウエストウッドは41年生まれ――幼少期の記憶にはっきりと「第二次世界大戦の影」が刻み込まれている世代だ。すさまじい焼け跡だったロンドンやイギリス各地を、身体で覚えている層だ。そして彼らの「親の世代」とは、ナチの空襲に耐え抜いた世代だ。あるいは銃を取って、正面切ってファシズムと戦った世代だった。

だからこその「ナチ・モチーフ」だったのだ、と僕は思うのだ。平たく言うと、まずは「親の世代」への反逆だ。チャーチルに代表されるような、イギリス保守層における「戦勝国意識」への異議申し立てとしての側面が、強かったのではないか。

なぜならば、当時「どうあっても、救いようもない」不況および没落の渦中にあるイギリス社会のひずみのなかで、マクラーレンやウエストウッドはもちろん、もっと若い世代であるパンクスたちも、日々無慈悲に振り回され続けているだけの弱い立場だったからだ。つまりはみんな、それぞれに、腹が立っていた。ゆえに支配者層（エスタブリッシュメント）側が「絶対に許すことができない！」と激烈に反応するだろう、おぞましいものの象徴としての「ハーケンクロイツ」へと、突っ走っていったのではないか。「ナチに打ち勝ったとあんたら自画自賛するが、それで、なんかいいことあったのかよ?・」という気持ちの表明という裏テーマを秘めて。とくにシド・ヴィシャスの愛用っぷりは、まさにワルガキとして、そのような動機のもとでの着用だったように思える。

マクラーレンもウエストウッドも、ヴィシャス（57年生まれ）もライドン（56年生まれ）も、全員に共通するのは「親（や、その上の世代）の、イギリスの強者どもをいらいらさせてやりたい！」という心理だったのだろう。そんな願望の成就を目論むときのツールとして採用されたもののひとつが、ハーケンクロイツだった。つまり世代間闘争および階級闘争の道具としての「劇物」だったのだ——というのが僕の見立てだ。

パンクとは「戦争の子供たち」が始めた芸術様式だったのだ。だから多分に、その身中には戦禍由来の「毒」をも宿してしまっていた、わけだ。

デヴィッド・ボウイの失敗

もっともマクラーレンらの深慮遠謀以前にも、「ロックとナチ」のやらかしは、あった。パンク時代に直近の例のひとつが、クラッシュの二枚看板のひとり、ミック・ジョーンズが在籍していたパブ・ロック・バンド、ロンドンＳＳの「名前問題」がある。この「ＳＳ」とは、もちろんナチ親衛隊（Schutzstaffel）の略号に見えたからだ（ジョーンズの母はユダヤ人だったのだが）。75年に結成され、76年には姿を消した短命バンドだったのだが、しかしこの名は、小さな物議をかもした。またロンドンSSやその前身／後身バンドには、ジョーンズのほかにも、のちにザ・ダムドやジェネレーションXなど、パンク・シーンで活躍するバンドに参加することになる面々が何人も出たり入ったりしていた。

もっと大きな波紋を呼んだ例もあった。デヴィッド・ボウイの一発だ。76年5月、彼はロンドンはヴィクトリア駅の外にて、ファンの前でナチス式敬礼をやってしまう。当時のボウイはシン・ホワイト・デューク（痩身蒼白公爵）なるキャラクターを演じていたのだが、これは「狂気の貴族」であり「感情欠如のアーリア人スーパーマン」なのだ、と彼自身によって設定されていた。だからナチやファシズムには理解を示すキャラクターで……ということだったのだが、もちろん世間からは大いに叩かれる。だから同じ5月にボウイは「自分はファシストではありません」と大衆紙『デイリー・ミラー』の記事中にて釈明。あれは敬礼ではなく、手が動いている途中を写真に撮られただけだったのだ、とか。さらにのちには、より詳細に反省の弁を述べている。当時はドラッグ漬けであり、悪魔信仰を含むオカルトやナチを研究していたがゆえの失敗だった、などと。

しかし僕は具体的には、この騒動はブレヒト演劇好きのボウイが、ワーグナーやドイツ表現主義に接近し過ぎたせいの勇み足だと考えている。もしくはルキノ・ヴィスコンティ監督の『地獄に堕ちた勇者ども』（69年、同作の英題がThe Damnedだった）や『ルートヴィヒ』（72年）、あるいはボブ・フォッシー監督『キャバレー』（72年）あたりに影響を受け過ぎたがゆえの、悪しき引用アイデアだったのかもしれない、と。いずれにせよロック界において、彼が「狙ってナチ・シンパを演じる」先駆けとなってしまったことは間違いない。しかもそこに「戦前的な貴族趣味」を濃厚に漂わせていたという点は、重要だ。なぜならばボウイのこの「失敗の形態」にこそ、イギリスにおける貴族とナチとの闇のなかの関係が、象徴的に反映されていたからだ。

英王室とナチの関係

イギリス王室には、元来、ナチス・ドイツと浅からぬ関係があった。前述の全国民的戦争体験があったにもかかわらず、いや「だからこそ」なのか――ヨーロッパの「闇のなかの最たる闇」は、貴族の、支配者階層間のネットワークのなかに、永遠に抜けない棘《とげ》を残していた。だからイギリスでは、「ナチねた」が容易に劇物となり得たし、考えが浅いロッカーはそこに飛びついた。マクラーレンたちも利用した。

英王室とナチの関係、その最大のものは、「王冠を賭けた恋」にて王位から退いたウィンザー公（エドワード8世）だろう。エリザベス女王の伯父である彼とアドルフ・ヒトラー総統との親しい関係は有名だ。第二次大戦中も両者はずっと近しく、ナチが英国を屈服させたあかつきには、王として返り咲かせてもらう密約まであった、というから重症だ。またおそらくはこのウィンザー公のせいで、1933年、7歳前後だったエリザベスと彼女の母がナチス式敬礼をさせられている不名誉な映像まで残っている。女王の夫であるフィリップ王配のほうもナチと縁が深い。彼の姉たちはドイツの王族と結婚し、そのうちの数名がナチ関係者だった。このことは両者の結婚時にも「難点」として取り沙汰されていたほどだ。ゆえに2005年のプライヴェート・パーティーの場におけるヘンリー王子のナチ・コスプレ醜聞は、ただたんに「ナチはまずい」という一般論以上に、扇情的に、英大衆紙にて叩かれることになった。

英王室だけではなく、そのほかの貴族も、いたるところで似たり寄ったりの関係がナチとのあいだにあった。なかでもリーズデイル男爵ミットフォード家の四女、ユニティ・ヴァルキリー・ミットフォードは有名だ。ヒトラーを取り巻く美女のひとりだったユニティは、ナチス擁護活動どころか、独英の同盟をも夢想していた。だからイギリスのドイツへの宣戦布告と同時に拳銃自殺を図り、脳に後遺症を抱えたまま、短い生涯の残りを生きた。自殺未遂後にヒトラーの子供をイギリスで産んでいたのではないか、との噂まである。そんなユニティの伝記本は、奇遇にも「アナーキー・イン・ザ・ＵＫ」の発売とほぼ同じ76年11月にイギリスで出版され、センセーションを巻き起こした。そしてもちろん、彼女はイギリス・ファシスト連合（ＢＵＦ）の一員だった。

イギリス・ファシスト連合（ＢＵＦ）

ＢＵＦは、オズワルド・モズレー準男爵が32年に設立した。保守党から労働党へ転向した大物国会議員でもあった彼の行動は当時大いに耳目を集め、支持者も集めた。もちろんモズレーはムッソリーニやヒトラーと交流したし、党員にはファシストの象徴である黒シャツまで着せた。ユダヤ人排斥運動にも加担した。戦時中は逮捕・拘束されたが、のちに釈放。戦後は政治的には大きなうねりは生み出せなかったものの、執筆活動などにいそしんだ。

そしてこのモズレーが、エルヴィス・コステロのデビューに関係している。77年にシングル・リリースされたコステロのデビュー曲「レス・ザン・ゼロ」は、モズレーに対する怒りによって生み出されたものだからだ。この当時、ＢＢＣによるインタヴューのなかで、モズレーは人種差別的な過去を否定した。30年代の毒まみれのファシズム運動をまるで反省していないかのようだった。そこで腹が立ったコステロは「誹謗中傷ファンタジー」のごとき曲を作った。それが「レス・ザン・ゼロ」だった。同曲では「カギ十字のタトゥーをしたオズワルド氏をお呼びしています／英国式ヴードゥー教には空席あり」なんて歌われる。そして「すべてがゼロ以下の世の中じゃないか」と締められる——こうしたモチーフおよび燃え盛る義憤ゆえ、一躍コステロは批評家の注目を集めることになる。「怒れる若者」の70年代版として。パンクの亜種のひとつ「ニューウェイヴ」の旗手として。

ラモーンズの「ナチ趣味」

これがアメリカになると、話はもっとシンプルだ。たとえばラモーンズにも、ナチ問題は付いて回っていた。ベースのディーディー・ラモーンとギターのジョニー・ラモーンには「ナチ趣味」があったからだ。ハーケンクロイツを好み、本物のナチ・グッズの蒐集癖まであった。彼らのこうした面は、楽曲にもあらわれた。デビュー曲にして代表曲の筆頭、前述の「ブリッツクリーグ・バップ」のブリッツクリーグ（Blitzkrieg）とはドイツ語の単語で、日本では「電撃戦」と訳される戦争用語だ。機甲部隊の機動能力を生かした戦闘ドクトリンを指し、史上最も有名なのは、もちろんドイツ国防軍のポーランド侵攻ほかの、ナチによる第二次大戦初期の「電撃戦」だ――というか普通、それしか思い浮かばない。「カミカゼ」から想起されるイメージが一択だというのと同様に。

この曲で幕を開けたラモーンズのデビュー・アルバムは、クロージング曲もまた「ナチがらみ」だった。「トゥデイ・ユア・ラヴ、トゥモロー・ザ・ワールド」と題されたそのナンバーでは、はっきりとナチに言及している。「俺はへべれけの突撃兵（Shock Trooper）／俺はナチのかわいこちゃん（Nazi Schatze）／祖国のために戦った」なんて歌われる。そして表題どおりの「今日お前の愛、明日世界！」との連呼で曲が終わる。つまり奇妙な形態のラヴ・ソングのようなものであり、比喩として「ナチねた」が用いられた――のだが、レーベル側はかんかんになって怒った。幾度かの歌詞変更のもとで、ようやく最終的にこの形に落ち着いたという。ソングライターは、ディーディーだった（もちろん「ブリッツクリーグ」の歌詞にナチ趣味を注入したのも、彼だった）。

ディーディーの父はアメリカ軍人で、母はドイツ人だった。父の赴任により、一家は西ドイツに住む。幼きディーディーは、まだ爆弾の穴がそこらじゅうに残っている当時の西独に暮らした。そして路傍に打ち捨てられていたナチ兵士の装備品を拾い集めては、溜め込んでいた。威圧的な父がいる家庭内でも、いじめっ子がいる外でも、彼は孤独だったからだ。そして両親が離婚したのち、クイーンズに転居してからも、この趣味は持続した。ジョニーの家庭環境も複雑で、やはり暴力を振るう父とのあいだには確執があった。つまり彼らのナチ趣味は「父への反抗」から生じたものだったのでは、と分析されている。

こうした背景から、ラモーンズがナチ思想にかぶれているわけではない点「だけ」は、かなり早くから理解されていた（が、趣味の悪さは叩かれた）。これらはプラモデル・マニアがナチ・モチーフに凝ってしまうようなものと同等だと見なされた。つまり明らかに「まずいと言えばまずい」趣味なのだが、鉄十字徽章《きしょう》を好むアウトロー系バイカーと同じぐらいの幼稚さでしょう、と世間からはお目こぼしされたとでも言おうか。

そんな程度で済んだ理由は、ひとつには、この当時のラモーンズ周辺およびアメリカの社会一般においては、前述のイギリスみたいな「ナチやファシズムとの、面倒な腐れ縁」は、さして顕在化してはいなかったからだ。しかしそれらは決して「なかった」わけではない。21世紀のアメリカを見てみれば、よくわかるとおり。

じつはすでに、70年代中期のこのとき、アメリカでは白人至上主義思想の巨魁、ウィリアム・ルーサー・ピアースが動き始めていた。そしてついに78年には、彼がアンドリュー・マクドナルド名義で記した小説『ターナー日記（The Turner Diaries)』が発行されてしまう。白人至上主義およびネオナチの聖典として崇められる同書は、とくに80年代以降、アンダーグラウンドで読み継がれ、アメリカのみならず世界各地の人種差別主義テロ犯や憎悪犯罪者、その予備軍といった過激思想集団や個人に深刻な影響を与え続けている。

ロック音楽の二面性

ときにロック音楽は、人間の最も暗い欲望を引き寄せる媒介となることがある。たとえば、チャールズ・マンソンのように。稀代《きたい》のカルト・リーダーとして連続殺人を犯す集団の上に君臨していた彼と、ビーチ・ボーイズとの近しい関係は有名だ。デニス・ウィルソンと親交を結び、マンソンが書いた曲（Cease to Exist）がデニスのペンによるビーチ・ボーイズの曲「ネヴァー・ラーン・ノット・トゥ・ラヴ」（68年）の元ネタにもなった。ロック音楽は、愛と理想の媒体となり得る。しかしその反作用なのか、ちょうどまったく逆の、邪悪と憎悪、不寛容と破壊のみを生み出す妄念の器とも、容易になり得る。こうした陰陽《おんみょう》の二面性を、パンク・ロックにおいて観察してみる際には「ナチ問題」を避けて通ることはできない（そういえば、獄中のマンソンの眉間にもハーケンクロイツが刻まれていた)。

とはいえ「70年代中期の段階では」、ナチ問題についてまだアメリカ社会は呑気なものだった。だからプロト・パンクとも見なせるグラム・ロック・バンド、ニューヨーク・ドールズのジョニー・サンダースにもナチ・モチーフ使用癖があったものの、さほどの問題とはならなかった。ラモーンズのこの一面も、ジョニー・ラモーンのコミックブック趣味の延長線上のような、でもちょっと悪趣味なものとして(軽く叩かれつつ)流されてことなきを得た。ヴォーカルのジョーイ・ラモーンと初代ドラマーのトミー・ラモーンがユダヤ人だったことも、影響した。ハンガリーで生まれたトミーの両親は、ホロコースト生存者だった。「ブリッツクリーグ」の原型を作ったのはトミーだったし、彼こそが初期ラモーンズの「設計者」だったとよく言われる。ゆえに、ナチがらみのこの混乱もまたラモーンズの持ち味のひとつであり、アメリカン・パンク・ロックの典型のひとつでもあった。

「ノー・ホロコースト、ノー・パンク」

ラモーンズの「地元」であるフォレスト・ヒルズは中産階級のユダヤ人が多い地区だった(そこではカトリック系のジョニーやディーディーのようなバックグラウンドの者のほうが

少数派だった）。またニューヨークのパンク・シーン全体を見渡しても、ユダヤ系人士は数多く活躍していた。そんなところから「ノー・ホロコースト、ノー・パンク」とまで言い切っている意見すらある（Steven Lee Beeber 'The Heebie-Jeebies at CBGB's: A Secret History of Jewish Punk' / Chicago Review Press / 2006より）。

同書によると、パンク・ロックのなかに抜き難く存在する荒涼、そして怒りは、ヒトラーによる史上稀に見る残虐行為に対しての「遅すぎた心理的反応」だと見なせるのだという。それゆえに初期ニューヨーク・パンクスの多くは、スタンダップ・コメディアンのレニー・ブルースによって過激に発展させられたユダヤ人的な激辛サタイアに大きな影響を受けていたし、同時にまた、ナチスに強い関心を抱いてもいたのだ、と。

Ｑ９「『パンク』という言葉は、元来どういう意味なのか。語源は？」

シェイクスピア作品中の「パンク」

ご存じのように、お察しのように、あまりいい意味ではない英単語だ。「ちんぴら」「不良」といったようなニュアンスの名詞ではあるのだが、決して「こわもて」のそれではない。

どう考えても、かっこよくない語でもある。喧嘩は弱いくせに、騒ぎだけは起こす嫌われ者、とか。とにもかくにも「役立たず」とか……。

たとえば、こんな例がぴったりかもしれない。裏庭の花壇にいたずらする小学生たちを見つけた老女が箒を手に追い立てていく、そんなときの決まり文句が「このパンクスが！」というような。そんな程度の「迷惑な存在」が、一般的文脈内で使用される「パンク」の典型だ。英語における「パンク」とは、まずもって最初に「ダメな奴」というニュアンスが強い。

また、隠語としての「パンク」には、男娼という意味もある。刑務所などで、腕っ節の強い男にいいようにされ、性的に搾取されているような若造、といったニュアンスの使用法がアメリカにはある。そしてこの用法は、とても歴史が古い。起源はなにしろウィリアム・シェイクスピアの17世紀初頭のイギリスにおける使用例にまで、つながってしまうのだから。

１６０２年に発表のシェイクスピアの喜劇『ウィンザーの陽気な女房たち（The Merry Wives of Windsor)』や、１６０３年もしくは１６０４年に書かれたと目されている『尺には尺を（Measure for Measure)』のなかに、「パンク（当時のスペルでは Puncke)」なる語が出てくる。このころの「パンク」は、娼婦や身持ちの悪い女をあしざまに表す語だった。

ゆえに後者『尺には尺を』の第五幕には、こんな台詞《せりふ》がある。放蕩者で粗忽者のルーシオが、公爵とマリアナの対話に分け入る。そして彼女を指して、こんなふうに言う。

「旦那様、彼女はたぶん『パンク』なんでしょう。あれらの多くは、処女でも寡婦でも妻でもありませんゆえ」

『尺には尺を』は、シェイクスピアが『終わりよければ全てよし』と同時期に書いた喜劇であり、いわゆる「問題劇」だった。ワーグナーが20代で書いた喜劇オペラ『恋愛禁制』が、この『尺には尺を』をベースにしたものだったことも有名だ。

さらにオックスフォード英語辞典によると、シェイクスピアより古い用例もある。１５７５年以前に作曲されたと目されているバラッド『老王サイモン（Simon the Old Kinge)』にも、同じ用法での「パンク」の使用例が確認されている。

と、こんなパンクが、17世紀も後半になると、女性ではなく男娼を指す語へと、意味が変化してくる。とくに歳上の男性に買われる若い男娼が「パンク」と呼ばれた。アメリカの刑務所スラングは、じつはこれの直系なのだ。ゆえに、パンク・ロックにおけるその用法は、必然的に男性同性愛のニュアンスを帯びてくることになる。ラモーンズが、この点に敏感に反応・感応していた——いや「ラモーンズが、そんなふうだったから」パンクという語が引き寄せられてきたに違いない、のだと僕は考える。

伝説の音楽誌『パンク』

ラモーンズのファースト・アルバムには、ニューヨークのゲイ売春シーンに材を得た、これも奇妙なナンバー「53ｒｄ ＆ ３ｒｄ」が収録されている。マンハッタンのミッドタウンにて、男娼が客引きをする場所として知られていたのが「五十三丁目と三番街の交差点」だった。主人公であるヴェトナム退役軍人の元グリーン・ベレーの男がそこで客に拾われるのだが、カミソリで相手を襲う——というストーリーで、書いたのはこれまたディーディーだった。

ちなみにこの「53ｒｄ ＆ ３ｒｄ」という曲名は、スコットランドのバンド、ザ・パステルズを率いるスティーブン・パステルらによって85年に設立されたインディー・レーベルの名称ともなっている。ラモーンズ諸作品への敬意の発露というのが命名理由のようなのだが、そこで選ばれたのが「なかでもこの曲だった」という点は趣き深い。

あるいはまた、70年代のアメリカにおける「パンク」使用の典型例は、刑事ドラマのなかにあった。『刑事コジャック』なんかで、犯人を追い詰めて捕らえるシーンで、鬼刑事たちの口を思わずついて出てくる言葉のなかに「パンク」があった。

「ついに大量殺人者をとっ捕まえた彼らは決まってこう言うんだ。『このうすぎたないパンクめ』って。学校の先公どもも同じこと言ってたネ。お前は最低だって意味さ」

（『イングランズ・ドリーミング』より）

そんなふうに音楽ジャーナリストのレッグス・マクニールは語っている。マクニールは伝説の音楽誌、その名も『パンク』の共同創刊者のひとりであり、彼こそが同誌の名付け親であり、本人いわく、今日我々が知る「パンク・ロック」の名付け親でもあった。同誌で彼は編集者や発行人ではなく「常駐パンク（Resident Punk）」との肩書きのもと活躍した。

ジョーイ・ラモーンを描いたイラストが表紙の『PUNK』第３号現物。音楽アーティスト、DJ、文筆家の高木完さん所蔵品（現在は売却済み）を筆者が撮影

76年1月15日、まずは大判の紙を折り畳んだ形態にて、『パンク』の創刊号は発売された。同号のメイン記事はルー・リードだったのだが、しかし同時に、ラモーンズのインタヴューもフィーチャーされていた。76年4月に発行された3号目では、イラスト姿のジョーイ・ラモーンが表紙を飾った。

パンク時代とは、同時に「ＤＩＹ（ドゥ・イット・ユアセルフ）」時代の幕開けでもあった。バンドを組むのも、レコーディングもツアーも、レーベル運営もすべて「自分たちの手で」おこなうという機運が、このころから急速に高まっていった。なかでもファンジンやフリーペーパーなどの手作りメディアの機動力は、シーンの活性化に大いに寄与した。既存の音楽メディアが出遅れているあいだに、ＤＩＹ組は、あっという間にムーヴメントの渦中に飛び込んでいっては情報を発信した。『パンク』誌はその最前衛のひとつであり、同誌の素早い動きが、それら「新しいロックンロール」に名を授けることになった。

ストリートにおける文芸復興運動

もっとも、ロック音楽に「パンク」の言葉を冠するという行為は、『パンク』誌が最初ではなかった。既存の音楽誌が使用したことはあった。70年代初頭の音楽に対して（『クリーム』）、60年代のガレージ・バンドについて（『ボンプ』）などの例だ。ラモーンズも拠点としたニューヨークのクラブ〈ＣＢＧＢ〉周辺のシーンについて「パンク」の語を用いたのは『アクエリアン』だったが、しかしパティ・スミスはいいとして、ブルース・スプリングスティーンやベイ・シティ・ローラーズまでがその語の区分に含まれていたという。ゆえに「今日の我々が知るパンク・ロック」という意味で「パンク」を最初に使用したのは、レッグス・マクニールたちの『パンク』誌だったと見なされている。

「初期の頃の『パンク』紙には、パティ・スミスがランボーに、テレヴィジョンがジェラール・ドゥ・ナーヴァル（筆者注：ママ、日本語では通常、ジェラール・ド・ネルヴァルと表記される）に、リチャード・ヘルがニーチェにたとえられていた」

（『イングランズ・ドリーミング』より）

ニューヨークにおけるパンク・ロックとは、なによりもまず、ストリートにおける文芸復興運動だったのだ。好んで着用していたＴシャツやジーンズ同様、ずたずたに切り裂かれた自我を抱えた貧しい若者たちが、まさにＤＩＹで「嘘のないロック」を手作りしようとしたとき、ごく普通には罵倒語や侮蔑の言葉としてしか機能しない「パンク」が、まるで勲章か王冠のようにして、キッズの誇りのよりどころとして、高々と掲げられるようになったのは、決して偶然の産物ではない。まさにジョニー・ロットンが「ゴッド・セイヴ・ザ・クイーン」のなかで歌ったように「俺らはごみ缶のなかの花、お前ら用の人間マシーンのなかの毒」だったのだから——自らをアイデンティファイするにあたって、これ以上ふさわしい言葉は、ほかになかった。

Q10「パンクにはなぜ『敵』がいるのか？」

悪いのはパンク側

平たく言うと、これはほとんど「パンク側のせい」だと言える。まず（１）自らの姿勢や態度のせいで「次から次へと敵を増やした」から。（２）そもそもが「許せない敵がいたゆえに」反発心を胸に立ち上がったのがパンクスだったため、態度が悪くて当然だったから――このふたつについて、説明しよう。

前述したとおり、とくにロンドンで、テディ・ボーイズがパンクスを敵視していた。なかでもとくにセックス・ピストルズが、さらにはジョニー・ロットン（ジョン・ライドン）が「とくに」目の敵《かたき》にされて、幾度も襲撃された。テッズに代表される右派の不良とパンクスの対立は、60年代のロッカーズ対モッズの抗争よろしく、大衆紙ダネになる乱闘事件を何度も引き起こした。テッズに続いて、スキンヘッズもパンクスと対立した。

と、こんな様相になってしまった最大の理由は、そもそもパンク側の「態度が悪かった」ことが大きい。なにかと喧嘩腰で、存在そのものが挑発的だったからだ。なぜならば、まず最初に自らの側に「反発する」精神や態度があってこその、パンクスだったから。「いま現在」目の前にあるもの、そのあれやこれや――あるいは、そのほとんど全部――に「ＮＯ」を突きつけるところから始まったのが、パンク・ロックだった。だからつまり、70年代の中盤において、アメリカやイギリス、とくにニューヨークやロンドンに「ごく普通に、いっぱいあった」ものに対して、パンクスは強く反発した。

つまり、自分の側から「敵を作っていた」わけだ。ゆえに、そんな態度が気に食わないんだよ！——と、たしかに保守層ほどムカついて当たり前。かくして、まわりじゅうから攻撃されていたのが、オリジナル・パンクスだったと言える。とくにイギリスにおいては、その傾向が強かった。

「労働者階級の反乱」

そうなった理由は、ブリティッシュ・パンクスの出自からの影響を無視できない。ひとくちに言って、イングランドのパンク・ムーヴメントは「労働者階級の反乱」だと見なせる部分が大きかったからだ。これを僕は、大袈裟ではなく、1381年の「ワット・タイラーの乱」の大衆文化版ではなかったかと考えている（だからピストルズには、女王を「口撃」しなければならない必然性があった）。ワット・タイラーの乱（Wat Tyler's Rebellion）——Peasant's Revolt ＝小作人の反乱とも呼ばれる——とは、百年戦争やペストなどで疲弊したイングランドにて、人頭税徴収に対する怒りを契機として農民が蜂起した大反乱で、最終的にはロンドンを占拠するまでに至った。指導者である神父のタイラーは王であるリチャード2世と直談判まで果たして、同国における農奴制を永遠に終わらせる端緒となる歴史的功績を残した（が、二度目の会見中に斬殺された）。

70年代の英パンク・ロック躍進の立役者となった層には、労働者階級の家に生まれた者が多かった。たとえばジョン・ライドンは、アイルランド系労働者の家庭に生まれた。貧困と言っていい時期もあったようだ。しかしカトリックの学校に入れられて、そこで厳格なシスターに「罰」を受けたりしているうちに——のちの「パンクスとしての燃料」をせっせと仕込むことになった。だから彼のレコード・デビュー第一声、「アナーキー・イン・ザ・ＵＫ」における最初のライン「俺はアンチ・クライストだ！」というところには、かなりの度数で、伊達ではない怨念すらこもっていた。

この時代、クラッシュのジョー・ストラマーのように労働者階級出身ではないパンク・ロッカーもいるにはいたが、ライドンが演じていた「ジョニー・ロットン」のキャラクターが、初期ブリティッシュ・パンクの典型例となったことは間違いない。つまり「労働者階級」かつ、「怒れる若者」だということだ。さらに彼の場合はここに「アイルランド系の」というただし書きも付く。ゆえにライドンは、複合的な意味で「被差別的立場にあった」と言うことができる。労働者階級（１）であり、アイルランド系（２）だったから。

イギリスの階級制度は、当事者以外にはよくわからない点が多い。大雑把に僕は、江戸時代の日本の士農工商の区分と似たものとしてとらえている。幕末の日本では「農」つまり百姓が人口の8割を占めたというが、イングランドにおいては、各種の統計によると人口のだいたい半数から6割が「自分は労働者階級だ」との認識があるという。そのすぐ上には中流層があり、さらに上には上流層がある。一番上はもちろん王室で、そのすぐ下に貴族階級がある。

労働者階級とはつまり無産階級、プロレタリアートであり、単純労働者や職人層が多い。19世紀の産業革命期直後、マンチェスターの労働者のあまりに悲惨な境遇を目にしたフリードリヒ・エンゲルスが、のちにカール・マルクスとともに『共産党宣言』を書いてしまうほど、その階層は重すぎる宿命を背負わされていた。エンゲルスは「マンチェスターでは、労働者の子供の57%以上が5歳未満で死亡している」と『イギリスにおける労働者階級の状態』（１８４５年）に記している。１８３０年代末、マンチェスター、リヴァプールなど工業都市における労働者階級の平均寿命は（注：平均年齢ではない）、15歳から19歳という信じられないほどの低さだった、という。一方、農村に住む地主階級の平均寿命は50歳から52

歳で、都市部の労働者階級とは大きな開きがあった（日本大百科全書〈ニッポニカ〉産業革命の項より）。

つまり、これほどの「歴史的残虐」からの生き残りこそが、イングランドの労働者階級の子供たちだった、わけだ。そしてこの層こそが、元来、イングランドのロックの主力を担ってきた。それはビートルズを見ればわかる。

アイルランド系という桎梏《しっこく》

ビートルズの４人のうち、ジョン・レノンを除く３人がリヴァプールの労働者階級の家庭に生まれた。レノンは中流と分類される生まれだったのだが、家庭環境の複雑さもあって、メンバーのなかで誰よりもツッパリ度数が高かった、と言われている。さらには、レノン、ポール・マッカートニー、ジョージ・ハリスンの３人には、アイルランド系の血脈があった。リンゴ・スターにもアイルランド系の先祖がいた、という近年の研究報告もある。

アイルランドとイングランドの関係は、ひとことで言うと、後者による前者への、絶え間のない蹂躙《じゅうりん》と搾取、弾圧と差別の歴史にほかならない。イングランド人によって、まるで奴隷のごとくひどい扱いを受けていたのがアイルランド人であり、あらゆる意味での理不尽な暴力が、まるで焼き印のように加えられ続けた。だから武装蜂起および闘争は続き、１９２２年にアイルランド自由国が分離したあとは、残された北アイルランド解放に向けての戦いが焦点となった。そしてパンク勃興時の70年代から、ＩＲＡ（アイルランド共和軍）の爆弾テロが先鋭化した。北アイルランドでの激しい闘争のみではなく、英本土（ブリテン島）にも攻撃を拡大。ロンドンの鉄道爆破を始め「イングランド市民への攻撃を強化する」という宣言がなされたのは、ピストルズがデビュー・シングルを出したのと同じ年、76年の3月13日だった。そこから先は、98年のベルファスト合意が成立するまでは、たとえばロンドンで地下鉄に乗ったならば「不審物を見かけたらご一報を（＝爆弾かもしれないので）」というサインが、乗客にとってお馴染みのものとなっていた。

こんな背景のもとで「燃え上がって」いたのが、イングランドのパンク・ロックだったわけだ。だからその姿勢を目にした他者（おもに保守思想の持ち主）から、目の敵にされて攻撃されていたと言える。ふたたび日本に置き直して言うと、日本における在日コリアンや沖縄出身者のような出自（たとえばアイルランド系など）で、かつ、江戸時代であれば「百姓」に分類されるような家庭に生まれ育った（か、江戸住まいの職人長屋に生まれた）若者

（＝労働者階級）が、パンク・ロックの主力を成したわけだ。そもそものイングランドのロックを盛り立てていた層と同様に。

しかしところが、たとえばビートルズが「売れてしまった」瞬間に、こうした様相は大きく変化する。中流も含む多くの人々が、我も我もとバンドを組み始めるからだ。高学歴のバンドマンも増えてくる。70年代にもなると、中流の家庭に生まれ、大学を卒業して、それでロック・バンドとして成功しているイギリス人アーティストが、なんと「主流」となっていて……そこに加えられた、強烈きわまりない「揺り戻し」こそがブリティッシュ・パンク・ロックだったのだ、と言うことができる。労働者階級の「反撃」だったのだ、階級闘争だったのだ、と。

アメリカにおいては、そもそも前述のような階級構造が存在しないので話が違うのだが、ラモーンズについて述べたとおり、たとえばＷＡＳＰ層や共和党支持者「ではない」ところから吹き出してきたという点で、やはり遠からずの様相はあった。のちにはリベラル学生も多く参入してきたものの、初期の段階ではあくまでも「ストリートから」火の手が上がったのだという点も。

「長いもの」は敵

と、このような大枠があった上で、ではパンクスは具体的に、いったいどんなものを「敵認定」していたのか、という点について見ていこう。思いつくままに列記してみると……。

だいたいにおいて「長いもの」を、嫌った。音楽ならば、長い曲。長いギター・ソロ。それ以外の楽器のソロも全部、嫌った。長い髪も、嫌った。「広がっているもの」も嫌った。ベルボトムなど、パンツの裾が広がっていることを、嫌った。だからヒッピー経由のスタイルが全般的に嫌悪された（ヒッピーとは、そもそもの出自が「中産階級そのもの」だったからだ）。ハード・ロック、ヘヴィメタルもパンクスから嫌われた。プログレッシヴ・ロックは、もちろん大いに嫌われた……というよりも、なによりも、「パンクが登場した瞬間」に世間に存在したロックを大雑把にひとからげにして「オールド・ウェイヴ」と呼んでは切って捨てる態度が、パンクスの基本だった。

つまり、こういった「切り捨てられる側」の様式や態度に属する人々や組織が、パンクスから「敵」として認定されたわけだ。旧態依然の「体制側」である、として。

といっても「例外」はあった。ラモーンズの長髪は当然ながら嫌われなかったし、ジャーマン・ロック寄りのボウイのベルリン三部作も、嫌われなかった（とにかくボウイは、別格の存在として陰に日向に崇拝されていた）。レッド・ツェッペリンは、微妙だった。ラモーンズは、じつはツェッペリンを好んでいた。ビートルズも大好きだった。ベイ・シティ・ローラーズももちろん、好きだった……でも、自分たちで「やれること」には、限界がある。そこで「やれることだけ」を凝縮して、それ以外のところは全部捨てて、そして「あのシンプルなスタイル」が完成したのだという。

つまりパンクとは、一種の「みそぎ」めいた感覚に基づいた哲学的生活態度だった。それまでのロック文化にまとわりついてきた贅肉をすべて「削ぎ落とす」こと。「骨だけ」になったそれを、尖らせまくること。あまりにも削ってしまったため、血が流れたとしたら、それで字や絵を描いてみればいい（という行為を、実際にやる人も多くいた。カミソリを用いてステージ上で、自分の裸の胸などを切り刻んだ）――およそこういった意志のもと、宗教改革のように、ルネサンスのように、農民反乱軍のように、ロックンロールの大森林に火を放っては一度全部焼き尽くし、その灰のなかから、清く美しく「新しい」生命が湧き出てくることをじつは切望していた、のかもしれない。

パンクスが「敵視」したロックスターたち

ではパンク・ロックが世に出てきた1976年から77年あたりに「広い世間」で好まれて、ビッグ・ビジネスとなっていたロック／ポップ音楽とは、具体的にどんなものだったのか？最初期のパンクスが文字通り「敵視」していたロックスターたちを、アルバム・ベースで見てみよう（以下、視認性を高めるために邦題を中心に記す）。

この時期全般、とにかく売れていたのはフリートウッド・マックの『噂』だった（77年2月発売）。ロッド・スチュワートは76年6月に『ナイト・オン・ザ・タウン』を、翌77年11月には『明日へのキック・オフ』を出した（さらに、あろうことか78年11月には『スーパースターはブロンドがお好き』まで出してしまう。「アイム・セクシー」が入ったあれを）。クイーンは、75年秋から76年初頭にわたる「ボヘミアン・ラプソディ」大ヒットの余韻も冷めやらぬまま、76年12月に『華麗なるレース』を、77年10月には「ウィ・ウィル・ロック・ユー」や「ウィ・アー・ザ・チャンピオンズ」が入った『世界に捧ぐ』をリリースした。76年のキッスは『地獄の軍団』で、ボストンは『幻想飛行』で、ジャクソン・ブラウンは『プリテンダー』で、ピーター・フランプトンは『フランプトン・カムズ・アライヴ！』で、しかし、なんと言ってもアバの『アライヴァル』がすさまじかった（76年10月。「ダンシング・クイーン」を収録）。そして12月にはイーグルスの『ホテル・カリフォルニア』までもが登場してしまう。

77年の幕開けを告げたのは、ピンク・フロイドの『アニマルズ』（1月）だった（ジョン・ライドンが「俺はピンク・フロイドは嫌いだ（I Hate Pink Floyd）」と書かれたＴシャツを着ていたせいでピストルズに誘われた話は有名——なのだが、これには後日談が。のちほどくわしく）。同年には前述『噂』以外にも、邦題漢字系ではスティーリー・ダンの『彩《エイジャ》』があった。『太陽神』はアース・ウィンド・アンド・ファイアーだ。ビリー・ジョエルは『ストレンジャー』で、エレクトリック・ライト・オーケストラは、76年の『オーロラの救世主』に続き77年には『アウト・オブ・ザ・ブルー』まで出してしまう全盛期。そして77年11月、あの『サタデー・ナイト・フィーバー』のサントラ盤が発売されてしまって、世の中もう、ディスコのことしか考えていないような状態に——。

というあたりを全部、最初期のパンクスは敵視したわけだ。つまりこれほどまでの「強者」たちに、なんというか徒手空拳以下で立ち向かっていった。

なぜならば「これは、違う」と思ったから。強い反発を、感じたから。腹が立ったから。血管に直接エネルギーをぶち込んでくれるような「本来のロック」からほど遠い、巨大産業に庇護されて、工業製品のように市場に並べられ、生命力を欠いた、ただの模造品を延々複製したものだとしか思えなかったから。「体制側」に取り込まれ、人畜無害であることを聴き手に強要する「堕落の尖兵」に見えたから。

そんなパンクスたちの、向こう見ずどころではない、まさに全員で連続して間断なくカミカゼ攻撃を繰り広げているかのような一大決起のありさまを、次章からは、時間軸に沿って観察していこう。

第2章　パンク・ロック創世記、そして、あっという間の黙示録

1977年6月7日、「ジュビリー・ボート・トリップ」で演奏するセックス・ピストルズ。左からシド・ヴィシャス、ジョニー・ロットン、スティーヴ・ジョーンズ（REX/アフロ）

「ジュビリー・ボート・トリップ」では、波止場に押し寄せてきた警官によって、関係者11人が逮捕。写真ではヴィヴィアン・ウエストウッドが取り押さえられている（Mirrorpix/アフロ）

１「公共の敵」セックス・ピストルズ見参、水上に推参！

彼女は、優美な川船だった。いまからおよそ１００年前の１９２６年、ソルターズ・スティーマーズ社によって建造された同船には、船首側にオープン・エアの前部デッキがあって、暖かい季節には、川風と戯れるのにとてもいい。船尾部にも大きなデッキがあり、サルーン・エリアは２つある。明るく広々としたアッパー・サルーンは、オーク材とマホガニー材で装飾され、オリジナルのハードウッド・デッキが敷き詰められているので、ダンスにお薦めだ。一方でロウアー・サルーンには、今日、固定テーブルが設置されていて、85名までが同時に着席して食事をとることができる。これらすべてのエリアのトータルで、最大乗員は１８５名。２０２３年現在の管理会社はコリアーズ・ローンチズ社で、条件付きの最安値プランなら、８５０ポンドから借り上げることができるという。

だからもしあなたが、テムズ川のクルージングを楽しみつつ開催される、結婚披露宴や誕生日のパーティー、あるいは企業の研修会のプランを考案中の幹事だったら、この一艘は、格好の選択肢となるかもしれない。なにしろ１９５０年には、ソヴィエト連邦から訪英していた賓客を乗せて、ウェストミンスターからグリニッジまで、鏡のような河水の上を粛々と航走していったのも、この船、クイーン・エリザベス号だったのだから。

クイーン・エリザベス——もちろん「2世」ではなく、1世のほうに、ちなんだ名だ。おそらくはこの船名ゆえ、セックス・ピストルズとその一味が「彼女」を選んだのだろう。当時の君主だったエリザベス2世への「当てつけ」として……。

「シルヴァー・ジュビリー」

その年、1977年は年初より、王室に対するイギリス大衆の視線は、ほとんど祝賀一色だった。エリザベス2世の戴冠25周年を祝す記念式典「シルヴァー・ジュビリー」——夫婦なら、銀婚式にあたるタイミングだ——の関連行事が、冬から春の折々に開催されていたからだ。2月6日の即位記念日からスタートして、6月初旬にクライマックスを迎えるように設計されていた。なかでも一番のビッグ・デイが6月7日で、つまりピストルズ一味は「わざわざ」その日を選んでゲリラ的宣伝行為を「決行」したのだった。6月9日に女王がおこなう予定だった水上パレードのコースをなぞるように「先取り」した上で大騒ぎを繰り広げた。これが名にし負う「ジュビリー・ボート・トリップ」ライヴ・イベントだった。バンドと関係者、ファンたち総勢175名が、飲んで歌って大騒ぎしつつ、テムズ川を行き来した。しかも「決して、それをやってはならない」特別な一日に。パンク・ロック史上――いや、イギリスの大衆文化史上屈指の――「凶行」だと言われている事件がこれだ。

「1977」とは、パンク・ロック・ファンにとっての「聖数字」にほかならない。この年、ロンドン・パンクが頂点をきわめたからだ。ものすごい数のバンドがデビューして、音楽市場を騒がせ、ロック・ファンの耳目を集めた。あらゆるパンク・バンドが大暴れした。なかでもセックス・ピストルズという名の不埒きわまりない暴風雨が、突然に横殴りに、全英の「良識」へと吹き付けた。その最大瞬間風速を記録したのが、間違いなくこの「ジュビリー・ボート・トリップ」だった。

女王のほうのプラン（9日のもの）は、こんな内容だった。一行はグリニッジからランベスまで船で遡上《そじょう》し、盛大な花火などを経たあとで、夕刻には馬車でバッキンガム宮殿に戻り、バルコニーから人々に手を振ることに――なっていた。ひどい不況のさなかにもかかわらず、一連のジュビリー関連行事を心待ちにしている国民は多かった。だから最後のこのパレードも同様だった。

良識的な国民は、善男善女は、どんなふうにこの慶事を祝っていたのか？　一例として、セックス・ピストルズたちが「決行」する前日、6日の儀式とその周辺を見てみよう。この日の宵、女王がウィンザー城にてかがり火に点火する。これに呼応して、祝いのかがり火が国中を駆け巡る。そして英連邦中が呼応する。

「決行当日」の7日は、パレードに次ぐパレードだ。まずは、セント・ポール大聖堂にて国民感謝礼拝に出席するため移動する女王と王族の行列に向けて、沿道で列を成した人々が、歓喜の声援とともに、ユニオン・ジャックの小旗を振り続けた。大聖堂には、ジェームズ・キャラハン英首相、ジミー・カーター米大統領を始め世界各国の指導者、当時存命だった英元首相の全員が出席。その後女王は、ロンドン市長のピーター・ヴェネックが主催する昼食会を経て、バッキンガム宮殿まで戻る。ここでまた、沿道の人々と大量の小旗——。

これらの群衆、街頭にてパレードを見物した人々だけで、100万人を数えたという。加えてもちろん、TVで生中継されていたその光景を、英連邦の約5億の人々が見守っていた。とくにイギリス本土では、無数の住民たちが、TVを観ながら屋外や屋内でパーティーを開催していた。あらゆる町や村で、建物の屋根から屋根へとロープを張り渡しては、やはりユニオン・ジャック柄の小旗をはためかせていた。ロンドンだけでも、この時期に４０００を超えるパーティーが開催されていた、という……。

と、このような「国民的慶事」の全体に対して、控えめに言っても、きわめてたちが悪い「当たり屋」みたいな行為をおこなったのが、セックス・ピストルズとその一味だったわけだ。女王および英王室を、真正面から「コケにして、貶める」こと。それによって、5月27日に発売したばかりのセカンド・シングル「ゴッド・セイヴ・ザ・クイーン」の宣伝をおこなう――というのが、彼らの目論見だった。

放送禁止

そもそもの「God Save the Queen（神よ女王を護り給え）」とは、事実上の国歌として、イギリス本土およびコモンウェルス・レルムで長く親しまれている讃歌の題名だ。ピストルズ・ソングのほうは「わざわざ、狙って」これと同じタイトルにしたもの。歌詞を書いたジョン・ライドンは、当初この曲に「ノー・フューチャー」という名を与えていた。「イングランドが見てる夢に、未来なんてない（There's no future in England's dreaming）」というラインから取ったものだ。とはいえ、作詞していた76年秋の時点で、翌年の「ジュビリー」を利用する算段は、彼の頭の中にもあった。

だから当初より、女王を、君主制を揶揄《やゆ》し嘲笑するパートが、歌詞のなかに明確にあった。たとえば歌い出しは、こんなふうだった。「神よ女王を護り給え／ファシスト体制／奴らがお前を低脳にする／水爆なみだ」——こうした点にマルコム・マクラーレンが目を付けて、「国歌と同じ」タイトルにすることを発案する。スキャンダリズムを狙ったのだが、マイナス方向への効き目がありすぎて、同曲はラジオでほぼ放送禁止扱いとなってしまう。ならば、とそこでマクラーレンは「プロモーション」をさらにエスカレートさせることを考えて……「ジュビリー・ボート・トリップ」へとつながっていったのだという。

ちなみに、川船の名前の由来となったエリザベス1世とは、スペイン無敵艦隊を打ち破り16世紀のイギリスに黄金時代を招来、絶対王政を確立させた、テューダー朝最後の女王であり、稀代の大君主だ。ピストルズたちはその名を掲げた船を使用することにより、1世の時代とは比較にならない凋落のきわみにある、１９７０年代イギリスの「痛み」を浮き上がらせることを——あくまでも「結果的に」——達成してしまった、とも言える。

なぜならば、エリザベス2世の水上パレード自体が、そもそもは1世の巡幸を部分的に再現するという発想のもとに企画されたものだったからだ。ゆえにピストルズ一味は、全身全霊で「そんなことやってる場合かよ！」という意志を明確化したわけだ。彼ら一流の、嫌み大劇場のなかにおいて。

想像してみてほしい。このときのピストルズ一味の発想における、仰天の「不敬さ」を。天皇制がある日本に住む人なら、きっとよく理解できるはずだ。たとえば日本では、平成期の１９９９年と２００９年に、当時の天皇の即位10年と20年を祝す記念式典および国民祭典が開催された。日本の著名人や芸能人、文化人、ロックやポップ・アーティストなども、イベントに出席したり、パフォーマンスをおこなった。おだやかに、こともなく。

たとえば、もしもそんな式典や祭典が開催中の「すぐそば」で、「君が代」なんてタイトルのくせに悪意に満ち満ちた轟音のパンク・ソングをがなり立てる奇矯な装束の一団が、これ見よがしで挑発的な「パレード」なんて強行していたら……大変な騒ぎになることは想像に難くない。

セックス・ピストルズの一味は、それをやってのけたのだ。

逮捕者11人

6月7日、その日は曇天で、低く垂れ込めた雲が重苦しい、いやな天気だったという。つまりとても「イギリスらしい」天気だったのだ、と。出航時間は、午後6時すぎだった。テムズ川のチャリング・クロス埠頭から船出したクイーン・エリザベス号には、ピストルズ一党以外には、フィルム・クルーに加え、数多くのプレス関係者が乗船していた。ここまで僕がよく引用しているジョン・サヴェージ（当時は『サウンズ』誌の記者だった）や、写真家のデニス・モリス（ライドンに招聘されたセックス・ピストルズのオフィシャル・フォトグラファー。のちにパブリック・イメージ・リミテッドのロゴもデザインした）もいた。さらには、ピストルズのグラフィック・デザイン各種で名を上げたジェイミー・リードもいた。女王のポートレートの鼻のあたりに安全ピンを突き刺したり、目と口のところに誘拐犯の脅迫文みたいな切り貼り文字を置いて「ゴッド・セイヴ・ザ・クイーン」のスリーヴを構築したのは、彼の仕業だった。船の舷側には大きな垂れ幕が掲げられ「クイーン・エリザベス、セックス・ピストルズのニュー・シングル『ゴッド・セイヴ・ザ・クイーン』」と記されていた。ライドンは、ご丁寧にもデストロイ・シャツを着用していた。

出航からおよそ3時間は、だらだらしていた、という。神経質そうなライドンを尻目に、みんな酒を飲んだり、ビュッフェのスナックを食べたりしていた。その間に船は、ベックトンまで下ったり、チェルシー橋まで上がったり、それからまた、ウェストミンスターまで戻ったり——していたところ、ついにアンプに火が入る。川沿いに荘厳にそびえ立つウェストミンスター宮殿は、イギリスの国会議事堂として使用されているからだ。

だから当然、1曲目は「アナーキー・イン・ザ・UK」だった。暮れなずむテムズ川の水面に、国会議事堂の外壁に、ピストルズ・サウンドの衝撃波が衝突し、響きわたる。当時『メロディ・メイカー』の記者だったアラン・ジョーンズの記憶に沿って、そこから先の模様を追っていくと——もちろん「ゴッド・セイヴ・ザ・クイーン」。そして「ノー・フィーリングス」「プリティ・ヴェイカント」と続けていくうちに、二艘の警察ボートが近づいてくる。大音量でパンク・ロック・パーティーを展開中のクイーン・エリザベス号の周囲を、取り囲むようにして航行する。ここからは混乱があったせいか、演奏された曲目すべてについて、信頼できるデータはなんと今日まで広く公開されていない。ジョン・サヴェージによると「アイ・ウォナ・ビー・ミー」も演奏されたという。「プロブレムズ」が演奏されている映像も公表されている。そうこうしているうちに、次第に船は追い立てられて、埠頭へと接岸させられたところに、警官隊が押し寄せてくる。ピストルズが「ノー・ファン」（イギー・ポップのカヴァー）を演奏しようとしているときに、電源が落とされる。ここから膠着状態が約30分。警官隊と乗客が押し合いへしあいしているあいだに、バンドと機材は一気に大脱出。一方でマルコム・マクラーレンは群がる警官隊を前に、大見栄を切って言い放つ。

「このくそったれファシスト野郎どもめ！」

しかし彼はあえなく取り押さえられ、殴られた上で逮捕される。それに抗議したヴィヴィアン・ウエストウッドや、ジェイミー・リードも逮捕され、逮捕者の総数は、ピストルズのマネジメント・オフィスを中心に11人にも上った。

2　しかし「世間様」は逆襲する、暴漢がパンク・ロッカーを襲う

結局のところ「ジュビリー・ボート・トリップ」の騒ぎは、翌朝の新聞では「労働党の機

関紙」との異名を持つ、セックス・ピストルズ叩きの急先鋒だった大衆紙『デイリー・ミラー』だけが取り上げた。11人が同日保釈された件についてはロンドンの夕刊紙が記事にしたのだが、しかしこちらでは、昨夜のイベントそのものについては、一切触れられていなかった。あれほど力を入れた戦略だったにもかかわらず、瞬間風速的には、いまひとつマスメディアの食いつきは悪く、「やはりバンドが逮捕されていたほうがよかったか」という意見まで、マルコム・マクラーレンの周囲では出ていたという。

しかし「ゴッド・セイヴ・ザ・クイーン」の売り上げは伸び続け、発売後1週間で軽々と20万枚を超えており、その足が止まる気配はなかった。『ミラー』紙は（苦々しげに）「いかなる妨害によっても、この曲がチャート1位となることを止めることはできないだろう」と予測していた。だが、この読みは外れた。6月11日付チャートで「～ザ・クイーン」は2位止まりだった。前週に引き続き、ロッド・スチュワートの「アイ・ドント・ウォント・トゥ・トーク・アバウト・イット」が1位に居座っていたからだ。これについては陰謀説が根強くあって、「～ザ・クイーン」は、実際はスチュワートの曲の倍ほども売れていたのに、チャート当局がこの週だけ突然に集計方法を変えて「なんとしても『不敬な』パンク・ソングの1位を阻止する」挙に出たのだ――というもの。

「まさか、そんな」と、あなたは思うだろうか。たかがパンクに、そんなに目くじら立てるなんて信じられない、とか。ちょっと「女王をからかった」だけで、そこまでしますか、とか……いや「そこまでしなければならない」ほど、脅威と目されていたようなのだ、このときのセックス・ピストルズが。さらには、彼らが先頭に立って牽引していたパンク・ロックそのものが。

そして12日、ミラー紙の日曜版である『サンデー・ミラー』が「パンク・ロック・ジュビリー・ショッカー」と題して、ピストルズの不敬なるボート・トリップの全容をついに記事にした。一面で大々的に報道し、叩いた。この翌日の13日月曜日、デザイナーのジェイミー・リードが自宅を出たところで暴漢に襲われ、鼻と足の骨を折られてしまう。

続いて18日には、ジョン・ライドンが襲われる。ウェセックス・スタジオにて「ボディーズ」のミックス作業を進めていたプロデューサーのクリス・トーマスとエンジニアのビル・プライス、そしてライドンが仕事を終えたあと、すぐ近くにあるパブ「ペガサス」へと向かったところ、駐車場にて襲撃されたのだ。ナイフやカミソリを手にした数人の男（9人説がある）が、ライドンに迫る。カミソリで顔を切りつけられる。ライドンいわく、襲撃者たちは「俺らは女王を愛してるんだ、くそったれ！」と言っていたそうだ。しかし賊は国民戦線風のスキンヘッズやテッズではなく「たんなるごろつき」で、集団のなかには黒人もいたという。ナイフで左手をひどく切られ、腱を2本切断されてしまったライドンは、このとき以来「左手が使いものにならない」状態となった。ギターも弾けないし、力を入れることもできない、と（彼は左利きだった）。さらにクルマのなかに逃げたライドンを追ってきた暴漢のひとりは、彼の太腿に大きなダガーを突き刺した。ライドンいわく「その日はすごく分厚い革パンツを穿いていた。それじゃなければ、片足になっていた」ほどの攻撃だったという。

この事件が新聞記事になるよりも早く、翌19日には、今度はドラマーのポール・クックが地下鉄のシェパーズ・ブッシュ駅にて工具のバールで襲われた。さらに刺傷事件の3日後には、またもやライドンが襲撃された。これらの残忍で一方的な暴行は、しかし新聞紙上では、パンクスとテディ・ボーイズのあいだのよくある確執だとして、ちんぴら同士のくだらない喧嘩だとして、軽く流された。あるいは、面白おかしく処理された。ひどい目に遭わされ続けるピストルズたちに心を寄せるのは、パンク・ロック・ファンだけだった。

もっともその人数は、パンク・ロックに開眼した少年少女は、ものすごい速度で増え続けていたのだが。だから、パンクのレコードは売れ続けていた。このことがまた「広い世間」からは、はっきりと疎《うと》ましがられてもいた。

歴史的な放送事故

セックス・ピストルズは「世間一般」から、とにかく憎まれていた。蓄積してきた「悪名」の水準が、シルヴァー・ジュビリー嘲笑という行為によって、ついに「一線を越えた」と認識されたのかもしれない。大衆紙が煽り立て、真に受けた粗暴者が、ピストルズはもちろん「パンク・ロッカー狩り」に興じる有様となっていた。

いくらパンク・ロックが一見「公序良俗」を乱しているようであったとしても、これはただの大衆芸術であり、思想信条が反映された表現行為でしかない。しかしどうやら、それらの文化的事象を「物理的な暴力」でもって叩き潰したいと欲望する者が、イギリスには少なからずいるようだった。まずはセックス・ピストルズの一味が、ものの見事に、そうした連中のターゲットとなっていた。

事態がここに至るまでには、前段階があった。もちろん「段階」のそれぞれにおいて、つねに挑発によって「世間様」における憎悪の蓄積をおこなってきたのは、マルコム・マクラーレンおよびピストルズの面々だった。

77年６月のこの時点で、ピストルズはまだシングルを２枚発表しただけの「新人」バンドだった。にもかかわらず、ボート・トリップ以前に、すでに「悪名」は世間に轟きわたっていた。75年結成の彼らは、76年より精力的に続けていたアグレッシヴなライヴ活動で地道に積み上げてきた人気はあったのだが、なによりもそれ以上に「醜聞」の連発が、世間的には大きな意味を持っていた。

たとえば「ゴッド・セイヴ・ザ・クイーン」を正式発売したレーベル（つまり、この６月時点での契約先）はヴァージン・レコードだったのだが、これはピストルズにとって３つ目のレーベルだった。

なぜにシングル２枚なのに３つ目かというと、最初のレーベルＥＭＩは、76年11月のデビュー・シングル「アナーキー・イン・ザ・UK」発売ののち、77年1月6日に早くも契約を破棄したからだ（契約期間は3ヶ月ほどだった）。2つ目のA&Mは、セカンド・シングル「～ザ・クイーン」を発売する前に、バンドを放り出した（契約期間は、実質1週間ほどだった）。もちろんレーベルを移動するたびに、彼らは（というか、マネージャーのマルコム・マクラーレンは）巨額の契約金や違約金を手にした、という。

76年の12月1日、ピストルズがまだEMI所属だったころに、最初の重要事件が起きた。ロンドン・ローカルの民放局であるテムズTVの夕方の生放送番組『トゥデイ』にピストルズのメンバーが出演したのだが、そこで歴史的な放送事故と言うべき「騒動」が巻き起こったのだ。これによって彼らは、一夜にして「公共の敵」の大新星として注目を集めてしまうことになる。

番組司会者の名をとって、のちに「ビル・グランディ事件」と呼ばれることになるこの騒動は、番組終了直前の、全体でおよそ2分半ほどの出来事だった。舌禍以下の「卑語連発」事件と言おうか。英語圏では基礎的に「絶対的な放送禁止用語」とされている「SHIT」や「FUCK」を、メンバーが意図的に言いまくってしまう。イギリス放送界において前例

ビル・グランディ事件。前列左からジョニー・ロットン、スティーヴ・ジョーンズ、グレン・マトロック、ポール・クック、ビル・グランディ。後列右端がスージー・スー（Shutterstock/アフロ）

がないわけではなかったのだが、しかし、ここまで「あからさまに攻撃的かつ、ひどい」内容なんて前代未聞だった。事件は、こんなふうにして起こった。

番組終盤、グランディの挑発的質問にグレン・マトロックが頑張って答えていたところ、ついジョニー・ロットン（ジョン・ライドン）が小さく「That's just their 'TOUGH SHIT'（そんなの関係ねえよ）」と口走ってしまう。これを聞き咎めたグランディ、「いま、なんてったの?」としつこく詰め寄るので、ロットンが渋々「SHIT（くそ）だよ」と言い直して——

そこからカオスが始まった。あろうことか、混乱のなかでグランディは、メンバーの後ろにいたスージー・スー（ブロムリー軍団もスタジオにいた）にセクハラ発言なんてするもので、スティーヴ・ジョーンズもここに参戦。「You dirty FUCKER!（このきたねえオマンコ野郎）」とかます――ジョーンズは「ＦＵＣＫ」担当というか、インタヴュー・パートの冒頭でマトロックが質問に答えている際にも、横からFワードで口を挟んでいたのだが、そのときはグランディに（酔っ払ってたせいで？）スルーされていた。しかしここに至ってはグランディも黙っていない。ロットンに対したように、ジョーンズをも挑発する。だからジョーンズも応えて発言を繰り返す。手を替え品を替えた罵倒語も織り交ぜながら……といった地獄絵図が、午後6時台、当時の平均的なイギリス人家庭では夕方の家族団欒《だんらん》の時間帯に、盛大にぶち撒けられてしまう。

かくして、翌朝の新聞各紙、大衆紙の『デイリー・エクスプレス』、『デイリー・メール』、『ザ・サン』、もちろん『デイリー・ミラー』、加えて高級紙の『デイリー・テレグラフ』までもが、大々的に記事にして、叩いた。ピストルズ側の「あってはならない」不品行を、各紙が口々に非難した。なかでも飛ばしていたのがやはり『ミラー』紙で、「The Filth and the Fury!（猥褻《わいせつ》と憤激！）」なる同紙の一面での大見出しは、のちにセックス・ピストルズのドキュメンタリー映画のタイトルに起用されるほどのインパクトだった。同紙によると、47歳のトラック運転手ジェームズ・ホームズさんは、あまりの怒りに、ののしりながら思わずTVを蹴り上げたのだが、そのときの一部始終の音を8歳の息子リー君に聞かれてしまう――などという悲劇も、巷《ちまた》のお茶の間では起きていたという。

というわけで、クリスマス前のこのスキャンダルはEMI首脳陣を激怒させ、翌年早々ピストルズは同社から放逐されてしまう（のだが、この騒ぎを受けて「アナーキー～」は12月11日付チャートで全英38位まで上昇していた）。

奇遇なのは、このテムズTV出演話は、そもそもピストルズが呼ばれたものではなかったという点だ。最初にゲストとして招かれたのは、クイーンだった。しかしフレディ・マーキュリーが歯の不調を訴え、治療のためにバンドは番組を降板。そこで「同じレーベルだから」ということで急遽お鉢が回ってきたのが、あろうことかピストルズだったというわけだ（つまりなぜだか、彼らは「女王的なるもの」と妙に縁がある）。

と、そんなバンドが、３つ目にしてようやく腰を落ち着けることができたのが、新興のヴァージン・レコードだった。のちに航空会社を設立し、宇宙旅行会社も設立し、自らも宇宙遊泳を楽しんでしまう冒険家でもある、実業家のリチャード・ブランソンが最初に大きく名を売ったのが、このレコード事業だった。彼の英断によって「ゴッド・セイヴ・ザ・クイーン」は発売に至り、そこからおよそ10日後に前述の「凶行」ボート・トリップがおこなわれることになる。

だからクイーン・エリザベス号を借り上げたのももちろんブランソンで、彼もまた、あの大混乱の船内や埠頭にいた。書類を手にした彼は、警官隊に向かって、深夜までこの船は正当にレンタルされたものであること、だから介入は許されないことを力説していたのだが、しかし、その言に耳を留める者は誰もいなかった。

最大最強の打ち上げ花火

こうした騒ぎの連続から身を隠すようにして、7月、セックス・ピストルズは初のスカンジナビア・ツアーに旅立っていく。帰国後の8月からは、なんと変名（「Sex Pistols On Tour Secretly」の略である「The S.P.O.T.S.」そのほか）にてイギリス各地で都合6回の小ライヴをおこなった。すでに76年の段階で、彼らがライヴするたびに暴動あり喧嘩あり、周辺住民からの抗議ありで活動に支障をきたしていたのだが（それもあって、マクラーレンはボート・トリップでのライヴを企画したのだが）、あらゆる意味で騒動の規模は拡大し、かなりぎりぎりのところまで、バンドは追い込まれていた。

しかし、最大最強の打ち上げ花火が、まだ残されていた。彼らにとって最初で最後のオリジナル・スタジオ・アルバムとなる一枚『ネヴァー・マインド・ザ・ボロックス、ヒアズ・ザ・セックス・ピストルズ（邦題『勝手にしやがれ!!』）』が、この聖なる年の10月28日、イギリスにおいて、ついに野に放たれることになる。同作は発売直後、初登場で全英アルバム・チャートの1位を奪取する。

3　エルヴィスも、ビートルズも、ローリング・ストーンズも、1977年には……

1977年の夏のロンドンは、寒かった。Tシャツ1枚でいられるような陽気の日は数えるほどしかなく、僕はたいてい、薄い上着をひっかぶっていた。

イギリス人ならば「例年どおり」だったのかもしれない（76年は猛暑だったらしいが）。しかし日本からやって来た子供である僕にとっては、なんともしみったれた、夏らしくない夏だった。深夜になるまで陽が沈みきらない、白々とした「夜もどき」も、じつに落ち着かなかった。そして街じゅうのどこであろうが、古びて、すすけて、壊れかけていた。

後年、崩壊直前のソ連邦のサハリンを旅したとき、僕は、このときのロンドンを思い出した。つまり77年のイギリスとは、あたかも長く続いた共産主義体制の末期であるかのように、あらゆる社会システムが機能不全に陥っている、まぎれもない斜陽の地だった。かつての栄光の世界帝国が、ものの見事に終焉を迎えようとしていた。

そんな国の首都、ロンドン郊外の寄宿学校で学ぶため、家族から離れて、僕は初めての渡英をしていた。現地の生徒が夏休みの期間だったから、ちょうどセックス・ピストルズが北欧に脱出しているころに、入れ違いの入国だったのかもしれない。

といっても、当時の僕は12歳だったので、とくになにか大それたパンク・ロック体験をしたというわけではない。寄宿舎と一体化した学校もロンドン中心部から離れていたし、少なくとも77年のこの時期には、僕は実物のパンクスを見たことはなかった。Punk Rock の「P」の字も、目にも耳にも入っていなかった。

『スター・ウォーズ』が公開されていなかったから、イギリスでパンク・ロックが流行った⁉

レコード店に行っても、状況は変わらなかった。学校から一番近くの街にあるレコード店のウィンドウに大きくフィーチャーされていたアルバムは、このころ、イエスの『ゴーイング・フォー・ザ・ワン（邦題『究極』）』や、ベイ・シティ・ローラーズの『イッツ・ア・ゲーム（邦題『恋のゲーム』）』だった。店内のどこかにパンク・レコードはきっとあったのだろうが、目には留まらなかった。その店で僕は、最初の『スター・ウォーズ』（エピソード4／新たなる希望）オリジナル・サウンドトラック・アルバムのカセット・テープを買った。

日本同様、イギリスでも77年の夏は『スター・ウォーズ』が公開されてはいなかったのだ。イギリスのパインウッド・スタジオで撮影し、サントラではロンドン・フィルが演奏しているにもかかわらず……この年の5月に公開されていたアメリカでは、すでにこのとき、大変な熱狂状態にあることを僕は知っていた。だから、せめて音楽だけでも体験しておきたくて、カセットを買ったのだ。『スター・ウォーズ』がやって来なかったから、イギリスではパンク・ロックが流行ってしまったのかもしれない。そんな寒く陰鬱な77年の夏に、ロンドンの映画館で人を集めていたのは『007／私を愛したスパイ』だった。

地下道の落書きとエルヴィスの死

ふたつだけ、あの夏の僕は、パンク・ロックに関連する体験をした。ひとつは、日にちはよくわからないのだが、鉄道駅の地下道の、コンクリート打ちっぱなしの壁に落書きを発見したことだ。「Sex Pistols」と、そこには大きく大きく、黒いスプレー・ペイントで乱暴に記されていた。グラフィティ・アートとか、そんなものじゃない。似ているとしたら、日本の暴走族による壁への殴り書きか。もちろん僕は、それがなにを意味するのかわからなかった。ただ言葉そのものから、強烈なインパクトを受けた。「セックス」と「ピストル」という単語から。そこで僕は、ポケット・カメラで落書きを撮影した。

落書きがあった地下道は、クロイドン駅の近くだった。撮影してから何年も経ってから僕は、マルコム・マクラーレンとジェイミー・リードが60年代に通っていた、クロイドン・カレッジ・オブ・アートがその地にあったことを知った。50年代には「ロンドンの小マンハッタン」と呼ばれたという、つまり中から小規模の味気ないビルが立ち並ぶ、あの無機質な灰色の街並みのなかで、彼らはアートを学び、学生運動をおこなっていた。だからあの落書きは、もしかしたらマクラーレンたちの後輩の仕業だったのかもしれない。

もうひとつの記憶は、エルヴィス・プレスリーの死だ。8月17日の記憶だ。学校のオリエンテーションの際だったか、イギリス人のまだ若い男性教師が、鼻の先まで真っ赤にして新聞にじっと見入っていることに、僕は気づいた。どうしたんですか、と僕は訊いた。涙声で彼は答えてくれた。「エルヴィスが死んじゃった」と。そして、同僚が読んでいた新聞と自分のを交換した彼は、むさぼるようにまた「キング」の急逝を伝える別の記事を読みふけり始めた。

若い教師が、そこまで大きなショックを受けていること、悲しんでいることを、僕は不思議に思った。このときの僕の知識のなかにあったエルヴィス・プレスリーとは、決してクールなものではなかったからだ。真っ白なジャンプ・スーツ姿でお腹が出た、太っちょの、ラスヴェガス公演専門のヴェテラン・シンガーといった印象だったろうか。あるいは、そんな姿を元にした、日本のタレントによる安っぽいパロディを幾度かＴＶで観たぐらいの、おぼろな記憶だったのか。

小学生時代の僕は、サントラ少年だった。洋画を観ては、あるいは、観ていない洋画であっても、サウンドトラック盤を好んで聴いていた。だからエルヴィスの歌も、映画を通していくつかは知っていた。しかし、とくに食指が動くようなものではなかった。オーケストラ演奏されたスコアか、ジャズ調のテーマ曲なんかのほうが、耳に合っているような子供だったからだ。つまり「ロックの聴きかた」を、僕はまだわかっていなかったのだ。

ピストルズとクラッシュの違い

「エルヴィスも、ビートルズも、ローリング・ストーンズも、いらない／1977年には」と歌ったのは、ザ・クラッシュだった。セックス・ピストルズと並び称されるパンク・ロック・バンドの雄である彼らは、76年に結成。そして77年3月にリリースしたデビュー・シングル「ホワイト・ライオット」のB面に収録されていたナンバー「1977」の一節が、これだった。

キンクスの64年のヒット曲「オール・デイ・アンド・オール・オブ・ザ・ナイト」のリフ

を援用したかのような、暗く重く、ざらついたギター・サウンドを背に、77年の自分たちがいかに追い込まれているか、抑制された怒気とともに吐露されていく。主人公は職もなく、希望もない。カネ持ちはねたましい。ナイフやマシンガンで、いっそ悪事を働いてやろうか――といった流れのなかで、このライン「No Elvis, Beatles, or the Rolling Stones / In 1977」が登場してくる。

夢も希望もなく、あとずさりできるような余地もなく、とにもかくにも切羽詰まっている――「労働者階級の」若者ならば、みんなそんなものだろう、という大前提が、クラッシュのこの曲にはあった。つまりピストルズとはまったく違う位相にいる、社会派リアリズムが、彼らの音楽には満ち満ちていた。

セックス・ピストルズとは「奇策」のバンドだった。突拍子もない「搦め手から攻める」アイデアと不遜な態度、辛辣と諧謔《かいぎゃく》。芸術的罵詈雑言《ばりぞうごん》にて、硬直したイギリス社会を大きく切り裂き、パンク・ロックのパイオニアとなった。その背景には、階級社会への、病みに病んでいるくせにいまだ「大国気分」が抜けないイギリス人気質への、すさまじい憎悪があった。被虐者としての自分たちの一身を、そのまま刃物に仕立てて巨悪へと特攻していくかのような、後先ない文化的テロ行為のような、過激性があった。

そこがクラッシュは、かなり違った。彼らの原動力となっていたのは、「義憤」と呼ぶべき感情ではなかったか。社会正義を愚直に求める、まっすぐな心だ。働いて、食う――あるいは「働かないと、食えない」もしくは「働いても、満足に食えない」……そんな者たちの鬱屈をスポンジのように吸い取っては「肩にかつぎ上げる」ような人物が、メイン・ヴォーカル&ギターにしてソングライター・コンビのひとり、ジョー・ストラマーだった。彼のパーソナリティが反映された部分におけるクラッシュの特質は、言うなれば「真実一路」。まるで「歌う在野の左翼活動家」であるかのように、社会問題に、そこにいる人々の痛みに向き合う精神性があった。地べたに膝をついて、ひとりひとり、目を見て語りかけるような姿勢があった。それが端正にして激しく、そして「誠実」にして「熱血」の、クラッシュのパンク・ロックを支えていた。

変化のタイミング

そんなクラッシュにしても、まさか自分たちがあんな歌を発表した途端に、エルヴィス・プレスリーが他界するとは思っていなかっただろう。あの曲はたんに、イギリスの病みきった現状のなかでは、そこで「傷んでいる」若者にとっては、かつての「ロックスター」たちなんてなんの役にも立たない、と述べているに過ぎない。だから決して、死んでしまえなんて言っていたわけではない。実際問題、ストラマーはロカビリー音楽のファンであり、のちに自身のラジオ番組では、もちろんエルヴィスのナンバーも選曲していた。

つまり歴史家の目で見てみるならば、事態は、当事者たちが考えていたよりもはるかに急速に、雪崩《なだれ》を打って動いていたということなのだろう。誰も予想できない「変化のタイミング」を迎えていた。「これまで」と「これから」の時代のあいだに、巨大な亀裂が入ったのが、ここ、1977年だった。だから、ありがたいジュビリーの年なのに「あれほどまでにも」パンク・ロックが受けた。パンク・レコードが売れたのだ。

なぜならば、すでに限界に達していたからだ。ここに至るまでのあいだ、幾度も幾度も、幾重にもとりつくろい続けてきたものが、もはや完全に破綻しようとしていたのだ。

ジョニー・ロットンが口汚くののしった「イングランドの夢」というものが。戦後のイギリス社会がなんとか維持しようとしていた、社会構造そのものが。

4　イングランドの「夢」とは、なんだったのか？

この当時、77年のイギリス社会がどれほど病んでいたか。端的に述べると、こうだ。「IMF（国際通貨基金）から融資を受けねばならないほどの、最悪の財政状態だったのだ」と。国家として、ほぼ破綻していたのだと。

76年、辞任した労働党ハロルド・ウィルソン首相のあとを受けた同ジェームズ・キャラハン内閣は、猛烈なスタグフレーションによるポンド安危機に対応しようと為替介入を繰り返した結果、深刻な外貨準備不足に陥る。そして、まるで開発途上国のようにIMFに緊急支援要請をあおぐことになる。融資の条件が財政赤字の削減だったので、政府は公共投資を大幅にカットするほかなく、その影響で失業者がさらに増加。戦後最悪と言われていた76年をも超えて、77年の夏までに失業者数は140万人を超え、全労働人口の6％を占めるまでに至ってしまう。50年代から70年代までのイギリスでは失業率の平均はおよそ3％、ほぼ完全雇用状態であったことから考えると、すさまじい悪化ぶりだった。

こんな状況下だったから、ピストルズはジュビリーを敵視したし、クラッシュは労働者階級のやるせなさを歌った。だからロットンは「女王は人間じゃない」と吠えたし、ストラマーは「デンジャー・ストレンジャー」になっちゃうぜ、と「１９７７」のなかで主張したのだ。

このときのイギリスの「危機」は、直接的には、73年から始まるオイル・ショックに端を発していた。74年の総選挙の結果、保守党が下野し、労働党主導の内閣が誕生しても、状況が改善することはなかった。当時の日本のように「オイル・ショックをてこに」新たなる産業構造へとシフトしていくことは、このころのイギリスには無理な相談だった。

74年当時のイギリス社会を描写した一文がある。イギリス人作家、デイヴィッド・ピースが、ノワール小説シリーズ「ヨークシャー４部作」の第１弾となる長編『１９７４　ジョーカー』日本語版の序文として記したものだ。それをここに引いてみよう。

「イギリスと他の国々にとって、一九七四年はとくに厳しく、その傷は深かった。石油危機のため、イギリス政府は電力供給を制限せざるを得なくなったのだ。人々は週に三日しか働けず、街灯、照明、テレビ、すべてが制限され、産業に関する深刻な社会不安、絶え間ないストライキ、失業率の急増につながった。

アメリカではニクソン大統領がウォーターゲート事件で辞職した。ドイツではウィリー・ブラント首相が辞職した。フランスではポンピドー大統領が急死した。イギリスでは半年で総選挙が二回あった。十月の選挙で労働党が政権に復帰すると、敗北した保守党は新たなリーダーを探し始めた。それがマーガレット・ヒルダ・サッチャーだった。

一九七四年には世界中で戦争があり、イギリスも例外ではなかった。アイルランド共和国軍（ＩＲＡ）はアイルランド統一をめざしイギリス全土でテロ活動を続け、パブや店を爆破し、恐るべき損害をもたらした。一九七四年十一月二十一日、バーミンガムのパブの爆破事件では二十二人が死んだ。

テロ防止の任務を負い、強いプレッシャーを受けていたイギリス警察は、人々を拘束し、尋問するため、新たに広範囲な権限を手にした。武装した警官が街角にいる光景が、この時からありふれたものになった。テロリズムの増加は、暴力犯罪、フーリガン、破壊行為の激増と同時期のできごとだった。

イギリスは戦時下だった。自分自身と戦っていた。

一九七四年のイギリスはきわめて暗く危険な場所であり、暗く危険な生き方の暗く危険な男たちであふれていた」

（デイヴィッド・ピース『1974　ジョーカー』酒井武志・訳／ハヤカワ・ミステリ文庫／2001年より）

イングランド北部を舞台としたノワール小説である同作の「暗く危険な男たち」とは趣を異にするものの、しかし同様の社会的ひずみのなかで、精神と肉体をさいなまれ、ほんの数年後の大爆発にそなえて、このころ日々燃料を蓄えていた若者たちが未来のパンク・ロッカーとなったことは、ご想像いただけるかと思う。

しかし、ここまで追い詰められてしまう前には、イギリスにも明るい日々があったはずだ。「イングランドの夢」が、あったはずじゃないか？——という問いに「そんなものは、はなっからなかったのだ」という苦い考察がある。ジョン・ライドンの嫌みではない。これを言ったのは、イギリスの軍事史家コレリ・バーネットだ。彼によると、第二次大戦後のイギリスの産業衰退の起点は、戦時中に抱いてしまった「夢」のなかにこそあったという。

それは、どんな「夢」だったのだろうか？　このつらい空襲を耐えきれば、ナチス・ドイツが倒れれば、きっと平和が訪れる。「素晴らしい戦後」が、勇者とその家族たちにもたらされるに違いない――といったような希望、だったのか。ならばそれは、人間としてごく当たり前の、持っていてしかるべき、ささやかなものではなかったか？

だがそれは「甘すぎた」のだ。そんな夢は、終戦早々に叩き潰されてしまう。なんとそれも、同盟国であるアメリカによって。

10億7500万ポンドもの債務

日本が降伏した1945年8月15日、つまりＶＪデイ（Victory over Japan Day）のすぐあとに、アメリカが武器貸与法（レンドリース法）にもとづくプログラムを打ち切った。戦時中、アメリカがイギリスへと提供した武器や食糧ほか、あらゆる軍需物資の料金支払いを猶予していたこの法律の停止によって、イギリスは突如、10億7500万ポンドもの債務を背負うことになる。戦勝国だったのに、このときの日本と大差ないぐらいの財政状態になってしまったわけだ。戦争が終わっても基本物資の配給制が続いたところまで、日本と同じだった。

ここに湧いて出たのが、元祖テディ・ボーイズである「エドワーディアン・ルック」の不良どもだった。闇屋を根城にする、アメリカかぶれのワルたちだ。ここもまた、焼け跡の日本同様「自由と豊かさの象徴」としてのGIたちからチューインガムやチョコレートを「恵んで」もらいながらも、重い債務によって「未来への夢」を木っ端微塵《こっぱみじん》にされたところから、戦後のイギリスは始まった。ちなみに幾度かの返済延期のあげく、この債務をイギリスが完済したのは、なんと２００６年12月29日だった。

イギリス社会は、60年代の半ばから、長い不況のあとに短い好景気期間が来る、という循環を繰り返していた。この波が、直接的に若者文化にも影響する。好況期の可処分所得の増加がモッズを生んで、不況になるとスキンヘッズがあらわれた。とくに67年の「ポンド切り下げ」後は、スキンズの増殖に拍車をかけた。スカやロックステディを好む初期スキンヘッズのアイデンティティが確立したのは、68年ごろと言われている。

こんなイギリスの「持たざる者」をかろうじて支えていたのが、「ゆりかごから墓場まで」と評されていた高名な社会保障制度だった。45年の労働党アトリー政権が推し進めたこの「大きな政府」路線は、しかし一面、悪名高い「英国病」を生み出したとして非難された。

とくに60年代後半以降は、経済成長の鈍化や労使紛争の多さによる社会的停滞を、「ヨーロッパの病人」などと、ほかのヨーロッパ諸国から嘲《あざけ》られる始末だった。

イギリスを捨てたロックスターたち

そんなときに幾人も、イギリス生まれのロックスターが国を捨てていた。60年代から70年代初頭に大成功をおさめたアーティストのなかには、イギリスを離れて、海外で王侯貴族か新興財閥の当主みたいな、優雅な暮らしを満喫している者もいた。

もちろん、みんながみんな、そうしていたわけではない。しかしジョン・レノンが「イギリスを捨てた」のは、どう考えてみても大きかった。71年以降の彼のニューヨーク移住はほとんど亡命にも等しいもので、イングランドの労働者が階級から「解放」される機会は、このとき永遠に失われてしまったと言ってもいい。

ローリング・ストーンズの3人も、同じ71年にイギリスを脱出していた。ミック・ジャガー、キース・リチャーズ、ビル・ワイマンの3人が、南仏に移住した。「イギリスの税金が高すぎる」ことが理由だとされていた。つまり、とても高額の税金を払わねばならないほど「稼ぎすぎた」がゆえの、優雅なる逃避行だったということだ。コート・ダジュールのリゾートにあるリチャーズが借り上げたヴィラにて録音されたアルバムが『エグザイル・オン・メイン・ストリート（邦題『メインストリートのならず者』）』となった。

デヴィッド・ボウイがロサンゼルスに移住したのは74年だった。絶望的な孤独を胸に抱えた少年少女たちが手を伸ばした、異装のグラムロック・スター、ジギー・スターダスト時代に幕を引いた彼は、アメリカに渡り、ソウルやファンクに傾倒していった。「コカインと牛乳とコショウしか摂らなかった」という、伝説のドラッグ漬け時代がスタートしていく。75年、（あこがれだったはずの）ジョン・レノンと共演したボウイは、シングル「フェイム」にて、念願の全米1位を獲得する。

さらに75年、フェイセズ解散を機に、ロッド・スチュワートもロサンゼルスに移住する。大ヒットした同年発表のソロ・アルバムは、いみじくも『アトランティック・クロッシング』――大西洋横断、と題されていた。ピストルズ「〜ザ・クイーン」の全英1位を阻止したあのナンバーも、このアルバムに収録されていた。

「捨てられた」側の古くて新しいロックンロール

つまり平たく言って、イギリスの若者たちは、あるいは「持たざる者」たちは、ある意味「見捨てられた」のだ。70年代の、この時期に。セレブリティに、「新種の貴族」にまで成り上がっていた自国のロックスターたちに、連続して裏切られていた。60年代においては「恐るべき子供たち」だった彼らはしかし、功成り名遂げたあとのこのころは「なんだかよくわからない大人」になってしまっていた。相変わらず素晴らしい音楽は作り続けていたのかもしれないが、もはや彼らが「ストリート」に立つことはなかった。

彼らは反戦平和を希求したり、いろんな哲学を学んだり、納税額に頭を悩ませたり、ジョージ・オーウェル『1984』をロック・オペラにしようと腐心したり、スーパースターは金髪をお好きになったり――「いろんなこと」に没頭しつつ、みんな盛大に、高級酒やヘロインやコカインやマリワナを消費していた。そんなものを買うぐらいのカネなら、文字どおりいくらでもあったから。

ゆえに、沈没のさなかにあるイギリスにて、失業保険にしがみつくようにしてかろうじて生きている、名もなき若者たちが生きようが死のうが、「スター」たちの目に入るわけもなかった。そんな小さき者を視界に入れることや、さらには心を寄せることなど、事実上、困難きわまりないことでもあった。ビッグなロックスターと「市井《しせい》の現況」とのあいだには、もはや修復不可能なほどの巨大な乖離《かいり》が生じていた。

その隙間に捩じ込まれたのが、パンク・ロックだった。「捨てられていた」側が、俺らの、私たちの魂の鼓動だと感じられる「古くて新しい」ロックンロールだった。

5　そのころのアメリカにも「祭り」があった、ラモーンズはスタローンに学んだ

ラモーンズがパンク・ロックの公理を発見し、原型を創造してしまった1974年あたりのアメリカもまた、ひどい虚脱状態のなかにあった。イギリスとは違った形で、崩壊の途上にあった。第二次大戦後の50年代には、一説「残りの世界中すべてを合わせた以上の富を独占している」とされていたアメリカの栄華は、このころ、見る影もなくなっていた。

もっとも、アメリカの凋落を招いた最大のもののひとつ、ヴェトナム戦争はちょうどこの

ころ、完全なる終幕を迎えようとしていた。アメリカにとっては実質的な敗北だったのだが、73年1月のパリ和平協定、そして3月の南ヴェトナムからの撤退を、米国民の多くは歓迎した。そして75年4月30日にはサイゴンが陥落、終戦となる。翌76年にはヴェトナム帰還兵の「やるせなさ」と壊れゆく米都市部の闇を重ね描いた映画『タクシードライバー』が公開された。

なんとも皮肉なことに、この年、『タクシードライバー』公開の1976年とは、アメリカ合衆国の建国200周年にあたった。だから大小さまざまな祝賀イベントがあり、キャンペーンがあって、日本でもそのいくつかに「乗っかる」動きすらあった。しかし祝賀の足元で、依然アメリカ社会は映画の内容同様に青息吐息だった。71年のニクソン・ショック（米ドルと金の兌換《だかん》停止宣言）の混乱の上にオイル・ショックを食らい、やはりスタグフレーションが悪化。76年のこの時点においても、いまだ立ち直ることができていない状態だった。つまり「なにがめでたいのか」という状態で、建国200周年を迎えていた。

ニクソン・ショックは、その名のとおり第37代アメリカ大統領リチャード・ニクソンが引き金をひいたのだが、彼もまた、建国200周年時にはホワイトハウスにいなかった。ヴェトナム戦争に幕を引いたあと、74年8月に辞任したからだ。72年6月に発覚したウォーターゲート事件についての引責だったのだが、これは米下院司法委員会が大統領弾劾《だんがい》を可決したがゆえの白旗であり、決して引き際がよかったわけではない。加えて任期途中での大統領辞任そのものも、アメリカ史上初の恥ずべき出来事だった。

つまり、アメリカの栄光やら威信がことごとく汚辱にまみれ、取り返しがつかないほどまでにも毀損され続けていた「自信喪失の季節」が、70年代のこのあたりだったと言える。ヴェトナム戦争反対を合言葉にカウンターカルチャーが花開いた60年代後半とは、雲泥の差だった。当時抱いた未来への希望、若々しい決意そのほかがすべて反転して、「夢を抱いていた」当人たちや後続世代を、まるでひどい宿酔《ふつかよ》いのように蝕《むしば》み始めていた。

アメリカの音楽産業は映画産業より巨大だった

このころのアメリカ、しかも音楽産業についての興味深い証言がある。誰あろうジョン・レノンが、英BBCの人気番組『オールド・グレイ・ホイッスル・テスト』のインタヴューに答えたフッテージのなかに、それはあった。インタヴュアーは（ささやきボブこと）ボブ・ハリスで、収録はニューヨークのダコタ・ハウスにておこなわれた。75年4月に初放送された映像の中で、レノンはこんな発言をしていた。

「(アメリカの)音楽業界はすごく大きい。数十億ドル規模の産業で、思うに、いまは映画業界よりも大きいんじゃないかな」

現在の目には、きっと奇異に映ることだろう。米音楽業界と映画業界の市場規模は、基本的には後者のほうがずっと大きい、というのが近年の常識だったからだ。もっとも、ここでのレノンの口調も、驚くべき発見をしたかのような物言いだったことを見逃してはならない。つまりこの当時、それほどまでに急速に音楽市場が拡大していたという状況があった。これがレノンにとって(いまの我々にとっても)意外な現実を形づくっていたのが、75年のこのあたりだった。

数字で見てみよう。RIAA(全米レコード協会)が発表している、同国のレコーディング音楽作品売上高一覧グラフによると、1974年の総額はおよそ20億ドル強。一方で映画業界はというと、同年の年間映画興行収入(ボックス・オフィスでのチケット売上)総額が11億ドル強で――たしかに、レノンが言った以上の「差」がはっきりとついていることがわかる。

つまりこのころ、それほどまでに米映画業界は衰弱していたのだ。見る影もなかった。「王侯貴族」を数多く抱えた、ロック音楽界のほうがあからさまにカネ回りがよさそうに見えるほどまでにも、凋落しきっていた。

アメリカ映画界の「古き良き」時代は、50年代の赤狩りによって完全なる終焉を迎えていた。徐々に復活し始めた60年代、なかでも後半は、日本で言うところのニュー・シネマが芸術性という面では気を吐いていたものの、興行的にはまだまだで、映画産業の本格的復活劇は、70年代に始まった。

72年の『ゴッドファーザー』や『ポセイドン・アドベンチャー』などの大作の成功から始まった復活劇は、それこそ『スター・ウォーズ』や、スティーヴン・スピルバーグの諸作（75年の『ジョーズ』、77年の『未知との遭遇』）などの大ヒットで新たなる次元へと達した。つまり「ブロックバスター」映画時代の到来だ。ここでの成功方程式が、80年代以降、ずっと先まで長く果てしなく続く、アメリカ映画の商業的活況の下地となっていく。82年には映画業界の年間総興行収入が、音楽業界のレコード作品売上高とほぼ並ぶところまで上昇。そのあとは両者抜きつ抜かれつのデッドヒートが続き、99年に音楽側が頂点を極めた（約150億ドル）あと、ナップスター・ショックなどで右肩下がりに落ちて、2007年あたりに映画と並び、08年には抜かれる――というのが、おおよその流れだ。コロナ禍によって映画興行に甚大なダメージが生じた20年あたりまでは、ほぼこの形で「映高音底」で進んだので、現代の我々は「当時のレノンのような前提」を、なんとなく保持していたというわけだ。

映画『ロッキー』によるアメリカの威信の復権

そして70年代中期の米映画界における「反転攻勢のきっかけ」となったのは、ルーカスやスピルバーグだけではなかった。このときに違う方向から、米映画の復権――いや「アメリカそのものの威信の復権」をも推進したのが、76年の映画『ロッキー』だった。

黒人のスーパースター・ボクサー、ヘヴィ級世界王者のアポロ・クリードに「たまたま」挑戦することになった無名のイタリア系貧乏ボクサーを主人公とした同作は大ヒット、すさまじいまでの社会現象を巻き起こした。脚本・主演を兼ねたシルヴェスター・スタローンを、まさに主人公のロッキー・バルボアと同様に「アメリカン・ドリーム」に手を伸ばした」英雄として、一躍スターダムへと押し上げた。

なぜならばこれは、人生崖っぷちのダメな白人男が、成功者の黒人に挑戦して「互角にやれる」ことを証明するストーリーだったからだ。劇中の試合そのものが「建国200周年記念イベントの一環」と設定されていた点も重要だ。つまり「自信喪失していた」アメリカの、おもに白人層の男性にとっての「復権の夢」の象徴ともなるような一作だった。ゆえに精神的なカンフル剤として機能して、『ロッキー』とブロックバスター組が、そのまま手に手を取り合って、80年代アメリカ映画の爛熟期を呼び寄せた。同時にまた、レーガン時代の「強いアメリカへの郷愁および復古」までの道のりをも、くっきりと照らし出す効果も担った。

スタローンのラモーンズへの影響

こうした環境も、ラモーンズ誕生に大きく寄与した。なぜならばラモーンズにも、じつは、スタローンからの影響があった可能性があるからだ。もちろん『ロッキー』ではない（そんなわけはない）。74年に公開された、つまりはスタローンが不遇期に出演した一作と結成時のラモーンズには、切っても切れない関係がある、との見方があるのだ。邦題を『ブルックリンの青春』とする青春映画がそれだ（原題はThe Lords of Flatbush）。

フラットブッシュとは、ニューヨークはブルックリン区の一区画だ。ここの「ロードたち（＝諸侯）」を名乗る「4人の不良チーム」を描いた同作の舞台設定は、1958年だった。スタローンは、チームの一員を演じた。仲間のひとりは、TVドラマ『ハッピー・デイズ』のフォンジー役でのちに国民的人気者となるヘンリー・ウィンクラーだった。彼らロードたちは、髪型もファッションも、ひとつの規則にしたがって「まるで制服みたいに」同じに揃えていた。髪は日本で言う「リーゼント」で、そしてみんな、ブラック・レザーでダブルブレストのライダース・ジャケットと色が抜けたブルー・ジーンズで決めていた。

ラモーンズが革ジャンを「制服」に決定した背景として、ゲイ・ファッションからの影響がよく指摘されるのだが、同時にまた、この映画からの直接的引用だという見立ても少なくない。チームの全員がユニフォーム的に身に着けている感じが、たしかによく似ている。グリース・ヘアと長髪は、もちろん違うのだが。しかしなによりもこの映画は「過去の若者風俗を再現した」リヴァイヴァルものだった。この点が、スタイルだけでなく、音楽性まで含めて、ラモーンズの成り立ちととてもよく似ている。

（『イングランズ・ドリーミング』より）

運が悪ければ、あるいは終戦がもっと先に延びていたら、この『パンク』で意気揚々と応えているトミー・ラモーンのみならず、ラモーンズの全員がヴェトナムの戦場に送られていたかもしれない。しかしどう考えても彼らが『ランボー』みたいなスーパー戦士には、なれるわけがない。もちろん現実のヴェトナムにもランボーなどおらず、ラモーンズたちとほぼ同世代の多くの若者が、無惨な犠牲者となった。彼らと同じクイーンズで、同じ世代だった者たちも幾人も、きっと。

ゆえに彼ら4人の「地元のチームとしての契《ちぎ》り」が、それが健全に存在し得たことが、これほどまでにも大きく、歴史的な影響力を持つまでに至ったのだ。勝手に壊れていく、ほとんど無意味なでくのぼうと化していた70年代のアメリカ社会における、政府由来の「大きな機械」に巻き込まれることなく、地に足を着けて「俺らの感じ」による小規模な人間復興を実態化させたものこそが、ラモーンズが開発したパンク・ロックの正体だった。爽快きわまりない、あの音楽の「効果」の真の姿だったのだ。

6　パンク・ロッカー1977、怒涛のデビュー列伝

1977年、セックス・ピストルズが嵐を巻き起こしていたころ、英米ともに、数多くのパンク・バンドが動き始めていた。なぜならば、観客どころか傍観者の少なくない数に「俺にも／私にも、できる」と思わせるのが、パンク・ロックの一大特徴というものだったからだ。60年代の英米におけるバンド・ブームとは比較にならないほど、参入の際の「ハードルが低く」見えたところもポイントとなった。

こんな印象が強かったからだ。パンク・バンドには「あまり楽器が上手くない」者が多いように見えた（じつはこれは、誤解なのだが）。さらには「一瞬の簡単な思いつきで、そのままバンドを始められる」ようにも、見えた（こっちは正解だった）。かくして「自分でやんなよ（Do It Yourself）」の大波が、多くの未経験者たちに楽器を手に取らせることにつながって、パンク・ロックおよび、関連する音楽性のバンドの大量発生時代がやってくることになる。77年が、その「波」の最初の年だった。

言うなれば、パンクとは「解放者」の別名だったのだ。ロックの、ポップ音楽の、いや「若者風俗の」それまでの常識に、パンクは穴を穿ったのだ。さほど大きな穴ではなかったのかもしれない。だがしかし「穴は空くのだ」と知らしめた効果は、絶大だった。だからパンクは、被抑圧者に解放へとつながるイメージを伝達した。「俺も、私も、『好きにやってい』んだ！」と。この覚醒が、それまで頭上を塞いでいた「蓋」の発見へとつながった。見つかったならば、安全ピンなどで「穴を空けて」しまえばいい――かくして蓋に空いてしまった穴からは、もちろん、パンク・ロックおよび、関連する音楽が勢いよく噴出してくることになる。

そんな若者たちの動きの総覧として、ここではアルバム・デビューに焦点を当てて、時系列順に見ていこう。パンク・ロックおよび関連者たちのデビュー列伝、まずは、イギリス編から。

トップバッターはザ・ダムド

数あるUKパンク・バンドのなかで最初にアルバムをリリースしたのがザ・ダムドだった。77年の2月のリリースだった。ちなみに彼らは、シングルも一番先に出していた（76年10

月)。どちらもインディー・レーベルのスティッフからの発売だった。77年2月には、ウルトラヴォックス!もブライアン・イーノの支援のもとデビューしていた。

ザ・クラッシュとザ・ストラングラーズのアルバム発売は4月だった。狭義ではパンクとは言えないものの、志は遠からずの「モッド・リヴァイヴァル」バンドのザ・ジャムが5月。ザ・ヴァイブレーターズが6月。ジャム同様の「狭義のパンクではない」系統の、エルヴィス・コステロが7月。ザ・ボーイズとザ・ブームタウン・ラッツが9月。ピストルズのアルバムが10月。11月には平均年齢が15歳ちょっとの全員ティーンのパンク・バンド、イーターのアルバムも出た。そして、ワイヤーが12月にアルバム・デビューする。

さらにはアイルランド初のパンク・バンドとされる(つまりブームタウン・ラッツより古参の)ダブリン出身バンド、ザ・ラジエーターズ・フロム・スペースのデビュー・アルバムも77年だった。のちにネオナチ/白人至上主義者バンドの典型となるスクリュードライヴァーも77年組だった(このときはOiパンクのバンドだった)。

これらのうち、コステロやブームタウン・ラッツはニューウェイヴと区分されることが多いアーティストだ。ワイヤーは普通「ポストパンク」区分だ。彼らの77年のファースト・アルバム『ピンク・フラッグ』からして、すでに「ポスト」と形容されることが多い。つまり「時代はとてつもなく速く」動いていた、ということだ。流速の異なる、いくつもの細い流れが、ときに交差しつつ海を目指して野を駆け下っていくかのように。

またアルバム・リリースは翌78年１月なれど、この77年10月にＸＴＣのデビューＥＰが出ていた意義は大きい。ニューウェイヴの旗手のひとつ、ＵＫ屈折ポップ巨人のレコード・デビューは、ピストルズのアルバムと同じ月だった。

同様にアルバム・デビューは78年３月なれど、77年１月に初ＥＰを出して気を吐いていたのがバズコックスだった。76年２月、ウェリン・ガーデン・シティでセックス・ピストルズのライヴを観て感銘を受け、結成されたバンドだ。同年６月４日には彼らの招聘により、ピストルズのマンチェスター・ライヴが実現。「お客は40人しか入らなかった」ものの、そのなかの少なからぬ数がバンドを組んだり、音楽やアートにたずさわっていく。のちにジョイ・ディヴィジョン、ザ・フォール、ザ・スミスとなる者たちも、この日の観客のなかにいた。

この77年にバズコックスの最初のEP時にはメンバーだったハワード・ディヴォートが結成したバンド、マガジンも動き出す。マガジンも「ポストパンク」区分のバンドだった。

すさまじいまでの「ブーム」

そのほか、77年にはアルバム・デビューまで至らなかったものの、パンクとニューウェイヴ、ポストパンクが交錯する地点で、多くのバンドが動き始めていた。スージー&ザ・バンシーズ、アダム・アント、リーナ・ラヴィッチ、ジェネレーションX、ジャパン、トム・ロビンソン、ザ・スリッツ、サブウェイ・セクト、レックレス・エリック、スローター&ザ・ドッグス、ヒューマン・リーグ、チューブウェイ・アーミー、ザ・ポリス、ジ・アドヴァーツ、Xレイ・スペックス、999、ザ・ラーカーズ、ザ・メンバーズ、ジョニー・モペッド、ソフト・ボーイズ、ザ・レインコーツ、テレヴィジョン・パーソナリティーズ、北アイルランドはベルファストからスティッフ・リトル・フィンガーズ、スコットランドはエディンバラからザ・レジロス、ザ・スキッズ、のちにデキシーズ・ミッドナイト・ランナーズへと移行するザ・キルジョイズ、ビッグ・イン・ジャパン、のちにユーリズミックスとなるアニー・レノックスとデイヴ・スチュワートが在籍した最初のバンドであるザ・キャッチ、ディス・ヒートやギャング・オブ・フォーといったポストパンク前衛、ファンジン『スニッフィン・グルー』のマーク・ペリーが結成したオルタナティヴTV、パンク詩人のジョン・クーパー・クラーク、セックス・ピストルズを脱退した（追い出された）グレン・マトロックの新バンドであるリッチ・キッズ、のちにザ・キュアーとなるイージー・キュアー、Oiパンクの代表格となるシャム69……といったあたりがみんな、ライヴ・サーキットで活発な動きを見せ始めていた。

この時期ロンドンにてパンク／ニューウェイヴ・バンドの活躍の場となったクラブは、まずは、コヴェント・ガーデンの〈ロキシー〉。短命に終わったものの、積極的にパンク・ロッカーへと門戸を開いていた同店のライヴの幕間にDJをしていたのが、のちにクラッシュのMV監督などで名を成すドン・レッツだった。彼がレゲエを流し続けて、パンクスを「教化」していった。ウォルドア・ストリートの〈マーキー〉も77年にはパンクに占領されていたし、同じ通りにあった〈ヴォルテックス〉も飛ばしていた。これらの潮流の端緒となったのは、オックスフォード・ストリートの〈100クラブ〉だった。かつてはベニー・グッドマンも出演した老舗《しにせ》ジャズ・クラブであったにもかかわらず、76年9月には「パンク・スペシャル」と題された2日間のイベントを開催、大きなインパクトを世に残した。このイベントにはピストルズやクラッシュ、ダムドにバズコックス、サブウェイ・セクトにスージー&ザ・バンシーズ、クリス・スペディング&ザ・ヴァイブレーターズほかが出演した。

すさまじいまでの「ブーム」だった、と言っていいだろう。イギリスにおけるこれら新星バンドの脈動は、すべてとは言わないまでも、そのかなりの部分が76年のセックス・ピストルズの大暴れに刺激されたものだと見ていいはずだ。さらにはクラッシュやダムドの奮起も、大きかった。ピストルズだけならまだしも、そのあとに後続が「いくらでも続く」というありさまが、多くの観客に「自分にもできるかも」という気持ちを抱かせたに違いない。マンチェスターの、伝説の「40人ライヴ」の事例のごとく。

「ニューヨーク・パンク」の第一陣は77年以前にデビュー

アメリカのほうを見てみよう。すでにこちらは、イギリスに先行して「ニューヨーク・パンク」の第一陣が、77年以前にデビューしていた。古い順でいくと、パティ・スミスのデビュー・アルバムである『ホーセズ』は75年11月だった。ラモーンズは76年4月、ブロンディが同年12月だった。

こうしたニューヨーク勢の「ゆりかご」となったクラブが、伝説の〈CBGB〉だ。マンハッタンはバワリー315番地に位置した同店は、そもそもは店名どおり（カントリー、ブルーグラス、ブルース）の指向性だったのだが、若手に大きく門戸を開放。74年にはテレヴィジョンが出演し、パティ・スミス・グループもこの店で「初舞台」を踏んだ。ラモーンズがレギュラー出演したことでも有名だ。ブロンディもトーキング・ヘッズも、みんな盛んに出演した。もう一方の雄がユニオン・スクエア近くの〈マクシズ・カンザス・シティ〉。同店は〈CBGB〉より歴史は古く、ヴェルヴェット・アンダーグラウンドやニューヨーク・ドールズも出演していた店だったのだが、75年に再オープンしたあとはパンク勢を積極的にブッキングするようになった。

リリースに戻ろう。77年に入ると、リチャード・ヘルが在籍していたテレヴィジョンが2月、トーキング・ヘッズが9月にアルバム・デビューした。ヘルの新しいバンドであるザ・ヴォイドイズの初アルバムが9月、元ニューヨーク・ドールズのジョニー・サンダース率いるハートブレイカーズが10月——と進み、こうしたリリース・タイミングだったせいで、ヘルやサンダースがUKツアーの際にはピストルズらと同道することになる。デッド・ボーイズのアルバムも10月。そのほか、ザ・リアル・キッズのアルバムも77年だった。パワー・

ポップとの境界線上にあるバンドも、すでに多く活動していた。

パンク・ロックの変種というか、シンセ・パンクの先駆けと呼ばれるスーサイドのアルバムも77年の12月だった。アヴァン・ポップやノイズの文脈でも支持され続けるクロームのデビュー・アルバムは前年だった。

そして、アルバム・デビューはまだなれど、すでにこの77年の時点で旺盛に活動していたバンドのひとつが、ザ・クランプスだった。ジャームス、X、ザ・ナンズ、ジ・アヴェンジャーズ、クライム、ザ・ウィアードス、ザ・ディッキーズ、ザ・ゼロス、ウェイン・カウンティ&ジ・エレクトリック・チェアーズもいた。GGアリンも活動を始めていた。ペレ・ウブも、そしてもちろんディーヴォもいた。

さらに、ロサンゼルスやサンフランシスコを中心としたカリフォルニア地域では、このころものすごい数のバンドが結成されていた。ニューヨークでも次の世代である「ノー・ウェイヴ」バンドが登場していた。対岸のニュージャージーでは、ザ・ミスフィッツの結成もこの77年だった。

だった。

英米以外でも

英米以外では、オーストラリアのザ・セインツが77年にアルバムを発表した。レディオ・バードマンも77年だった。西ドイツにてニナ・ハーゲン・バンドが結成されたのも、この年だった。

さらにこれは「パンクのパロディ・ソング」と呼ぶべきなのだが、ベルギーのアーティスト、プラスティック・ベルトランのあのナンバーも77年のリリースだった。邦題は（なぜか）「恋のパトカー」とされた「Ça Plane Pour Moi（サ・プラン・プール・モワ）」がそれだ。調子がいい疾走系のナンバーとして、フランス語歌詞の意味もよくわからぬままに各国で流行、イギリスでも78年には８位にまで上昇した。楽曲としてのあまりの出来のよさを、のちにジョー・ストラマーが激賞していたことでも有名だ。同じトラックを使用した英詞版とも呼べる「ジェット・ボーイ、ジェット・ガール」というのもある。

と、こんな曲が普通に「ヒット」してしまうぐらい、いつの間にかパンク・ロックは――あるいは「パンクらしきもの」は――この１９７７年のうちに、国際的に広く認知されていたということだ。新しくて、とても勢いがある、ポップ音楽界の目立つ潮流のひとつとして。ちょうどサーフィンのように、みんながこぞって「乗っかるべき」波として。

アイドル化と、おそろしい速度での陳腐化

とくにイギリスでは、この77年の時点において、パンク・ロッカーの一部はすでにティーン・アイドルとなっていた。たとえばティーン雑誌『スーパーソニック』では、ベイ・シティ・ローラーズやフリントロックといったアイドル・バンドの面々と並んで、ジョニー・ロットンやビリー・アイドルのピンナップ写真が掲載されていた。

であるから、こんな状態になった場合に往々にして起きることが、やはり起こってしまう。つまり流行ったがゆえの「陳腐化」というやつだ。なによりも「速い」ことがパンクの要諦だったゆえなのか、おそろしい速度でそれは、当事者たちの身の上にも降り掛かってくる。77年に頂点をきわめて、そして、あっという間に底が抜けてしまう。

ジョニー・ロットンがセックス・ピストルズを脱退してしまう。初のアメリカ・ツアーの最終日、78年1月14日のサンフランシスコはウィンターランド・ボールルーム公演を最後に、

彼はバンドを去る。そして同月18日、『ニューヨーク・ポスト』紙にて「もうセックス・ピストルズといっしょにやるのは、嫌になった」と表明。このときにピストルズの実質的な歴史は終わってしまう。初アルバムの発売から、まだ３ヶ月も経っていなかったにもかかわらず。

7　そしてパンクが終わって、ロックが終わる

ピストルズは「カネのなる木」

ロナルド・アーサー・ビッグズは、このとき48歳、逃亡中の犯罪者だった。イギリスでは「大列車強盗（Great Train Robbery）」の名で知られる事件の、強奪犯の一員だ。63年、ビッグズを含む15人が、バッキンガムシャー州メントモアはレッドバーンの鉄道橋プリデコ橋にて、グラスゴーからロンドンに向かって走る郵便列車を襲い、現金およそ２６０万ポンドを奪った。

もっとも、ビッグズの役割は小さかった（代わりの機関士を連れてくる、というもの）。そんな彼が、一躍この強盗団の代名詞のごとき存在となったのは、服役後に脱走したからだ。

65年7月にワンズワース刑務所を破獄、それからパリ、オーストラリアの各地を転々としたあと、ブラジルはリオデジャネイロに潜伏。そのときどきにマスコミに追跡されていたせいで、有名になった。しかし、伯英間の犯罪人引き渡し条約そのほかの事情によって、ビッグズはかの地に留まり続けることができた。つまり逃亡中なれど自由の身だったのだ。世界屈指の美しいビーチがあると賞賛される、リオにおいて。

そんな男が、ジョニー・ロットンの後釜として、一時的にセックス・ピストルズのシンガーとして起用された。もちろん「話題性だけを狙った」マルコム・マクラーレンによる人選だった。そしてスティーヴ・ジョーンズとポール・クックがブラジルまで赴いて、ビッグズとともに録音したナンバーが「ノー・ワン・イズ・イノセント」として、ロットン脱退後初のピストルズ正式シングルとなった。発売は78年6月30日。当たり前のこととして、悪評ふんぷん、世間はあきれ果てていた。しかし全英7位にまで達した。カップリングは、フランク・シナトラなどで有名なスタンダード・ナンバー「マイ・ウェイ」をシド・ヴィシャスが俺流に歌ってカヴァーしたもの。

つまり、マルコム・マクラーレンの奸計《かんけい》は継続していた。ジョニー・ロットンというカリスマを欠いたあとであっても、彼にとってのピストルズは、まだまだ「カネのなる木」だったのだろう。このブラジル行の模様は撮影されて、映画『ザ・グレイト・ロックンロール・スウィンドル』（80年）に織り込まれた。バンドはたんなる操り人形であり、マルコムこそがピストルズを「捏造《ねつぞう》」した天才詐欺師なのだ、という筋書きに沿ったフェイク・ドキュメンタリー（モキュメンタリー）が同作だった。ヴィシャスが「マイ・ウェイ」を歌うＭＶも、映画のなかに収録された。

ロックの「聴きかた」

そして僕は、このひどい評判だったシングルのＢ面、シド・ヴィシャス版の「マイ・ウェイ」にて、ロックの「聴きかた」を初めて理解したのだった。13歳だった僕でも、フランク・シナトラによるこの曲のオリジナル版はすでに知っていた。学校のブラスバンドが演奏しているのを、幾度か聴いたこともあった。それが「こんなふうに、変わるのか」と、とても驚いたのだ。

ヴィシャスのヴァージョンも、ヴァース１までのアレンジ、トラの部分はオーソドックスなものだ。歌だけが違う。わざと大仰に歌おうとして失敗したかのようなしつらえの、小馬鹿にしたような節回しで、彼は曲のなかへと登場してくる。あえて「ちぐはぐ」なままに、曲は進行していくわけだ。そしてひとつ目のコーラスが終わった途端、ギターのカッティングがビートを刻み、一転ロック・アレンジへと変化する。ここで水を得た魚のように、ヴィシャスの「やくざな」ヴォーカルが躍動する！——これだけ。そう。「たったこれだけ」の仕掛けから生み出されたものが、想像を絶する鋭さで僕の心臓を挿しつらぬいていったその瞬間、稲妻に打たれたかのようなショックを全身に感じた。

「これが、ロックというものなのか」と、僕は体感した。

ごく普通の「マイ・ウェイ」と、ヴィシャスが吠える「それ」とのあいだにあるはずの距離を、一気に縮めてしまうようなジャンプ力。あらゆる「壁」を踏み越える突破力——こういったもののエネルギーと、聴き手側の感情の振幅が同期することがある。同期したそれらは、お互いを容易に増幅していく、ことがある。この相互作用、一体化のありかたこそが「ロック音楽にのみ固有の特殊事情」だということが、僕はわかった。生まれて初めて、体でわかった。それまでにもロック・ソングは幾度も聴いていたのだが、しかし「サントラ小僧」の耳でぼんやりと鑑賞していたにすぎなかった。ヴィシャス版の「マイ・ウェイ」に反応してしまった僕は、感化され、言うなれば一瞬にして自分自身が「ロックの一部」と化していた。波動のなかに全意識が転送されていた。だから僕は自らがパンク・ロックの門を叩いたことを自覚した。あるいは長く続くロックの道の、その最初の入り口に、門徒として佇《たたず》んでいる情景を幻視した。

シド・ヴィシャス急逝

シド・ヴィシャスが急逝したのは、１９７９年2月2日。ニューヨークにて、ヘロインの過剰摂取による死亡だった。本人が以前に語っていたとおり、21歳までしか生きられなかった。前年の10月、ガールフレンドのナンシー・スパンゲンをニューヨークのチェルシー・ホテルにて刺殺した容疑で逮捕され、のちに保釈されたものの、その後も自殺未遂事件など問題を起こし続け、精神病院や拘置所を出たり入ったりしていた。この夜も、保釈パーティーがおこなわれていた。ヴィシャスはパティ・スミスの弟トッドに暴行を加えたかどで逮捕され、７週間勾留されたのち、２月１日に保釈されていた。そのパーティーにて、彼は打ちすぎた。このときのヘロインはシドの母親、アン・ビヴァリーが買い与えたものだった（釈放パーティーそのものも、基本的に彼女が仕切っていた）。「あの子は有名人だし、もし自分で街に買いに出て行ったら、人目につくから」という理由で、彼女が売人からドラッグを買ってあげたのだった。そして「あまり打ちすぎないように」とヘロインの多くは自分のバッグに仕舞っていたという。もうこれ以上だめよ、と。ゆえに彼女は「自分が眠ったあと、あの子が残りのドラッグをどうやって見つけたのか、わからない」とのちに語っている。

さすがにこうなっては、セックス・ピストルズはその残骸まで含めて、もはや木っ端微塵だった（マクラーレンの『映画』が残っているだけだった）。そしていつの間にか、パンク・ロックは「終わって」いた。

パンクの終わりとニューウェイヴの隆盛

パンク・ロックが、少なくともロンドンを発祥地とする「オリジナル・UKパンク」が終わったのは、一体いつだったのか。多くの人が「79年の暮れには、もうなかった」と言う。いや78年、ロットンの脱退でなにもかも終わったのだ、という人もいる。あるいは、パンクが美しかったのは77年の1月から6月まで（クリッシー・ハインド談）。もしくはピストルズがアルバムを出した瞬間に終わったんだ、との声も――。

当事者の意見としては、これがとても有名だ。クラッシュのジョー・ストラマーが「変質」してしまったパンクを嘆く発言が、英『サウンズ』紙の79年7月6日号に掲載された。

「パンクは『Change（変化）』って意味だった。『ＦＵＣＫ』や『ＳＨＩＴ』みたいな4文字言葉じゃなく、6文字だ。でもいまじゃ、パンクはトラディションだ。俺らはそんなＳＨＩＴの一部にはなりたくない」

このころのクラッシュは、ありとあらゆる音楽性を取り込んで、なおかつそれが「パンク・ロックとしてあり得る」という離れ業に挑戦し続けていた。その最初の集大成と言える、彼らのサード・アルバム『ロンドン・コーリング』は、この79年の12月に発表される。しかしこれを指して「あんたらこそ、もうパンクじゃない」と非難する声も、世に少なくはなかった。新しいローリング・ストーンズみたいになってしまうつもりなのか、と。

もっと踏み込んで、ロックそのものを「否定」したのが、ジョニー・ロットンあらため、本名のジョン・ライドン名義で活動していたあの男だった。79年、パブリック・イメージ・リミテッド（ＰｉＬ）としてポストパンクの最前線に立っていたライドンは、セカンド・アルバムである『メタル・ボックス』発売直後に受けたファンジンのインタヴューのなかで、ロックの終焉について、簡潔にこう述べた。

「ロックンロールなんてくそくらえ。死んでんだよ（Fuck rock 'n' roll. It's dead）」

（『ジグザグ』79年12月号より）

話の流れとしては、ピストルズとＰｉＬの音楽性の違いについて質問されたライドンが、かつての同僚スティーヴ・ジョーンズを非難し始めて、そこで出てきた発言だった。つまり具体的には、ジョーンズのような音楽性を否定したと言えるものだったのだが――もちろん「この部分」だけがひとり歩きして、話題となった。ここ日本でも、注目された。あのパンク・ロックの革命児が「ロックの終焉を宣告した」のだ、と。

しかし彼らがなにを言おうが、パンクの影響下にあるポップ音楽、とくにニューウェイヴは、いまが旬と咲き誇っていた。イギリスどころか、アメリカでもメインストリームに大きく食い込み始めていた。たとえば80年には「アメリカの恋人」であるスーパースター、リンダ・ロンシュタットが「ニューウェイヴな」アルバムを発表している。『マッド・ラヴ（邦題『激愛』）』と題された同作は、エルヴィス・コステロのナンバーを3曲もカヴァーしていた。前年のコステロ作「アリソン」をカヴァーしたシングルが200万枚を売り上げるヒットとなったことを受けての「転身」だったのだが、『マッド・ラヴ』も大成功。のちにこの手法——カントリー・ロック調の「歌姫」から、とんがったポップ・クイーンへの転身——は、81年のオリヴィア・ニュートン＝ジョン「フィジカル」をブリッジして、2010年代のテイラー・スウィフト、あるいはケイティ・ペリーにまで引き継がれていく。

反転された「ノー・フューチャー」

ポップ音楽界だけではなく、イギリス社会も大きく変貌しようとしていた。その変化は、77年にすでにあらわれていた。ジョン・サヴェージに言わせると「パンクスとサッチャー夫人とが、対立しながらも共存していたのがこの時代である」ということになる。

75年より保守党党首となっていたマーガレット・サッチャーは「フリーダム」という言葉を再定義した。パンク・ロックが推進した、自由主義的な、あるいは無政府主義的な概念、つまり個人主義の色が強い主張にて、彼女は有権者にアピールしていった。それに「ニュー・ライト」が強く反応していた。

ゆえに、若きジョニー・ロットンが吐き捨てた「ノー・フューチャー」というあの一節が、まるで未来を見据えた革新的な予言のようにして、静かに世に広がっていった。これを黙示録的警句としてとらえたのは、極左だけではなく極右の政治家も同様で、それぞれが口々に「(このままでは)未来はない」と述べるようになっていた。

そして1979年5月の総選挙で、サッチャー率いる保守党が大勝する。労働党は下野して、「ヨーロッパの病人」だったイギリスは、ここから、血も涙もない新自由主義を先頭に立ってリードしていく国家へと、大きく舵を切っていく。海の向こうアメリカでは、彼女のカウンターパートと呼ぶべきロナルド・レーガンが、81年より大統領に就任する。

パンクとポール・マッカートニーの切っても切れない関係

しかしそもそもパンク・ロックは、すでに77年の冬には大きく勢いを落としていた、のかもしれない(もっとも「波」はあったろうから、上がったり下がったりは、繰り返されていたのだろうが)。僕がそう感じた理由は、暮れも押し迫った12月27日、ロンドンで『スター・ウォーズ』がついに公開されたからだ。焦《じ》らされていただけあって、大変な騒ぎになった(英全土での公開は、年をまたいだ1月29日からだった)。

そしてクリスマスの前には、どこででもポール・マッカートニー率いるウイングスの「マル・オブ・キンタイア（邦題「夢の旅人」）」がかかっていた。11月11日に発売された同曲は、全英シングル・チャートで9週連続1位を独占。売れて売れて、売れに売れて、売れに売れていた。ビートルズの「シー・ラヴズ・ユー」が保持していた、イギリスでの最多売り上げシングル記録を破ってしまうほどの、超絶ヒットだった。スコットランド西部のキンタイア岬の美しき自然への思慕を歌い上げた、これぞ「クリスマスにぴったり」な、心あたたまる名曲だった。

そんなクリスマスには、じつは、あのピストルズも慈善活動をおこなっていた。12月25日の日中、西ヨークシャーはハダースフィールドにて、バンドは子供たちのためにベネフィット・ライヴをおこなった。その会は、ストライキ中の消防士やレイオフされた労働者、片親の家族のための催しだったという。さらにその夜、彼らはマンチェスター・ロードにあるクラブ、アイヴァンホーズにてライヴをおこなったのだが、これが（のちに再結成するまでの）セックス・ピストルズの事実上最後のUKパフォーマンスとなった。

さらに奇妙な縁が、パンク・ロックとポール・マッカートニーのあいだにはあった。ジョン・ライドンいわく「マッカートニー夫妻は自分たちのカレンダーを俺に送りつけて、家に招待しようとしたんだ」という。マッカートニーはかなりライドンにご執心で、いっしょにレコーディングしたがっていた。しかし「ジョニー・ロットンがジョニー・ショウビズに成り果てちまう」と警戒したライドンは誘いを無視。しかしあるとき、彼と妻のノラがクルマでハロッズ百貨店の脇を通りがかったとき、同店から出てきたマッカートニー一家がライドンの姿を見つけて、追ってくる。すかさずライドンはドアをロックする。

「運転手が振り返ってこう言ったよ。『なんてこった。昔はみんながあいつを追っかけてたのに、今度はあいつがあんたを追いかけるなんて』」

（ジョン・ライドン『STILL A PUNK ジョン・ライドン自伝』竹林正子・訳／ロッキング・オン／94年より）

まるで大ボラ話みたいなのだが、しかしこれは真実なのだろう。ビートルズ時代より、アンダーグラウンドな音楽、突端的なポップにつねに胸襟を開いていたのがマッカートニーで、このころもまだ、その姿勢は顕著だった。ゆえにパンク／ニューウェイヴには、かなり耳を傾けていた節がある（「ノー・ビートルズ」なんて言われてもいたのに）。

とくにピストルズについては、彼らのアルバムのプロデュースをクリス・トーマスが手がけていたことが大きかったのかもしれない。トーマスはジョージ・マーティンのアシスタント・プロデューサーとして、ビートルズの通称『ホワイト・アルバム』（68年、『名盤１００』にランクイン）にも関わっていた。そして79年発表のウイングスのアルバム『バック・トゥ・ジ・エッグ』の共同プロデューサーでもあった。加えて同年12月27日に発表されたプリテンダーズのデビュー・アルバムも、ニック・ロウが担当した一曲を除いてトーマスの手によるものだった。

『カンボジア難民救済コンサート』のラインナップ

そんなプリテンダーズが、デビュー作発売と「ほぼ同時に」踏んだ大舞台が、79年12月26日から４日間、ロンドンのハマースミス・オデオンにて開催された『カンボジア難民救済コンサート』だった。マッカートニーが中心になって企画が組み立てられたベネフィット・コンサートがこれで、つまり「バンドの人選」には、彼の意向が大きく反映されていた。その顔ぶれは――まずクイーン、ザ・フー、スコットランド出身の人気コメディアン／俳優／歌手のビリー・コノリーまではいいとして、レゲエのマトゥンビ、あとは基本的に「パンク／ニューウェイヴ組ばかり」だった。プリテンダーズ以外には、クラッシュ、イアン・デューリー＆ザ・ブロックヘッズ、ザ・スペシャルズ、エルヴィス・コステロ＆ジ・アトラクションズ、ロックパイル……そしてとどめが、ウイングスは当然として、『バック・トゥ・ジ・エッグ』のなかでマッカートニーが試みていた、大人数で「オーケストラのように」ロックを演奏してみる、という「ロッケストラ」の実演だった。ここには、ザ・フーのピート・タウンゼントとケニー・ジョーンズ、レッド・ツェッペリンのロバート・プラントとジョン・ポール・ジョーンズとジョン・ボーナム、ロニー・レイン、デイヴ・エドモンズほか、20名のロッカーが顔を並べていた。この約2年半後に急逝するプリテンダーズのギタリスト、ジェームズ・ハニーマン・スコットも、弱冠23歳でここに参加していた。マッカートニーらしい、無邪気で闊達なロック大会で、騒々しくも華々しく、79年は、いや１９７０年代は幕を閉じた。

ポールの逮捕、そしてジョンの死

そして、明けて80年の1月16日、日本の成田空港の税関で、ポール・マッカートニーが逮捕されてしまう。微量のマリワナが荷物のなかにあったがゆえの、現行犯だった。彼は９日間勾留された上で国外退去処分となり、予定されていたウイングスの来日公演はすべてキャンセル。そのままバンドも自然消滅してしまう。仲間とともに駆け回るロックンローラーとしてのマッカートニーは、このとき、大きな挫折を体験する。

さらに同じく80年12月８日、ジョン・レノンが、彼がこだわって住み続けていたニューヨークの自宅前の路上にて、ファンを自称するマーク・チャップマンによって射殺される。

ロックンロール音楽の幼年期というものがあったなら、このころそれは、強制終了させられてしまったのかもしれない。まるで曲の最後に突然に、余韻もなくカットアウトされたときのように。

1　初期パンク・ロックの名盤アルバム30枚

1：Ramones - S/T ☆（76年）邦題『ラモーンズの激情』。パンク・ロックの基本型ここにありの1ｓｔ。2：Sex Pistols - Never Mind the Bollocks Here's the Sex Pistols ☆（77年）邦題（はゴダールに倣ったか）『勝手にしやがれ!!』。たった1枚のオリジナル・アルバムは捨て曲なし。3：The Clash - S/T ☆（77年）邦題『白い暴動』。全アルバム名盤のクラッシュ、疾風怒濤の1ｓｔ。4：The Damned - Damned Damned Damned（77年）邦題（はヴィスコンティに倣った）『地獄に堕ちた野郎ども』。ロンドン・パンクで最も早くレコード・デビューした彼らの1ｓｔは、ビートもチョッパヤ。5：The Stranglers - Black and White（78年）マル暴サウンドを決定づけた名作3ｒｄ。6：The Jam - In the City（77年）厳密にはパンクではなく「モッド・リヴァイヴァル」なのだが、短気と熱血、突進していく3ピースが同じ時代を切り裂いた1ｓｔ。7：Buzzcocks - Singles Going Steady（79年）珠玉のポップ・パンク原点を一覧できるシングル集。8：The Undertones - All Wrapped Up（83年）北アイルランドの青春ポップ・パンクの名曲網羅したベスト盤。9：Stiff Little Fingers - Inflammable Material（79年）同じく北の、しかし「紛争と軋轢」をそのまま刻印したハード・パンク名盤、易燃性1ｓｔ。10：Wire - Pink Flag（77年）ポストパンクの萌芽でもある名作1ｓｔ。11：The Saints - (I'm) Stranded（77年）豪出身の初期パンク代表選手、熱情の1ｓｔ。12：Generation X - S/T（78年）ビリー・アイドル在籍の、アイドル的ティーン魂パンク。13：X-Ray Spex - Germfree Adolescents（78年）紅一点ポリーが叫ぶ、ＮＷ感あふれる突撃盤。14：Sham 69 - Tell Us the Truth（78年）「Ｏｉ!」界を背負って立つことになる、男涙の野郎ども1ｓｔ。15：The Boys - S/T（77年）クラッシュのメンバーなどの至近距離にいた面々が結成。パワー・ポップの香気含む初期パン1ｓｔ。

〈凡例〉「S／T」とは「Self Titled」、アーティスト名と盤タイトルが同じとの意味／☆は『名盤100』にも収録／盤のナラビは「この順番で聴くといいかも」との筆者からの提案です。

①
RAMONES

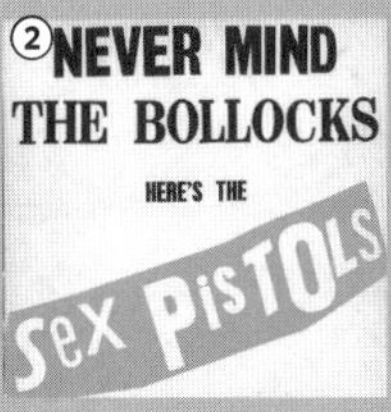
②
NEVER MIND
THE BOLLOCKS
HERE'S THE
SEX PISTOLS

③

④
DAMNED

⑤

⑥
The
JAM

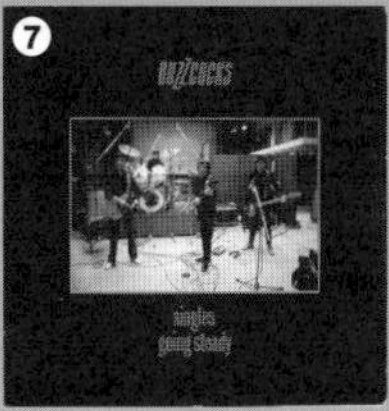
⑦

⑧
THE UNDERTONES

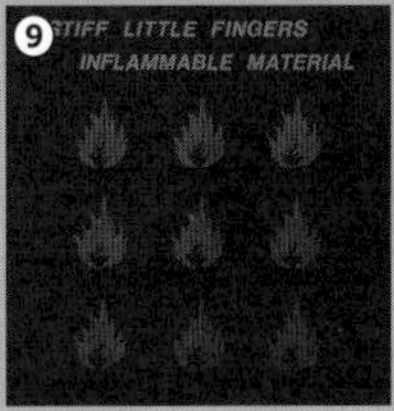
⑨
STIFF LITTLE FINGERS
INFLAMMABLE MATERIAL

⑩

⑪

⑫

⑬

⑭

⑮

16：Skids - Scared to Dance（79年）06年にハリケーン被害者救済目的でU２とグリーン・デイがカヴァーした「The Saints Are Coming」のオリジナル収録。スコティッシュ・パンク雄渾の１ｓｔ。17：The Rezillos - Can't Stand the Rezillos（78年）まさにファン・パンク、パーティー・チューンが並んだ、エディンバラ・バンド１ｓｔ。18：Patti Smith - Horses ☆（75年）詩人の魂が咆哮する、ＮＹパンクの歴史的名盤１ｓｔ。19：Television - Marquee Moon ☆（77年）誰もが瞠目した幻惑のギター・サウンドがプログレをも凌駕するロック宇宙を開闢した、こちらも歴史的名盤１ｓｔ。20：Heartbreakers - L.A.M.F.（77年）ジョニー・サンダースが率いたバンド、唯一のアルバム。「これぞストリート」な名曲多数。21：Richard Hell & The Voidoids - Blank Generation（77年）テレヴィジョンをハートブレイカーズを脱退したリチャード・ヘルの「初」リーダー・アルバム。22：Talking Heads - Talking Heads: 77（77年）アートと知性のＮＹ代表である彼らの１ｓｔ。「サイコ・キラー」収録。23：Dead Boys - Young Loud and Snotty（77年）まるでロンドン・パンクのように「キッズの反逆魂」燃やした米オハイオ発・短命バンドの愛され１ｓｔ。24：The Cramps - Songs the Lord Taught Us（80年）ロカビリーと怪奇趣味を合体させた伝説バンド１ｓｔ。25：Germs - (GI)（79年）22歳で絶命するダービー・クラッシュが残した、ジャームス唯一のアルバム。これぞＬＡの「痛み」。26：X - Los Angeles（80年）豊かな歌モノ感で上昇したＬＡの雄１ｓｔ。27：Suicide - S/T（77年）独自境地のシンセ&ドラムマシーン・パンク１ｓｔ。28：V.A. - The Best of BOMP! VOLUME ONE（78年）パワー・ポップからパンク、ガレージの「オイシイところ」満載の名コンピ。29：GG Allin - Hated in the Nation（87年）ステージでの自傷行為や排泄そのほか繰り返し、パンク界の「最変態」と呼ばれた彼の音源集めたカセット・アルバム。30：Nina Hagen Band - S/T（78年）東独出身、メルケル前首相も愛したパンク・クイーンの西側デビュー作。

〈凡例〉「S／T」とは「Self Titled」、アーティスト名と盤タイトルが同じとの意味／☆は『名盤100』にも収録／盤のナラビは「この順番で聴くといいかも」との筆者からの提案です。

16

17
CAN'T STAND THE
REZILLOS

18
Patti Smith

19
TELEVISION
MARQUEE MOON

20
HEARTBREAKERS
L.A.M.F.

21
BLANK
GENERATION

22

23
DEAD BOYS

24

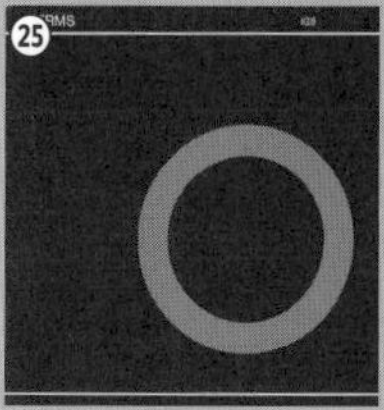
25

26

27
Suicide

28
BOMP!
VOLUME ONE

29
GG ALLIN
HATED IN THE NATION
ROIR

30
Nina Hagen Band

本文で触れた「ジュビリー・ボート・トリップ」でのジョニー・ロットン。パーティー早々、ビールをパックごとガメて一服（REX/アフロ）

第3章　パンク・ロックの「ルーツ」と「レシピ」とは？

ザ・ヴェルヴェット・アンダーグラウンド。左からスターリング・モリソン、モーリン・タッカー、ルー・リード、ジョン・ケイル（Photofest/アフロ）

1　なによりもまず「60年代」。それから、ガレージ

どんな音楽にも、かならず「ルーツ」がある。いや、どんなポップ文化の表象であろうが、商品であろうが、歴史的経緯から完全に自由なものなどない。つまりはすべてに「元ネタ」がある。往々にして複数のそれら「ネタ＝素材」が混ぜ合わされて、新しい表現物となる。パンク・ロックも、まったく同じ。というか、パンクこそが、ポストモダン時代における「教養」のロックであったこと、「意識的にネタを取り入れた」ポップ音楽の代表選手であることは、すでに書いた。

では具体的に、一体どんな「素材」が、どんな「混ぜ合わされかた」をして、パンク・ロックという「新しいスタイル」へと結実したのか？　ここまで折に触れ、断片的に記してきたその過程を、一度全部総ざらえして、整理してみよう。言うなれば「的確に調理すれば、かならずパンク・ロックとなる」そんな素材およびレシピの一覧がこの章だ。

ラモーンズのレシピ

初期パンク・ロックの「本場」が、ニューヨークとロンドンという、大西洋をあいだに挟んだ二都市であることは、すでに書いた。そして「誰もがパンク・ロックだと思う」典型的な音楽スタイルを構築し最初に広めたのは、ニューヨークはクイーンズ出身のラモーンズであることも、書いた。まずはそのラモーンズの音楽の「素材」から見てみよう。

ラモーンズの4人の音楽趣味の、最初の大きな特徴は「普通だ」ということに尽きる。ビートルズ、ビーチ・ボーイズ、ハーマンズ・ハーミッツ、それからロネッツに代表される60年代の女性ヴォーカル・グループ、そのほかのバブルガム・ポップ、サーフィン・サウンド……まさに「普通に、一般的に」誰もが好きになるような、ポップで快活で、ある種凡庸と言ってもいいぐらいの趣味が、彼らの基礎にあった。しかしこれは、じつは「変わって」もいた。70年代初頭の、ニューヨーク周辺においては、かなり古い趣味だったからだ。ポップ音楽やファッションの「流行の震源地」である同地においては、彼らの趣味は、当時明らかに「ふた昔以上前」のものだった。そこにラモーンズは「ガレージ・ロック」の刺々しさ、荒っぽさを加えた。こっちのほうは、当時あまり一般的ではなかった。

いわゆるガレージ・ロック、ガレージ・サウンドとは、60年代中盤あたりから、とくに全米の都市部以外の地域で最初に興隆したものだ。シンプルかつ「ワイルドな」ギター・サウンドが目立つものが多い。このガレージ・ロックの起源とは、ビートルズの大旋風を受けて、アメリカ中の若者が、我も我もと楽器を手に取っては、バンド演奏の練習を始めたことに由来する。ロック界最初の大規模なＤＩＹ（ドゥ・イット・ユアセルフ）ブームがこれだった、と言えるかもしれない。

当時のアメリカ郊外の一軒家ならば、ほとんどの家には「大きな車庫」があった。フルサイズの自家用車を２台は駐《と》められるほどのそのスペースにて、バンドは練習した。だから「ガレージ」バンドと呼ばれたのだが、これが全国に、まさしく「無数」と呼ぶほかないほどまでに増殖した。そしてなにしろ（メンバーの誰かの）自宅車庫が練習場なのだから、自由奔放に、無手勝流に、サウンドは練り上げられていった。演奏法も作曲法も誰に習うわけでもなく……つまり言い換えると「あまり上手くはならなかった」。ビートルズのようには、なれなかった。しかしザ・ストゥージズみたいには、なれた。

69年にレコード・デビューしたストゥージズは、ミシガン州アナーバー出身。世に言う

「パンクのゴッドファーザー」のひとりである怪人ヴォーカリスト、イギー・ポップを擁する、野にして卑にして猥雑な、オオカミ男がズボンだけ穿いたみたいなゴリゴリのハード・ロッキンな「ガレージ」サウンドを武器とするバンドだ。セックス・ピストルズがストゥージズの「ノー・ファン」を持ち歌としてカヴァーしていたことは有名だ。パンクの先達となったガレージ・ロッカーは、ストゥージズ以外では、同じミシガン州はデトロイト出身のMC5もよく名を挙げられる。

「パンク・ロック」の最も早い使用例のひとつ

とはいえ、このふたつだけが重要なわけではない。前述のとおり「全米に、無数に」いたのがガレージ・バンドというものだからだ。しかしそんな、言うなれば浜の真砂《まさご》を、後進たちはどのように知っては学んでいったのか？――というと、そこにはやはり「まとめる人」がいた。60年代の「あまり成功できなかった」アメリカのガレージ・バンドのシングル音源を集め選曲してコンピレーション盤としてリリースする、という動きが顕在化したのは、72年の終わりに発表された傑作2枚組アルバム『ナゲッツ』が嚆矢《こうし》と言われている。これを「まとめた」人はレニー・ケイ。のちにパティ・スミス・グループのギタリストとなる、この当時はライターにしてレコード店勤務だった彼が、エレクトラ・レコーズ創始者のジャック・ホルツマンの監修のもと、プロデュースした。そしてケイのペンによるこの盤のライナー・ノーツのなかには「パンク・ロック」という言葉が登場する。史上屈指の「早い使用例」がこれだった。

正式名称は『Nuggets: Original Artyfacts from the First Psychedelic Era, 1965–1968』。この「Nuggets」とは、チキンナゲットと同じ、金塊などの塊という意味の語の複数形だ。副題は「最初のサイケデリック時代、65年から68年の（芸術的）工芸品現物」――そんなタイトルに相応《ふさわ》しい、正調ガレージから軽いサイケデリック・ロックと分類できるナンバーまで、全27曲を収録。ジ・エレクトリック・プルーンズからザ・スタンデルズ、ザ・シーズ……などなど、バンドの数もちょうど27。これらのサウンド、曲想、タッチが、ほぼ直接的に米英双方の初期パンク・ロッカーたちの大いなる「ネタ」となった。ラモーンズもこれを愛聴したはずだし、極初期のピストルズに至っては、ここに収録されているカウント・ファイヴの代表曲「サイコティック・リアクション」を「練習曲」としていた。

成功した『ナゲッツ』は、第2弾のＵＫ編以降も続々リリースしていってシリーズ化。それを受けて『ペブルズ』や『ラブル』、あるいは『バック・フロム・ザ・グレイヴ』シリーズなど、同系統の「発掘バンド・サウンドものコンピ」が続いていって、ひとつの潮流を成すまでに至った。もちろん全部「後進バンド」のネタになった。

といったわけで、ラモーンズのパンク・ロックの基礎的なアイデアとは、「ふた昔前」の普通にポップで甘く愛らしい趣味に、荒削りの「ガレージ」を加え、そして「不用と思えるもの」をすべて削ぎ落としてスピード・アップ――したものだった、と分析することができる。これが素うどんならぬ素ラモーンズの「レシピ」だった。

ところでこの60年代の「ガレージ」バンドたちには、ひとつの共通項があった。「全米に、無数に」いたはずのバンド群なれど、そこには「同じ系統である」と認められるだけの、遺伝子的特徴があったのだ。それは「ロックなのに、ブルースやR＆Bから遠く離れてしまっている」ものが多い、という点だった。

2　ブルースなんて、知らないよ

ガレージ・ロックの「二重屈折」構造

『ナゲッツ』に収録されているバンド、あるいはそれ以外の60年代の「ガレージ」連中がお手本としたのは、まず最初にビートルズが先導した第一次ブリティッシュ・インヴェイジョン、つまりはマージー・ビート（日本で言うリヴァプール・サウンド）につらなる「ＵＫのビート・バンドたち」だった。

そして濃淡はあれど、その波のなかにあるかなり多数のイギリスのバンドがアメリカのロックンロールのみならず、ブルースやＲ＆Ｂから直接的な影響を受けていた。ローリング・ストーンズやヤードバーズのように、黒人音楽に没頭し、学徒としての長い道のりを真面目に歩む（あるいは、歩もうと志す）バンドも、少なからずいた――のだが、とにもかくにも「アメリカのガレージ連中」は、そんなイギリス人バンドから影響を受けた、というわけなのだ。「本物のブルースやＲ＆Ｂ」が、きっとずっと、身近にあり続けていたはずなのに。生き身の黒人アーティストによる「現物の」それが、ロック音楽のルーツから伸びてきた枝が、すぐ目の前にあったはずなのに。しかしそこには目もくれず、イギリスを経由して「希釈されて、黒っぽさが減衰した」ロックのほうを、ことさらに好んだ。

この構造を、ジョン・サヴェージは「二重屈折」と呼んでいる。たとえば、元来は「アメリカ黒人による真正のR&B」だったナンバーを、ストーンズがカヴァーする（ここで一屈折）。そのヴァージョンをアメリカのガレージ・バンドが聴いて、これを「ネタ」に、自分たちのオリジナルらしき曲を、編み出そうとする（ふたつめの屈折）――つまり元来はあった「黒人音楽らしさ」というものが、幾重にも薄められたかのような、ほぼ別物となってしまったかのような、人工的で奇矯なロックンロールこそが「ガレージ」ロックの本質なのだ、との見方がこれだ。

こうしたガレージ・ロックの特徴は、とても奇妙なものだと言うことができる。ロックはロックなのだが、しかし「黒人音楽そのもの」からは遠く遠く離れてしまう――というのは、不思議なことなのだ。なぜならば、大雑把に言うとロックンロール音楽とは、黒人によるブルースやR&Bと、白人のヒルビリー音楽（のちにカントリーとなるものの原型）の融合だ、とされているからだ。白人のエルヴィスが「まるで黒人のように」ブルース・ナンバーを歌ってみせた「その状態」こそがロックンロールの基本形となったという見方が世に強い。あるいは「白人のキッズに、とても受けがいい」ロック・ソングを量産した黒人アーティストのチャック・ベリーが、初期ロックンロール界最大級の偉人として、いつまでも称賛されているという事実がある。

であるのに「黒人音楽から遠く離れた」かのような、しかし「シンプルな」ロックとは、これは、なんなのか？　ごく普通に考えると、明らかなる失敗ではないのか？——いいや、そうではないんだよ、という意志こそが『ナゲッツ』を生んだ。出来が悪いものとして貶めるために、わざわざコンピレーション盤を編む者などいない。広い世間からは見過ごされていた「固有の価値」を発掘して正当なる評価を求める目的で、好事家《こうずか》が尽力したわけだ。そして反応する人は、少なからずいた。まるでこれは、ジャンク品の山から掘り出されてきたお宝じゃないか、と60年代ガレージ・バンドの印象的なナンバーの数々を評価したのが、米ライターのレスター・バングスやデイヴ・マーシュだった。彼らもまた、こうした音楽に対して「パンク」の語を与えていた。

パンク・ロックの「三重屈折」構造

だからラモーンズ以降のパンク・ロックとは、言うなれば「三重屈折」構造となっていたことになる。60年代のガレージ・ロックをさらに「ネタ」にしたのだから。つまりそのぶんだけ、より一層、ブルースやR&Bから遠ざかっていったことになる。

その証拠をひとつ紹介しよう。60年代デビューのガレージ組でも、じつはストゥージズあたりは70年代に入るとブルース色濃いナンバーも出てくる。どろどろの、ぎとぎとの、油まみれ泥まみれのブルースと、イギー・ポップの野獣性は相性がよかったからだ。とくに70年発表のセカンド・アルバム『ファン・ハウス』(『名盤100』にランクイン)は「破れかぶれの」ブルース色がかなり全面に出ていた。しかしたとえば、前述のとおりセックス・ピストルズはストゥージズを好んではいても、彼らがカヴァーしたヴァージョンの「ノー・ファン」には、ブルースの粘り気など、影も形もない。

だから逆に言うと、ワイルドなガレージ・ロックからブルース臭をどんどん抜いていくと、パンク・ロックにかぎりなく近づいていくのだ。それが「三重屈折」構造の要諦と言ってもいい。実際問題、ストゥージズも、サード・アルバムの『ロウ・パワー』(73年、『名盤10

0』にランクイン）となると、ブルース色は一気に減退する。そしてこのアルバムこそが「もはやほとんどパンク・ロック」だとして、「プロトパンク（Proto-Punk）」の名盤と呼ばれている。

「ブルースを聴きたくなくなるような」一大事件勃発

それにしても、なぜアメリカの60年代ガレージ・バンドは（二重屈折）、さらにはラモーンズやセックス・ピストルズらパンク勢は（三重屈折）、ブルースやR&Bといった「ロックの始原風景」のひとつから、ことさらに遠ざかっていくようなメカニズムを得たのか？　たとえば、白人による黒人への人種差別的動機などは、あったのか？――一部それは、あったのかもしれない。だがしかし、どちらかというと「文化の盗用を忌避したくなる」ような、ごくまっとうな皮膚感覚があったせいなのでは、と僕は見る。ある種の含羞《がんしゅう》のような精神の健全性が、どこかに、最初から内蔵されていたのではないか。

というのも、パンクな魂を持つキッズにとって、しかもとくに、UKの若者たちにとっては「ブルースを聴きたくなくなるような」一大事件が、70年代のそのころに起きてしまったからだ。白人のくせに「ブルース最高」なんて真顔で言ってるオッサン、そもそもちょっとまずいんじゃないの、と思わず言いたくなってしまうような。

この「事件」とは、エリック・クラプトンの有名な大放言のことだ。ときに76年8月5日、バーミンガムでの彼のライヴ中に、事件は起こった。そのとき明らかに泥酔していたクラプトンは、ステージ上でおぞましい人種差別発言を連発してしまうのだ。黒人やアラブ人への侮蔑語を口にしては「俺らの国から出て行け」と繰り返しののしり、「イギリスを黒い植民地にするな」とも主張。さらには元保守党の大物議員イノック・パウエルへの強い支持を表明する。パウエルとは、かつて同地バーミンガムで移民排斥を訴えた「血の川演説」(68年)で知られる、名うての人種差別主義者、排外主義者だ。そんな男を「首相にしよう」なんてクラプトンは言うのだ。あげくの果てには、当時の極右の代名詞・国民戦線のスローガンである「Keep Britain White!」なども口にして——もちろんこれら全部が、大問題となる。

誰もが知る「イギリスにおけるブルース音楽の最も敬虔な信徒のひとり」であり、すでに功成り名遂げたビッグなロックスターでもあったクラプトンが、人種偏見、排外主義、憎悪扇動といった醜態を、公衆の面前で堂々と開陳したことが世に与えた衝撃は、大きかった。事件のつい2年前にはボブ・マーリーの「アイ・ショット・ザ・シェリフ」をカヴァーして大ヒットさせたばかりだったのに……なのに「こうだった」というところに、とくに「年若きロック・ファン」は、大いに幻滅したのではないか、と僕は読む。クラプトンへの幻滅だけではない。「イギリス白人によるブルースなんて」と、そこに欺瞞を感じたとしても不思議はなかった、のではないか。もちろん、まともで誠実なホワイト・ブルース、ブルース・ロックは、世に多くある。クラプトンの作品だって、音楽的にはきわめてすぐれたものがいくらでもある。「しかし、にもかかわらず」人間的にこうでもあり得るとしたら……それはいかに表面を取り繕っていようが、結局のところは帝国主義的な、優越した立場からの文化の盗用の実例の、最たるもの――これ以外の意味って、ないんじゃないのか??

こんな疑問が、パンクスやその予備軍の胸中に去来したとしても、誰も責められなかったはずだ。それほどまでに大きな、ロック史に残る醜聞がこの事件だった。事実まさに、ここまでに僕が幾度か触れた『ロック・アゲインスト・レイシズム（RAR）』は、クラプトンのこの大放言に対抗するところから運動を活発化させていったものだった（ちなみに、のちにクラプトンは、このときの発言について一応の謝罪はおこなっている）。

パンクの原点とは「ありとあらゆる差別に反対する」もの

と、こういった事件なども影響して、とくにＵＫのパンクスは「ブルースを忌避する」心理的傾向が強くなったのではないか、というのが僕の見立てだ。ゆえに彼ら彼女らは、決して「教科書通り」のロックのルーツとして、ブルースに接近していくことはなかった、のかもしれない。つまりパンクスは、もっとふらふらと自己流の歩きかたをしたのだ。そのなかで「センスに合う」バンドを、楽曲を掘っていくうちに、前述の「屈折組」と出会ってしまう。そして気に入って、自らが「さらなる屈折」を重ねてしまい、「結果的に」黒っぽさがどんどん薄まっていった——といったような経緯を僕は想像する。

そしてもちろん、重ねた屈折分だけ、全体のバランスは悪くなる。まっすぐ直立するのではなく、まるで与太者のように、背を丸めて上目づかいに相手を見上げては威嚇《いかく》するような——そんな息吹が濃厚なガレージ・ソングやパンク・ソングが世に多く存在するのは、ひとつはそのせいだ。こうした「悪いバランス」に付け込むようにして、差別主義者や国粋主義者などが参入してくることもある。そんな順番で、ねじくれ曲がってしまった例もあった。しかし元来のパンク・ロックとは、その中心軸は、まったくもって人種差別的ではない。

パンクの原点とは「ありとあらゆる差別に反対する」ものにほかならないからだ。路上のきわめて低い位置から発信される、抵抗者のための音楽なのだ。ザ・クラッシュの果敢な活動を引くまでもなく、この姿勢は、ロンドンだけでなくニューヨークでも顕著で、だからこそ「ポストパンク」の大隆盛へとつながっていった。

詳しくはのちほど記すが、パンク・ロック爆発の直後から始まった「ポスト」パンク・ロックと分類されたその潮流は、ひとつ、異種混淆を旨とした。いろんな音楽と「合体」したのだが、その相手となった異種とは、おもに「黒人音楽」だった。クラッシュによるレゲエとパンクの合体を、さらに遠くまで延ばしていったような現象だと言っていい。ジョン・ライドンのＰｉＬの音楽性が、レゲエの一形態である「ダブ」に最初から大きく依拠していたことも、この流れのなかにある。そのほかポストパンク界隈では、アフリカン・リズム、カリビアン、ブラジリアン、アメリカのファンク、もちろんソウルやR&B、よりエスニックな世界各地の民族音楽も……ほとんど「史上初めてではないか」といった例も多数の、ユニークな「結合」がおこなわれていった。次から次へと。念のために言っておくが、これらは剽窃や盗用では一切ない。異文化との「合体」だ。だから容易に逆コースもあった。とくにファンク音楽などを舞台に、黒人音楽側からの「パンクやポストパンク吸収」の流れも多くあった。ヒップホップの一部など、そのベクトルの最たるものだったとも言える。

つまりブルース抜きの「悪いバランス」のもと、いたるところ「穴だらけ」だったパンク・ロックというシンプルな支柱には――なにしろ穴がいっぱいあっただけに――じつにいろいろなものを容易に「接続」することが、接ぎ木することができた、というわけなのだ。そして黒人音楽ほかの強靭なリズムを接続された、パンク由来のこれまた「シャープで新しい」音楽は、80年代、クラブ音楽やダンス音楽の基盤となるシーンが形成されていく時期に、大いなる文化的貢献を果たすことになる。

「若気の至り」がロックを前進させる

まとめると、前述の二重と三重の屈折が生じた原因とは、「主流」や「権威者」への反発と呼ぶべき心理が影響したものだったのだと僕は考える。「そもそもロックンロールとは」といった、いわゆる正史への、「ありがたい歴史観」への、無条件なる反発心とでも言おうか(クラプトン事件という、最悪の実例もあったわけだし)。いかにそれが「正しそうな」ものでも、先公やオヤジやアニキ連中の言うことなんて、そもそも聞いてられるかよ!――というような、やっかいな心性のあらわれだと僕は読む。

つまりは「若気の至り」というやつだ。その当時の大人の連中が「いい」と言うものだから、俺らは「いやだ」と。ただそれだけの、理由なき反抗だ。とにもかくにも「強者や権威者が決めた」規範から逸脱してはアウトサイダーを目指してしまうような、明日なき暴走を選ぶがごとき若者の態度が「ここではない」どこか遠くから発信された、奇妙な電波を受信して、そして「屈折を加えていった」というのが、ことの核心だったのではなかったか。

二と三だけではない、屈折の一重め、つまりビートルズやストーンズらが「海の向こう」のロックンロールや黒人音楽に首根っ子を引っつかまれて、生涯を「ただ、そのことだけ」に費やすような病を若き日に得たのも、まったく同じ原因からだったはずだ。自分たちの目の前にある「いま現在」のありようが、しかし決して「現実のすべて」じゃないだろう！という、心の底から発信された血の叫びと地続きの「これ、いいじゃん」という無垢な反応がその原点だった、のではなかったか。

ゆえにこれらの屈折こそが、ロック音楽の歴史に、経済用語で言うところの「リープフロッグ型発展（Leapfrogging）」を招来した。まるでカエル飛びしているみたいに、インフラとなる下地が「なかった」ところに、だからこそ突如として「まったく新しい」未来への道の入り口が生じることがある。固定電話網もなかった地域に、突如インターネット網やスマートフォンが爆発的に普及することがある。それと同様に、「大人の現状」を拒絶していた若者たちの度重なる屈折のたびに、ロック音楽は予想外に大きく「前進」していったのだ。

3　そしてロンドンには、モッド・ポップと「牛肉心」が……

セックス・ピストルズの「素材やレシピ」

では、ロンドン・パンクのトップランナー、セックス・ピストルズの「素材やレシピ」とは、基礎的な音楽アイデアとは、いかなるものだったのか？　すでに書いたとおり、ストゥージズらアメリカのガレージ・バンドからの影響がある。ほかにアメリカ方面からは、「プロトパンク」バンドの雄、ニューヨーク・ドールズからの影響もある。とくにギタリストであるジョニー・サンダースからの影響を、スティーヴ・ジョーンズのなかに見ることは容易だ。ラモーンズからの影響は、音楽的にはたぶん、ほとんどない――というのがピストルズ・サイドの言い分なのだが、一方のラモーンズ側では、そうではない。

ラモーンズの側には、じつは、鬱屈があった。サード・アルバム『ロケット・トゥ・ロシア』（77年11月発表）のレコーディング時、ギタリストのジョニー・ラモーンが、ピストルズの「ゴッド・セイヴ・ザ・クイーン」のギター・サウンドを聴いて「俺のパクリだ！」と激怒した（シングル盤をスタジオにまで持ってきて非難した）という。そしてジョニーは、アルバム全体の音作りを「ピストルズよりもずっとシャープにする」ことをエンジニアのエド・スタジアムに強く要請したそうだ。

さらにのちに……ずーっとのちの、なんと２０１９年にまで、この鬱屈の余波はあった。とあるイベントの壇上で「ラモーンズ対ピストルズ」の遺恨対決が勃発しかけた（？）のだ。米ケーブルＴＶ局エピックスにて、イギー・ポップが製作総指揮をつとめるドキュメンタリー・シリーズ『ＰＵＮＫ』のためのパネル・セッションがＬＡでおこなわれたのだが、その場でジョン・ライドンとマーキー・ラモーンが衝突して、ののしり合ったのだ。まあアメリカン・プロレス的な、エンターテイメント調の「やり合い」とも言えるものだったのだが……しかしそれでも、双方の文言のなかには少なからぬ「本音」が混じっていたと見るべき内容ではあった。「あの当時から」抱え続けていた心中のもやもや、その幾許《いくばく》かは開陳された一幕だった、というか。公開されている映像から、その模様を描写してみよう。

「ピストルズなんて安いパクリ野郎どもだ」

口火を切ったのはライドンだった。ラモーンズのレガシーについて語るマーキーを嘲笑し、「お前なんかオリジナル・メンバーでもないくせに!」とかます(マーキーは二代目ドラマーだった)。これに対してのマーキーの返しが振るっていて「でも俺はリチャード・ヘルと『ブランク・ジェネレーション』作ってんだよ。お前らみんな、リチャード・ヘルのイメージをパクってたよな。結局それだけなんだよ、お前らがやったことって」――と、つまり一気に話題は、およそ40年以上前の「当時のムカツキ」へと移行。じつはこれがマーキーの胸中にくすぶり続けていたのは有名な話で、彼いわく「ピストルズなんて安いパクリ野郎どもだ。たんにリチャード・ヘルの真似なのに、パンクの元祖としてメディアに売り込めただけ。ヘアカラーを買えたから」という常日頃の主張を、ついに本人に、公衆の面前でぶちかましてやった――という瞬間だった、のかもしれない。このときマーキーの胸中には、天上にいるほかのラモーン兄弟たちに「見てるかこの俺を!」といったような高揚はあったのか、なかったのか。しかしもちろん、すぐに激しく逆襲したライドンが場をさらう。「そんでシド・ヴィシャスがスターだったよなあ」とあざけるように言うマーキーの言葉尻を取ったライドンは、「ああそうだ。奴はスターだったよ、お前らみたいなアホタレのニセモノくそ野郎のな。お前もドラッグ楽しんでハッピーに死にやがれ」とカウンター。そして——ここからが、やけに本音がにじんだライドン節だったのだが——続けて彼はこう力説したのだった。「俺にとって、パンクとはポジティヴなものだった。音楽で人生を変えられるということを、俺らは明確に証明したんだ。俺らが言ったこと、政治システムへの攻撃がそれだ。なのにこの馬鹿野郎は、ドラッグに夢中ときてやがる」。さらには「自分を見てみろよ？　できそこないのヘヴィメタ野郎みたいじゃないか」とマーキーを口撃した。

とまあ、老いてもなお盛んなライドン節だった。加えて彼は、このとき初対面だったヘンリー・ロリンズ（ハードコア・バンド、ブラック・フラッグの元ヴォーカリスト）にもイヤミを飛ばしていた。そんなことがあった。

２０２２年に公開された、彼らの成り立ちと終焉までを描いた配信ドラマ『Pistol（邦題『セックス・ピストルズ』）』にも面白いシーンがあった。メンバーが集まって演奏しつつ「アナーキー・イン・ザ・ＵＫ」をまとめていこうとする。最初は「ラモーンズみたいに」早いテンポでやってみるのだが、これが全然ダメ。そこでテンポ・ダウンして「リズムをレゲエに！」との発想でやってみたところ、「あの必殺の」イントロダクションが生まれたのだ……という描写だった。まあかなり創作は入っているのだろうけれども、「ピストルズらしい」逸話ではないかと僕は感じた。

モッド・ポップなどからの影響（パクリ？）

ところで前述の「屈折」理論にのっとって言うと、セックス・ピストルズの場合、やはりイギリス人であるだけに、ラモーンズたちとはまた違った「排除と吸収」の構造があった。まず、60年代の音楽からの影響は大きいのだが、「かなり狭くセグメント化された」系統からのみ、養分を吸収したような傾向が強い。つまりビートルズやストーンズではなく、「まずはモッド・ポップ」というような点だ。言うなればここが「より込み入って」いて、ラモーンズよりもこじれていた。さらにこの偏食のせいで、米ガレージ・バンドのネタとしての優先度が低下。だから「一重屈折（第一次ブリティッシュ・インヴェイジョン組）からの直接摂取」が意外に多く、つまりこの場合はピストルズの時点でようやく二重屈折。ゆえに二重と三重の、言うなれば「屈折の重層構造」が顕著だった点が、彼らの巨大な爆発力へとつながっていったのかもしれない。

モッズとは、元来は音楽ジャンルを指すものではない。日本語にするなら「モッド族」となるだろう、50年代に誕生した、特定の若者風俗を指した用語だ。映画『さらば青春の光』（79年・原題『Quadrophenia』）にて描かれているとおり、まずはロンドンにて、60年代前半に最高潮を迎えた。アメリカの黒人由来の音楽、モダン・ジャズやR＆B、ジャマイカ産のロックステディやスカを好み、男性ならば、イタリア産の生地を使ったタイトなテイラード・スーツの上に米軍放出品の大きなパーカ（M‐51）を着て、改造したヴェスパなどのスクーターを駆って街をゆく――そんなライフスタイルの「族」を指す。

といった流行に、当時「乗っかった」イギリスのバンドが作った音楽が「モッド・ポップ」と後年呼ばれることになった。たとえばそれは（1）モッズが好む音楽である、アメリカ製のR＆Bなどをカヴァーしたり、模倣したもの。（2）そこから発展させて、よりロック色の強いポップ・ソングを創作したもの――といった具合だった。

そんなモッド・ポップの数々から、ピストルズはこんな曲をカヴァーしては「練習」していた。スモール・フェイセズ「オール・オア・ナッシング」「マイ・マインズ・アイ」、クリエイション「スルー・マイ・アイズ」、そしてザ・フーの「サブスティチュート」は、ライヴでもよく演奏されていた。意外なのがR＆B色の強い、60ｓロック・アイドル、デイヴ・

ベリーの「ドント・ギミー・ノー・リップ・チャイルド」もカヴァーしていた点だ。ただしそこはピストルズなので、決してR&Bそのままではなく、なぜか突如くずれレゲエ調のリズムにロットンが吠える、というしつらえとなっていたのだが。

こうしたカヴァーの方向性について、スティーヴ・ジョーンズは、前述のドラマ『Pistol』の原作にもなった自伝のなかで、こんなふうに述べている。

「よく言われることなのだが、オレたちがどんなバンドになろうかと考えていたときに演奏したカバーの多くが――『ノー・ファン（No Fun）』、『ドント・ギブ・ミー・ノー・リップ、チャイルド（Don't Give Me No Lip, Child）』、『(アイム・ノット）ユア・ステッピング・ストーン（(I'm Not) Your Stepping Stone）』だったが――タイトルにはすべて『No』が入っていた」（ママ）

「またロットンの態度によるところが大きかった。少しでもポジティブなものや幸せや愛や感謝に関するものは、ヤツは吐き気を及ぼしていた。あのマンコ野郎は『オブリガード（ありがとう）』の言葉の意味がまったくわかっちゃいねえ」（ママ）

（スティーヴ・ジョーンズ『ロンリー・ボーイ　ア・セックス・ピストル・ストーリー』川田倫代・訳／イースト・プレス／２０２２年より）

だがジョーンズは、ロットンが歌のなかで嘲笑する姿について一定の評価を与えていた。「とくにデイヴ・ベリーのみたいな安っぽい曲に、ちょっとした刺激を加えたわけだ」と（ジョーンズは原曲が大嫌いだったそうだ）。もちろんライドンも嫌っていた。というか彼は、モッド・ポップ全般に冷ややかな態度をとっていた。それらを選曲したのはおもにベースのグレン・マトロックだったという。ライドンはつねに「スモール・フェイセズのカヴァーなんか、やる気はない」と述べていて、同じ60年代バンドなら、彼はザ・プリティ・シングス推しという渋い選択だった（「教養」の人だったので）。

ちなみにマトロックいわく「アナーキー・イン・ザ・ＵＫ」のベースラインは、フェイセズの「ハッド・ミー・ア・リアル・グッド・タイム」からのイタダキなのだという（「誰も気づいてないみたいなんだけど」との前置き付きで告白）。

こうしたオマージュを超えたイタダキ、あるいは「パクリ」もパンクには付きもので、最もあからさまにして悪辣な事件をキメたのも、もちろんピストルズだった。主犯は「盗みのプロ」でもあるスティーヴ・ジョーンズで、被害者はザ・ジャムだった。作曲当時は18歳だったポール・ウェラーが生み出したジャムの記念すべきデビュー曲「イン・ザ・シティ」(77年4月発表)のギター・リフ、のっけから(オープニングのイントロダクションから)ぶちかまされるあの印象的なフレーズが「そのまんま、まるごと」パクられた。それがピストルズ「ホリデイズ・イン・ザ・サン」のイントロにて盛大に鳴り響いている、あれだ。77年10月発表のシングル曲であり、彼ら唯一のアルバムのオープニング・ナンバーともなったあの曲は「おもにパクリ」から生み出されたものだった。

だから当然モメた。伝説となっているのが「スピークイージーの対決」と呼ぶべき一件。ある夜、ロンドンにあるナイトスポット、ザ・スピークイージー・クラブにて、ポール・ウェラーとシド・ヴィシャスがばったり顔を合わせる。そこでヴィシャスは、おそらくはウェラーをからかいたかったのだろう。自ら近づいていっては「お前らの曲をパクってやったぞ」てなことを言う。そしていきなりウェラーに頭突き攻撃。応戦したウェラーがヴィシャスをひっぱたく——という、どうしようもない一幕があって、2人は店を追い出されてしまったそうだ。小競り合いそのものはどうやらウェラーが制したようだが、勝敗という点ではよくわからない（ウェラーいわく「どっちが勝ったかはわからない。やられたから、やり返した。あっちが始めて、俺が終わらせた」）。さらにウェラーが言うには、この喧嘩のせいでヴィシャスは病院送りになったという（が、信憑性は謎。マトロックもこれを言いふらしているのだが）。

「ピンク・フロイド嫌い」の真実

話を戻して、そのほかのライドンの趣味というか、「教養」についても見ていこう。彼はパンクのすこし前に大流行したグラム・ロックも好んでいて、T.レックスはもちろん、ゲイリー・グリッターも聴いていた（という点は、ホアキン・フェニックス版のジョーカーっぽいかもしれない）。そしてカン（とくに71年の『タゴ・マゴ』）やノイ！などのジャーマン・ロックも、好んでいた。ドイツ製のこれらの冷たい、破調の感じに僕は、ＰｉＬのアイデア原点および、ロットン〜ライドン・スタイルのあの無双なる奇矯ヴォーカルの原点の一部をも見る。だからライドンの歌唱法には、『タゴ・マゴ』当時のカンに在籍していた異能の日本人ヴォーカリスト、ダモ鈴木の影響だって、あったのかもしれない。

特筆すべきは、ライドンが「ポスト・ヒッピー・ロック」を好んでいた点だ。たとえばピーター・ハミルやニール・ヤングの名を挙げることもあり、マルコム・マクラーレンにとても嫌がられていた（彼はそれは「ピストルズらしくない」と考えていた）。そのほか個性的なレゲエ・アーティストのキース・ハドソンや、マイルス・デイヴィスの名作『ビッチェズ・ブリュー』（70年）も好んでいた。

そして、ピンク・フロイドだ。なにしろプログレは、なかでもピンク・フロイドはパンクスの「敵」だということになっていた……のだが、その因縁を「作ってしまった」人がジョン・ライドンだったことは有名だ。だからそのエピソードおよび長い時間を経てからの顛末を、ここで書いておかねばならない。

ことの起こりは、こうだ。1975年のある日、若きライドンはピンク・フロイドのTシャツを着てキングス・ロードを闊歩していた。ただし、そのTシャツの「PINK FLOYD」とプリントされた文字の上方には、手書きで「I HATE」と記されていて、Tシャツは切り裂かれていて……この若者の「原・パンク」的な佇まいに目を留めたバーニー・ローズ（のちに初期クラッシュのマネージャーとなる）が声をかける。そして若者はのちにセックス・ピストルズとなるバンドのオーディションを受けることになる——。

というのが、長らくパンク・ロックの「正史」だった。そしてこの「俺はピンク・フロイドが嫌いだ」Tシャツはピストルズのバンド内で流行。スティーヴ・ジョーンズも着たし、ポール・クックの着用姿は「アナーキー・イン・ザ・UK」のMVで見てとれる……のだが、去る2010年、衝撃的なニュースが世界を駆け巡る。なんと「ジョン・ライドンは『本当はピンク・フロイドが嫌いじゃなかった』」というのだ！

この特ダネをモノにしたのは、ウェブサイト「ザ・クワイータス（The Quietus)」。同サイトの編集者であるジョン・ドーランが、姉妹紙の「ザ・ストゥール・ピジョン」のためにおこなったインタヴューの席で「事件」は起きた。その詳細を、2010年2月17日付でクワイータスが報じて、騒ぎの震源地となった。

インタヴューの最中に、ライドンがポロリとこぼしたのだという。「『ザ・ダーク・サイド・オブ・ザ・ムーン（邦題『狂気』・73年、『名盤100』にランクイン)』は好きだった。でもシド・バレットがいた時代のほうが俺にはぴんとくる。いろんな音楽を聴きながら育ったんだよね」とのことで……じゃあなぜ「I HATE」なんて書いたのかというと、当時（70

年代中期）のピンク・フロイドの仰々しさが嫌だったのだ、と。尊大そうな感じや、それを「ありがたがる」世間の風潮を彼は嫌っていた。だからあくまで、あのTシャツは（マルコム・マクラーレンではないが）表現の一手段だった。さらには、実際に会ってみたらピンク・フロイドのメンバーは全然偉そうじゃなくて、いい人たちだった、ともライドンは言う。そして彼はこのインタヴューの2年前の08年、ピンク・フロイドのロサンゼルス・ライヴにて「ステージで共演しないか？」と持ちかけられていた、のだそうだ。いっしょに「ザ・ダーク・サイド・オブ・ザ・ムーン」をやらないか？　もちろんライドンが歌って、2万人の前で……という、その状況にライドンがひるんでしまったせいで実現はしなかったのだが、なおも彼は「スタジオなら、共演もよかったかな」などとぬけぬけ語っているのだった。

と、そんなクワイータスの内容を英高級紙の『ザ・ガーディアン』が引用して翌日に記事化して配信、そこから全世界に激震が走った。「いまさら、なにを言うのだ」と。とくに「パンク・ロックを知っている」人々のあいだに衝撃が……だがこれも、じつはライドンの「よくある」ちゃぶ台返しのひとつでしかなく（続きはのちほど）――。

アイドルはキャプテン・ビーフハート

気を取り直して、また話を戻そう。そもそもの「ライドンの音楽趣味」の話題だ。

音楽的に、最大の驚きをもって迎えられるべきなのが、ライドンのアイドルがキャプテン・ビーフハートだったことだ。フランク・ザッパの親友であり、マジック・バンドを率いて活躍した、アンダーグラウンドなれど「破格の」芸術的ロック世界を構築したシンガー・ソングライターであり、そのほかいろいろの「アーティスト」が彼だ。米西海岸をベースに60年代後半から活動し始めた彼は、サイケデリック全盛期のシーンのなかで、デルタ・ブルースから地続きの太く濃いロックを、ジャズや即興的な前衛音楽、リズミカルなスポークン・ワードのあいだを行ったり来たりしながら、発信し続けた。

そう「ブルース」を。とくにビーフハートの、太く塩辛いダミ声は、いかなる形であろうが、歌のなかにブルース由来の波打つ「激情」を叩き込むことにかけて天下一品だった。そして、歴史に残る一大アヴァン・ロック大作が69年のサード・アルバム『トラウト・マスク・レプリカ』だった(『名盤100』にランクイン)。

というアーティストを好むライドンに「かけらほどの」ブルース魂もない、というこの一点を、僕はとても面白く思う。これこそが「パンク」ではないか、と。さらに興味深いのが、このビーフハートを、クラッシュのジョー・ストラマーも大変に好きだった、という事実だ。ライドンとストラマー、同じ時代に至近距離で活躍しながらも、初期の対バン以上の接点はほとんどなかった（86年の映画『シド・アンド・ナンシー』の音楽をストラマーが手がけたときには、ライドンがメディア上で彼を非難したが）この2人が、なんと「キャプテン・ビーフハート好き」という点でつながるのだから、世の中わからない。

「ビーフハートの傑作である『トラウト・マスク・レプリカ』はロックのあらゆる規則を破っていた。ひとつだけ破っていない例外があるが、それは聴き手を感動させるということだ。ぼくが『トラウト・マスク』の影響が聴きとれるということを口にしたら、ストラマーは物思いにふける様子で、『16歳のときに、そのレコードばかり聴いてたんだ――一年間ね』と言っていた。クラッシュはそのビーフハートの焼けつくようなヴォーカル、ギターの不協和音、メロディの逆転、リズムの葛藤から成る美学を取りこんで、断じて前衛とは思えないものにしてしまった。クラッシュの手になると、その美学が明確に直截にしゃべりだし、ロックがただもう何年も待っていた約束のようなサウンドになるのだ」

（グリール・マーカス『ロックの「新しい波」　パンクからネオ・ダダまで』三井徹・編訳／晶文社／1984年より）

たしかに、ときに「吠え盛るトドか、回転する電気ドリルか」と評されたストラマーのヴォーカル・スタイルには、ビーフハートの「塩辛道」からの継承が見え隠れしている。またライドンのトリックスター的な声色芸にも、ビーフハートの別の一面（なにかと「突拍子もない」ことが得意）がよくあらわれている、のかもしれない。

ジョー・ストラマーは、1952年8月生まれだ。だから彼が16歳のときというと、68年から69年だ。『トラウト〜』は69年6月にアメリカで、同年11月にイギリスでリリースされた。だからこのころ、ストラマーはビーフハートを聴きまくっていたわけだ。

対してライドンは、1956年生まれ。68年には、ティーンになる直前の12歳だった。だからもしかしたら、彼にとってはここらへんが「本格的にロックに目覚めた」時期だった可能性がある。プリティ・シングスの出世作『S.F.ソロウ』は68年発表で、カンのデビュー作『モンスター・ムーヴィー』は69年だったからだ。

最初の刷り込みの重要性

三つ子の魂なんとやらじゃないが、どうやらポップ音楽の世界でも「最初の刷り込み」は、ことのほか重要であるようだ。すでに記したが、僕自身、我が身を振り返って、強くそう思うところもある。ライドンの幼馴染みであるジョン・グレイの発言によると、彼らは9歳のころからレコードを買い始めたのだという。これは65年ごろにあたり、つまりはザ・フーが最初に大ヒットを飛ばし始めた時期に符合する。だからもしかしたら、ライドンにとってのモッド・ポップとは「幼すぎるころに聴いて、卒業してしまったもの」だったのかもしれない。ビーフハートやジャーマン・ロックに、すでに耳が「上書き」されたあとの若者が75年当時の、つまりハタチ前後の彼だったのだから。

目を転じて、ラモーンズの面々の生まれ年も点検しておこう。以下、年長者より順に――ギターのジョニー・ラモーンが48年生まれだから、たとえば彼の12歳時点というと、60年になる。トミーが49年生まれ、61年に12歳。ジョーイは51年生まれ、63年に12歳。ディーディーが一番年下で52年生まれ、64年に12歳だった。つまり彼らのデビュー時の「ふた昔以上前」の音楽趣味とは、これもまた「自分がポップ音楽を聴き始めたころ」の流行の再現という側面もあったのかもしれない。

三つ子の魂の、最初の「刷り込み」をとてもとても大事にし続けていて、だからこそ「ひと昔（以上）前」の流行をいま現在に転生させてくることになる——そんなメカニズムが、パンク・ロッカーには顕著だった、のかもしれない。言うなれば、ひとり時間差リヴァイヴァルだ。「ガキのころ仰ぎ見ていた、あいつらみたいに」キメてみようとするような姿勢が、彼らの瞬発力の源となっていたのではないか。こうした「個人的理由」が動機のなかに色濃く内在していたところが、パンクをして「そのほかの」リヴァイヴァル・ムーヴメントとは、明らかに一味違うものにしていたのかもしれない。

4　プロトパンクの「傑物」たち

ヴェルヴェット・アンダーグラウンド

プロトパンクの「プロト（Proto-）」とは、「初期のもの」という意味だ。だから試作品や原型という意味の「プロトタイプ（Prototype）」同様、パンク・ロックとして世に認知される前の段階にあった「パンクの直接的なご先祖様」がプロトパンクとなる。この「プロト」の流れのなかで、「これぞ」と呼ぶべき大物を、いくつかご紹介したい。順番として、まずは「最も古い」アーティストというと――。

パンク・ロックの「直系のご先祖様」の出発点は、ヴェルヴェット・アンダーグラウンドだということになっている。１９６４年にニューヨークで結成され、アンディ・ウォーホルに「発掘」された彼らは、言うなれば「闇の帝王」みたいな存在だ。エルヴィス、ビートルズ、そこからたとえばレッド・ツェッペリン、アメリカならイーグルス……といった、お天道様の下を堂々と歩む「ロックの王道」といったような流れの、ちょうど「裏っかわ」の世界に、ヴェルヴェッツは鎮座ましましている。

ゆえに、真っ黒な太陽の下で艶然と微笑む「もうひとつのロックンロール」を象徴するバンドとして、彼らはありとあらゆる「オルタナティヴ」なロック、アート志向のロックの源流となった。ルー・リード、ジョン・ケイルら、ソロ・アーティストとしてものちに大活躍する才人が在籍していたことでも知られる。だからパンクにとっても、ヴェルヴェット・アンダーグラウンドこそが直系最古の「ご先祖様」なのだ。

ザ・モダン・ラヴァーズ

このヴェルヴェッツとパンク・ロックを直接つないでしまった、稀有《けう》なる「プロトパンク」バンドがある。ボストン出身のザ・モダン・ラヴァーズがそれだ。元ヴェルヴェッツのジョン・ケイルのプロデュースのもと録音した6曲を中心に、おもに72年に制作され（いろいろあって）76年に発表されたファースト・アルバムに収録されたナンバーのひとつ「ロードランナー」を、セックス・ピストルズがカヴァーしている。しかもこの曲は、パティ・スミスにもテレヴィジョンにも「ぴんと来なかった」というスティーヴ・ジョーンズはもちろんのこと、ライドンも（彼らしい言い方で）絶賛していた。かつてライドンは米『スピン』誌にインタヴューを受けた際「すべての音楽が嫌いだ」と言っていたのだが、たったひとつだけの例外だとしていたのが、この曲だった（そのわりには、レコーディングの際には歌詞の大半を忘れていたのだが）。

まるで自動車や列車の車輪が駆動していく状態をリズムで表現したかのごとき、単調であることを無二の「推進力」へと転化させた、ストレートかつしなやかに強靭なガレージ・ロックンロールが「ロードランナー」で、巻間「プロトパンクの聖典」と呼ばれることすらある。だからピストルズ以外にも、かなり多くのカヴァー・ヴァージョンがある。もちろん、パンク・ロックやそれ以降のバンドによるものが。

日本が誇るザ・ブルーハーツだった甲本ヒロトと「マーシー」こと真島昌利もモダン・ラヴァーズのファンだ。モダン・ラヴァーズのファースト・アルバムのジャケットにある、ロゴ・デザインをフィーチャーしたTシャツ姿が、写真に残されている。また彼らがザ・ハイロウズ、ザ・クロマニヨンズとバンドを「乗り換えながら」活動しつつ、いつまでも変わらないロックンロール風景の映し絵的楽曲を同じペースで作り続けていく様に、ラモーンズとともにジョナサン・リッチマンの「後年の」創作態度からの影響を僕は見る。

ジョナサン・リッチマン

モダン・ラヴァーズを率いていたジョナサン・リッチマンは51年生まれ。ヴェルヴェット・アンダーグラウンドの大ファンだった彼は、69年、18歳のときにニューヨークに移住する——というか、まるで家出のようにして上京して、あこがれのヴェルヴェッツ周辺を徘徊する。スタジオに出入りしたり、ルー・リードのカウチで寝たりしていたこともあったという（具体的には、ウォーホルのあとにヴェルヴェッツのマネジメントを手がけていた、スティーヴ・セズニックの世話になっていたそうだ）。しかしリッチマンのニューヨーク時代は、さしたる成果もないままに（あっと言う間に）終わり、おそらくは失意ののちボストンに帰郷していった彼が結成したバンドがモダン・ラヴァーズだった。のちにトーキング・ヘッズのメンバーとなるジェリー・ハリスン、のちにザ・カーズとなるデヴィッド・ロビンソンも在籍していた。

この「最初の」モダン・ラヴァーズは74年に終焉する。その後、リッチマンは新たなるモダン・ラヴァーズを結成したり、ソロ・キャリアを積んでいったりするのだが、しかし一度たりとも「最初の音楽性」には戻らなかった。ゆえに日本では、76年以降のリッチマン節、つまりまるで童謡やノヴェルティ・ソングみたいな「ほのぼの」タッチで、往々にしてアコースティック編成や弾き語りにて披露されるポップ・ソングのほうが、より高い認知を得ている。こっちのリッチマン節は、映画『メリーに首ったけ』（98年）のなかで確認することもできる。特別出演ということになるのか、劇中、ここぞというタイミングで登場しては、ギターの弾き語りでストーリーの説明をする（？）役回りを彼が担当していた。

悪夢のインタヴュー

そんなジョナサン・リッチマンに、僕は一度だけインタヴューしたことがある。ありていに言って、ひどい体験だった。インディー雑誌『米国音楽』を僕が編集、発行していたころ、94年のことだ。来日時のリッチマンを東京で取材した僕は、彼のあまりの神経質さ、それを一切隠しもせずに押し出してくるありさまに、完全に圧倒されてしまったのだ。事前にカリフォルニアに住む彼に見本誌を送ったところ、絵葉書で返事をもらい、そこには「イエス、ダイスケ！　日本に行ったら短いインタヴューしようね！」なんて、フレンドリー――すぎる文面ではあった。あとから思うと、たしかに――に直筆で記されていたにもかかわらず、なぜああなったのか。その夜僕は、眉毛を「八」の字にして詰め寄ってくるジョナサン・リッチマンの悪夢を見て、うなされた。「それってどういう意味？」なんて、目の前にぐいぐい迫ってくる彼の姿に。

というリッチマンの過剰反応が起こったとっかかりは、ヴェルヴェッツに関する質問をしたことだった、ようだった。これが態度を硬化させた。さらに「あなたの曲をカヴァーしたり、影響を公言するパンク・ロック・バンドは多い」ということを伝え、「最初の」モダン・ラヴァーズにはある種パンク的な精神があったんじゃないですか、なんて質問を投げかけてみたところ——。

「NO‼（眉毛八の字）。パンク・ロック・なんて・もんとは・一切・僕は関係ない！　パンクのバンドが僕の曲をカヴァーしようとしてたけど、みんな上手くいかなかった。それって、僕がパンクなんかと、これっぽっちも関係なかったからだよ。あいつら僕らとは、まったくべつの種類の人間なのさ。あいつらのことなんて、僕は知らない」

（『米国音楽』第3号／1994年8月発行より）

とのことで……まあ、このご先祖様（ジョナサン・リッチマン）は、後進組にはあまりやさしくはなかったのだが、しかしそこもまた逆に、客観的には「パンクらしい」のかもしれない（本人は大否定しているのだが）。

そのほか、ヴェルヴェッツと同じ67年（いわゆるサマー・オブ・ラヴの年）にレコード・デビューしたザ・ドアーズもプロトパンクの枠で語られることもある。もっとも、パンクよりもニューウェイヴやポストパンク文脈でのほうが、ドアーズの影響は大きいように僕には思えるのだが。

デヴィッド・ボウイとマーク・ボラン

異なる水源以外から流れてきた「傑物」も見てみよう。先述のガレージ系統からはストゥージズ、MC5があるし、ニューヨーク・ドールズも外せない。ドールズはマルコム・マクラーレンに（パクリネタの）天啓を与えた存在として、別格の位置付けにある。彼らはグラム・ロックに分類されることも多い。

そしてグラムといえば、まずはデヴィッド・ボウイだ。すでに記したとおり、スティーヴ・ジョーンズやシド・ヴィシャスほか、ロンドン・パンクスにはボウイ信者がとても多い。とくに彼が「ジギー・スターダスト」を演じていた時代、72年からの数年間に「天啓を受けた」連中が無数にいる。また76年以降のベルリン三部作時代は、そのころのボウイのすべてがそのまま、ニューウェイヴやポストパンクの青写真として機能した。音楽性やキャラクター（ペルソナ）をカメレオンのように変転させる「チェンジ」の人、ボウイは、あらゆる瞬間に「後進たちのネタ元」となるような斬新なアイデアを、惜しげもなく公表し続けていたとも言える。またボウイ自身、パンクにはとても好意的だった。パンク・ロックこそ、長いあいだ僕らが待ち望んでいた音楽じゃないかな、といった主旨の発言もあった。そんなボウイももちろんヴェルヴェッツ・ファンであり、ミック・ロンソンと共同プロデュースしたルー・リードのアルバム『トランスフォーマー』（72年、『名盤１００』にランクイン）は、リードの代表作となった。

グラム・ロックとは、70年代に入ったばかりのイギリスにて誕生したサブジャンルだ。ド派手かつきらびやかな衣装に「わかりやすい」刺激的で劇的なロックンロールを特徴とする。だからパンク・ロックと親和性が高いバンドが、多くいた。

グラムの天地を開闢《かいびゃく》したのは、マーク・ボランだったと言われている。ボランは自ら率いるトールキン調の幻想的な歌詞を得意とするヒッピー・フォーク・デュオ、ティラノザウルス・レックスをT・レックスと改名。エレクトリックな「ブギー」を核とした、シンプルかつポップでホットなロックンロールに、キャッチーな標語めいたタイトルや歌詞を乗せて大ヒットさせる。ここから「グラム・ロック」の一大ブームが始まった。ボウイもゲイリー・グリッターも、グラム以外のキャリアからの「転向組」だったのだが、この場所で大きな成功を得た。またパンクへの直接的影響は小さかったものの、ニューウェイヴ界では明らかに「ゴッドファーザー」の位置にあったのがロキシー・ミュージックで、彼らはロックンロール・リヴァイヴァル色も強かった。さらに、スーザン・ソンタグが定義した「キャンプ」美学の表出めいた状態はグラム・ロックの随所で見受けられたものの、それを最も濃厚に体現していたのがロキシーだった。これらのグラム各種が、とくに「年若い」リスナーをノックアウトした。

「子供に受けるロック」

前項で記したとおり、初期パンク・ロックの主役となった世代は「ティーンになるか、ならないか」のころに聴いた音楽に、とても大きな影響を受けているようだ。つまり逆に言うと、彼らが子供のころには「子供に受けるロック」があった、ということにほかならない。70年代初頭における「それ」の代名詞こそが、グラム・ロックだった。

ビートルズら60年代前半デビュー組は、サイケ時代を経て、このころすでに「大人モード」となっていた。髪のみならず髭を伸ばし、子供を作り、農場を買って移り住み、ナチュラル・ライフを志向したりしていた。つまり「子供の側」からすると、まるで自分たちの親の「新しいヴァージョン」であるかのような存在と化していたわけだ。

そんななか、明らかに「年若い少年少女に向けて」強力な電波を発しながらシーンに登場してきたのが、グラム・ロッカーたちだった。だから77年に急逝するマーク・ボランが、自らのTVショウにパンク・バンドを盛んに出演させ、ダムドとツアーをおこなったのは、たんに新世代に媚びていたわけではない。「自分のリスナーだった」ような若者たちと交流し、あたたかく支援していたのだと僕は見る（実際、ダムドのベーシストであるキャプテン・センシブルは、ステージ上でT・レックスのTシャツを着ていたことがある）。

だからこう言い換えることもできる。パンク・ロッカーにおける「リープフロッグ型発展」とは、「ガキ向けロック」をつねに触媒として起こるのだ、と。60年代の「第一屈折」組の音楽も「第二屈折」組のそれも、グラム・ロックも、明らかに全部が全部「年若いリスナーに向けて」のものだった。若者が、自分と同じぐらいの若者か、もっと年下の聴き手に対して「歌いかけている」ものが基本型だった。こうした成分に「強く反応する」のが、どうやらパンク・ロッカー特有の心性だと言えるようだ（例として最もわかりやすいのが、ラモーンズだ）。

パブ・ロック

そのほか、パンク・バンドへの直接的影響のほどは判然としないものの、パンク・ロック・ブームよりも前に（あるいは、直前に）シーンにて稼働していたという意味での「プロト」バンドも多くある。

たとえばラモーンズのレコード・デビューよりも先に、同じニューヨーク出身のバンド、ザ・ディクテイターズのファースト・アルバム『ザ・ディクテイターズ・ゴー・ガール・クレイジー！』が発売されていた（75年3月）のだが、彼らが影響を受けた音楽は、ラモーンズのそれとかなり近い。ゆえに73年結成のディクテイターズは、たとえばラモーンズよりも早く「サーフ・ガレージのリヴァイヴァル」を果たしたバンドとして、あるいは「直近もの」プロトパンクの代表選手として、今日では再評価されている。

同様の例をイギリスで見るならば、パブ・ロック・バンドの活躍だ。その名のとおり、イギリス人の魂の寄りどころである居酒屋兼交流の場「パブ」をおもな演奏場所とする、シンプルな編成のロック・バンドが、70年代前半に増殖した。プログレッシヴ・ロックやハード・ロックなど、どんどん重厚長大になっていく「最新の」メジャーなロックのトレンドに辟易した層が「ひと昔、ふた昔前の」音楽へと向かっていった動きがこれだ、と分析されている。つまり音楽的な動機という点では、かなりパンク・ロックと近かった。

そんなパブ・ロック・シーンを代表するバンドのひとつが、ドクター・フィールグッドだ。「殺し屋の目をしている」個性派ギタリスト、ウィルコ・ジョンソンを擁する、ソリッドで切れ味いい「特殊な」R&B調ロックを得意とするバンドだ。つまりフィールグッドに代表される「R&B寄り」のバンドがすでにそれなりにパブ・ロック・シーンで成功をおさめていたがために、すこし年下のピストルズらパンク世代は「ブルースからは距離をとった」という側面があったのではないか、とも僕は考えている。

また同シーンには、カントリー音楽寄りのバンドも多く、ニック・ロウを擁したブリンズリー・シュウォーツが有名だ。こっち系統の「卒業生」はパンク／ニューウェイヴ・シーンに多く、エルヴィス・コステロもそのひとりだ。ジョー・ストラマーはロカビリー寄りのバンド、ザ・ワンオーワナーズ（The 101'ers）の一員だった。イアン・デューリーも、キルバーン&ザ・ハイ・ローズを率いて、パブ・ロック・シーンからキャリアを開始した。

レゲエの大波

そしてこれは「プロトパンク」と呼ぶわけにはいかないのだが、パンク勃興期直前にイギリス全土を「レゲエの大波」が襲っていたことも忘れてはならない。クリス・ブラックウェルのアイランド・レコードから、ボブ・マーリー＆ザ・ウェイラーズのメジャー・デビュー・アルバム『キャッチ・ア・ファイア』が発売されたのが73年。翌74年にはエリック・クラプトンがマーリーの曲「アイ・ショット・ザ・シェリフ」をカヴァーして、全米1位のヒットとしたため、世界の音楽シーンに「レゲエ・ブーム」が引き起こされたのだが、そもそも60年代からずっと下地があったイギリスでは、とくにすごいことになっていた。そんな「波」のなかから吹き出してきたのがパンク・ロックだった、という見方すら可能だ。

そして前述したとおり、レゲエをパンクスに「布教」していった偉人もいた。映像作家でもあるドン・レッツは、パンク・ロックのオムニバス・ライヴでバンドが入れ替わる幕間のDJタイムにレゲエ・ソングをかけ続けて人気を得た。マクラーレンとウエストウッドの店のライバルと目されることもあったクロージング・ストア〈アクメ・アトラクションズ〉の経営者でもあったレッツは、ドキュメンタリー映画『パンク・ロック・ムーヴィー（原題：The Punk Rock Movie）』（78年）を撮り、クラッシュのMVの多くを監督した。この界隈では、パンクとレゲエの境界線は、事実上、まったくないに等しかった。

5　文学、映画、マンガ……「音楽以外」にパンク・ロッカーはこんな文化を摂取した

フランス象徴派の詩人たち

初期パンク・ロックの一部には文学からの影響がかなり大きい。言うまでもなく、代表選手はまずパティ・スミスだ。2016年、ボブ・ディランのノーベル文学賞授賞式の代役を本人指名でやらされて、彼の名曲「ア・ハード・レインズ・エイ・ゴナ・フォール」を、すさまじい緊張感でがちがちになりながら彼女が歌っていた光景は記憶に新しい。

そんなスミスが属していたニューヨークのパンク・シーンにおいて、最も人気が高かったのが――すでに書いたとおり――19世紀のフランス象徴派の詩人たちだった。アルチュール・ランボーの名を、ここまで幾度僕は記したことか（このあともまた出て来る）。だからもちろんボードレールはかの地で愛されたし、ヴェルレーヌも崇拝された。テレヴィジョンのトム・ヴァーレインが芸名として採用してしまうほどまでにも（ヴァーレインとはヴェルレーヌ〈Verlaine〉の英語読みだ）。

デラウェア州はホッケシンにある私立の進学校に入学したトーマス・ミラーは、そこでリチャード・マイヤーズと意気投合し、親交を深める。音楽や詩への興味、嗜好性が近かったからだ。のちに2人はニューヨークに移住。「ボブ・ディランのように」アーティスト・ネームを考える。ここでミラーは「ヴァーレイン」に、マイヤーズは「ヘル」になって……そしてこの痛がゆい「少年っぽい思いつき」を胸に、同地パンク・シーンの礎《いしずえ》となるバンド活動を始めることになる。彼らの友情から、ネオン・ボーイズが生まれ、そして、テレヴィジョンも生まれた（が、ほどなくして離別）。

トランスグレッシヴ・フィクション

小説はどうか。いわゆる「トランスグレッシヴ・フィクション」とパンク・ロックの親和性の高さは、よく指摘される。トランスグレッシヴ（Transgressive）とは、この場合は「超規範、反道徳」といったような意味だ。主人公なり主要人物なりが、社会規範などに馴染むことができず、「まともではない」方法でそこから解放されていこうとする――そんな小説を指す文芸用語で、『ロサンゼルス・タイムズ』紙の文芸評論家マイケル・シルヴァーブラットによって定義された。そもそものこの概念の出どころは、フランスの歴史学者・哲学者のミッシェル・フーコーが、哲学者にして作家のジョルジュ・バタイユの死の翌年の63年、雑誌『批評』に寄稿した追悼文「侵犯行為への序言（Préface à la Transgression）」に端を発するとされている。フーコーによるバタイユ『眼球譚』への評価のなかに「トランスグレッシヴ・フィクション」の原型があった。

だからたとえば（もちろん）アンソニー・バージェスの『時計じかけのオレンジ』のようなストーリーも、見事に「トランスグレッシヴ」だということになる。パンクスがこの系統の小説を実際どれほど読んでいたかはさて置いて、作品から、あるいはアーティスト本人の佇まいから、トランスグレッシヴ小説の「現実化版」を見てとった人は世に多かった。

このカテゴリーのなかで「パンクと通じる」ような連想が成り立つ作品は『時計じかけ』だけではない。ざっとその代表例を挙げてみると――マルキ・ド・サドからロートレアモン、19世紀のイギリス・ゴシック文学各種、オスカー・ワイルド、ジェームズ・ジョイス『ユリシーズ』、戦後アメリカのビート文学、そしてなによりウィリアム・S・バロウズ『裸のランチ』やヒューバート・セルビー・ジュニア『ブルックリン最終出口』、J・G・バラードのディストピア系SF小説各種……といったところだろうか。こうした小説群と、パンク・

ロッカーが生み出した各種表現には、どこか相通じるところがある、とされた。そしてポストパンクの時代になって、その関連性はより顕在化して、音楽作品として具体的に提示されるようになる。

しかしたとえば、ジョン・ライドンに言わせると『時計じかけのオレンジ』からピストルズが影響を受けた、なんて見方は「とんでもない！」とのことで、「俺たちのポリシーは、みんなで同じ格好をして、同じ人間になることじゃない」として、キューブリックが映像化したあのギャング・スタイルをにべもなく否定。「俺たちはむしろグレアム・グリーンの『ブライトン・ロック』のピンキーとその仲間に近かったはずさ」と述べている（『STILL A PUNK ジョン・ライドン自伝』より）。

『第三の男』ほかでよく知られる、20世紀イギリスを代表する国民的作家のひとり、グレアム・グリーンが1938年に発表した長編小説が『ブライトン・ロック』で、これをライドンは好んでいた。主人公のピンキーは、ライドン同様にカトリックの家庭に育った17歳の不良少年。いつもカミソリと硫酸で武装している彼は、あるとき殺人を犯してしまって……というスリラーだ。このピンキーに、ライドンはよく自分自身をなぞらえていた。もっとも他者からは「ディケンズの小説に出てくるようなキャラクター」こそがジョニー・ロットンなのだ、という評も多かったのだが。さらにライドンは、オスカー・ワイルドや詩人のテッド・ヒューズも好んでいた。

「パンクの精神のもと」書かれた小説群

ストレートな「パンク文学」、つまりパンク・ロック的な精神のもとで書かれた文芸作品を見てみよう。一般的には「世界初のパンク小説」は、ギデオン・サムズの『ザ・パンク』（77年）だとされている。当時14歳だったサムズが学校の課題として書き上げたものが元になった。彼がゴミ箱に捨てていたものを母親が見つけて、出版に至ったという。リチャード・アレンの一連の作品にも似た、パルプ・ノヴェルズ的と言っていい青春ドラマが描かれた内容ながら、話題性もあり当時注目を集めた。94年には映画化もされている（が、すでにそのとき、サムズはこの世にいなかった。88年、26歳のときに肺炎で死亡していたからだ）。

ちなみにリチャード・アレンとは、45にも及ぶ筆名を使い分けてはパルプ小説を書きまくった、カナダ系イギリス人作家ジェームズ・モファットの名前のひとつ。彼はこの名義で「スキンヘッズもの」小説を書いた。暴力と性衝動に満ちたスキンヘッドの若者たちの風俗ドラマだ。そんな世界のなかで躍動するアンチ・ヒーローの名は「ジョー・ホーキンス」。アレンはスキンズものだけで18作も書いた。ヒッピーやバイカー、グラム・ロッカーすらも登場するこの小説群のなかには、『パンク・ロック』（77年）なる一作もあったし、『モッド・ルール』（80年）もあった。後者はもちろん、モッズ姿のワルな奴「ジョー・ワトソン」が暴れた。このシリーズ内の数冊を、以前僕は、取材の際に訪れたソニック・ユースのキム・ゴードンのロウワー・マンハッタンの自宅アパートメントで発見したことがある。

こうした風俗系作品だけではなく、より高度な文学的評価を得た「パンク文学」もある。その嚆矢としては、まず最初に、ジム・キャロルの名を挙げるべきだろう。ニューヨークはマンハッタン、ロウワー・イースト・サイド生まれの彼は、一種の神童だった。詩作によって頭角をあらわしたキャロルはアンディ・ウォーホルの元で職を得たのち、78年に回顧録『マンハッタン少年日記（原題：The Basketball Diaries）』を上梓。ドラッグにまみれたティーンエイジャーのニューヨーク青春ストーリーが衝撃を呼んだ（95年にレオナルド・ディカプリオ主演で映画化された）。同じ78年、キャロルはパンク・ロック・バンドもスタートさせる。80年発表のジム・キャロル・バンド名義のシングル曲「ピープル・フー・ダイド」が、映画『ザ・スーサイド・スクワッド』（21年）に使用されたことによって再発見され、広く人気を集めたことは記憶に新しい。

とはいえ「パンクの精神のもと」書かれた小説群は、当たり前だが「パンク・ロック通過後」にこそ本格化した。トランスグレッシヴ系統ならば、まずキャシー・アッカーの諸作、とくに『血みどろ臓物ハイスクール』、ダグラス・クープランドの『ジェネレーションX』やチャック・パラニュークの『ファイト・クラブ』ほかの諸作、『トレインスポッティング』のアーヴィン・ウェルシュの諸作などが、パンクの血を引くものと評された。そしてなによりり、その名のとおり、ウィリアム・ギブスンやブルース・スターリングがトップランナーとなった「サイバーパンク」ＳＦ小説およびその関連文化のかなり広い領域は、パンク・ロックがなければ、影も形もなかった可能性が高い。

また『ウォッチメン』などで著名な、巨匠にしてカルトな英コミック作家（原作者）アラン・ムーアも、パンクとの距離が近い。さらにムーアは「元祖ゴシック・ロック」である同郷ノーサンプトン出身のバンド、バウハウスのメンバーとの交流でも知られている。

コミックからの影響

文学ではなく、コミック（マンガ）からのパンクへの影響もかなり大きかった。ジョニー・ラモーンのコミック・マニアぶりは有名だ（コミックのロゴTばかり着ていた時期があるそうだ）。それからニューヨーク・ドールズのあとハートブレイカーズを結成し、パンク界隈で一躍人気ギタリスト／シンガーとなったジョニー・サンダースも、マンガ的人物だ。彼のこの名も芸名なのだが、直接的にはザ・キンクスの68年のナンバー「ジョニー・サンダー」に由来している。そしてこの曲を書いたレイ・デイヴィスは、歌の主人公である「イケている」ジョニー像を、革ジャン・バイカー映画の古典である『乱暴者（The Wild One）』（53年）のマーロン・ブランドをイメージして書いたそうだ。さらにこの名前（ジョニー・サンダー）そのものにも引用元があって、DCコミックのスーパーヒーローがまず世に知られていた。1940年以来、いろんな形で幾度もコミック・ブックに登場していたから、デイヴィスはキャラクター名をここからいただいた可能性が高い。もっとも、50年代から活動するアメリカ人ソウル・シンガーの芸名としての「ジョニー・サンダー」もあった（63年にヒットした「ループ・デ・ループ」が有名）。だから、こっちからなのかもしれない（あるいは、こっちのサンダーとキンクスの両者ともに、大本はコミックからの引用かもしれない）。いずれにせよ、ジョニー・サンダースには、文化上の親戚もしくはクローン仲間が、意外に多くいた。

映画からの引用

ジョン・ライドンの『リチャード三世』のみならず、パンク・ロッカーは映画からも大いに引用をおこなった。クラッシュはアルバム『ロンドン・コーリング』収録のナンバー「ザ・ライト・プロファイル（邦題『ニューヨーク42番街』）」にて、映画俳優モンゴメリー・クリフトに言及している（し、そもそもジョー・ストラマーは彼の「顔つき」を自らの写真撮影時のイメージ・モデルとしていると僕は読む）。彼らのアルバム『サンディニスタ!』に収録の「チャーリー・ドント・サーフ」は、映画『地獄の黙示録』（79年）の劇中の有名セリフがタイトルとなっている。

セリフといえば、第1章でご紹介したバズコックスの「エヴァー・フォーレン・イン・ラヴ」は、タイトルおよびキー・フレーズであるこのひとことが、1955年のアメリカ製ミュージカル映画『野郎どもと女たち（Guys and Dolls)』にちなんでいる。こちらもマーロン・ブランド主演、フランク・シナトラらが出演、ジョセフ・L・マンキーウィッツ監督の手による一作で、当時アカデミー賞そのほかにノミネートされ、成功をおさめた。そもそもは同名のブロードウェイ・ミュージカルの映画化だった。この映画のなかの「Wait till you fall in love with somebody you shouldn't」というラインからインスパイアされての歌詞だったという。

バズコックスといえば、彼らのレコード・デビュー作である、77年1月に自主レーベルからインディー・リリースしたEP『スパイラル・スクラッチ』のジャケットにフィーチャーされていたポラロイド写真について、当時のヴォーカリストだったハワード・ディヴォートが「複製技術時代の芸術的な冗談なんだ。即時再生的な」なんて解説をしている。もちろんこれは、ドイツの文芸批評家、哲学者であるヴァルター・ベンヤミンの代表的な著作『複製技術時代の芸術』（36年）にちなんだ軽口だ。

マクラーレン&ウエストウッド組に限らず、前衛芸術や哲学について「かじった」者はパンク・シーンに無数に存在し、そこから音楽のみならず、レコード・スリーヴやポスターなどを舞台として「新しいデザイン」が花開いていったのは、自然な成り行きだった。ジェイミー・リードはもちろん、ロシア・アヴァンギャルドを自在に咀嚼《そしやく》して一連のスティッフ・レーベル作品ほかで気を吐いたバーニー・バブルスら、未踏の地平を切り開いていく挑戦的ヒーロー・デザイナーが次々にあらわれた。そしてここから「ポスト」パンク以降のグラフィック界の大爆発、ピーター・サヴィルからネヴィル・ブロディ、トマトにまで至るUKグラフィック・デザインの黄金時代にまで、つながっていくことになる。

一方アメリカでは、パンク・コミックの象徴となった『ジンボ（JIMBO）』の著者、ゲイリー・パンターの活躍など、デザインからアートへとまたがっていく領域において、80年代に著しい発展があった。パンク経由のグラフィック表現がヒップホップ起源のグラフィティ・アートと一部交差しつつ、スケートボード周辺をも巻き込んで、90年代以降の「ストリート」文化という大河を形成していくことになる。

2 パンク・ロックのルーツ名盤アルバム15枚

1：The Velvet Underground - White Light/White Heat（68年）３ｒｄまでは全作パンクの源流だが、ノイズ荒ぶるこの２ｎｄはとくに直系。２：The Stooges - Fun House☆（70年）イギー・ポップの野獣性が解き放たれたドロドロ２ｎｄ。３：MC5 - Kick Out the Jams（69年）爆裂系のＭファッカ・ガレージ１ｓｔ。４：New York Dolls - S/T（73年）ロンドン組の「かなり多く」の基礎（ネタ）になった徒花グラム１ｓｔ。５：V.A. - Nuggets: Original Artyfacts from the First Psychedelic Era, 1965-1968（72年）60ｓガレージの「オイシイところ」満載の名盤コンピ（本文参照）。６：The Who - Meaty Beaty Big & Bouncy（71年）ザ・フーの人気曲網羅したお徳用ベスト盤。７：T. Rex - Electric Warrior☆（71年）グラム・ブームを発火させた一枚。８：David Bowie - The Rise and Fall of Ziggy Stardust and the Spiders From Mars☆（72年）のちにパンクスとなるキッズの魂に最初に火を点けた名盤５ｔｈ。９：Pink Fairies - Never Never Land（71年）のちにロリンズ・バンドがカヴァーする「Do It」収録、英サイケ／ハードロック・バンドの１ｓｔ。10：Can - Tago Mago（71年）ジョン・ライドンが深く愛したカンの、なかでも決定的な２ｎｄ。11：Captain Beefheart & His Magic Band - Trout Mask Replica☆（69年）ライドンもジョー・ストラマーも愛した、歴史的奇盤大作。12：Dr. Feelgood - Down by the Jetty（75年）ちょいと「やくざな」パブ・ロック代表選手、からっ風に襟立てた１ｓｔ。13：The Modern Lovers - S/T（76年）名曲「Roadrunner」（本文参照）収録、蒼白きおぼろ炎の記録。14：The Runaways - S/T（76年）紀信激写などもあったものの「全員女性ロック・バンド」の先駆けとして足跡残した１ｓｔ。15：Don Letts - Dread Meets Punk Rockers Uptown（01年）往年のパンク・ライヴの幕間にレゲエを流していた、名匠ＤＪによるミックス盤。

〈凡例〉「S／T」とは「Self Titled」、アーティスト名と盤タイトルが同じとの意味／☆は『名盤100』にも収録／盤のナラビは「この順番で聴くといいかも」との筆者からの提案です。

①

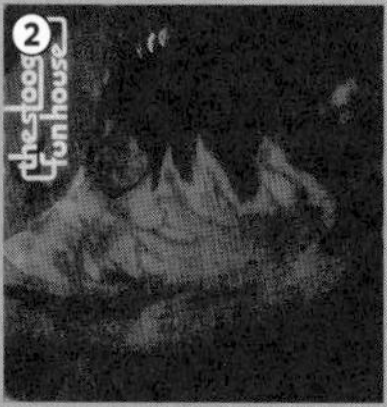
②
the stooges
fun house

③
MC5

④

⑤
Nuggets

⑥

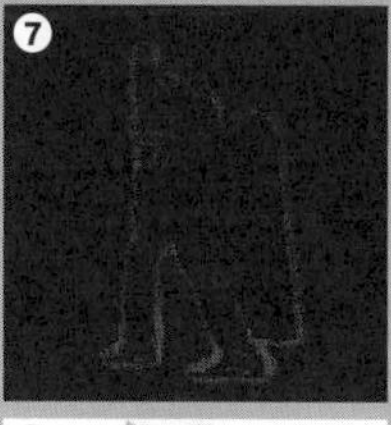
⑦

⑧
ZIGGY STARDUST
RCA

⑨

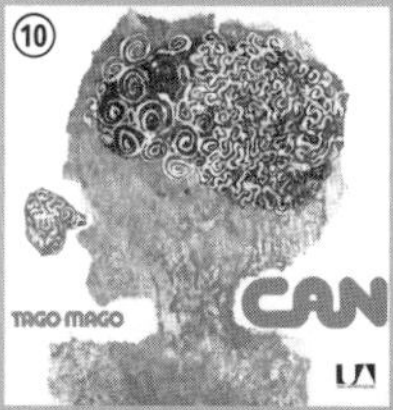
⑩
TAGO MAGO
CAN

⑪
TROUT MASK REPLICA
CAPTAIN BEEFHEART

⑫
Dr. Feelgood
Down By The Jetty

⑬
The
MODERN
LOVERS

⑭
HE RUNAWAYS

⑮
selected by DJ
DON
LETTS

第4章　パンクが死んでも、パンクスは死なない

ヘンリー・ロリンズ（SEIJI MATSUMOTO/ アフロ）

1　産業化したニューウェイヴが、パンクを消し去った

パンクの死因

第2章において僕は、ＵＫのいわゆる「オリジナル・パンク」の興隆と、「あっという間の」終焉について書いた。だがしかし、誰もが知るとおり、21世紀のいま現在においてもなお、世界のいたるところに「現役」のパンク・ロッカーたちはいる。一体これは、どういうことなのか？　ここから解説していきたい。

ひとことで言うと、あるとき「復活」があったのだ。まるでちょうど、イエス・キリストの再臨のように。一度完全に「死んだ」と思われていたパンク・ロックは、意外な形を含む「ありとあらゆる形態で」地上の至るところで、同時多発的に、墓場から蘇ってくることになる。おもに80年代に、それは起こった。

という劇的な「復活のありさま」を記す前に、まずは「パンクの死因」を見てみる必要がある。「ＵＫのオリジナル・パンク」は、イギリス音楽シーン特有の「流行の変遷」の激し

さによりマーケットから弾き出されてしまったのだが、そのとき「弾いた」側の中心にいた勢力こそが、じつは「ニューウェイヴ」だった。ニューウェイヴの拡大が、結果的に、崖っぷちへとパンクを追い立てていくことになった。

名前の列記からいってみよう。カルチャー・クラブ。デュラン・デュラン。スパンダー・バレエ。デペッシュ・モード。ワム!。アダム&ジ・アンツ。ヒューマン・リーグ。ABC。ユーリズミックス。ヤズー。OMD。シンプル・マインズ。バナナラマもいた。サイケデリック・ファーズもいた。エコー&ザ・バニーメン。カジャグーグーからリマール。さらにはあのビリー・アイドルが、全米で愛される（ちょっとパンキッシュな）アイドル・ロッカーになった——こうした顔ぶれに象徴される、イギリスのアーティストたち、米ヒット・チャートの上位エリアを幾度も幾度も絨毯《じゅうたん》爆撃するかのように「侵攻」していった面々の大多数が「ニューウェイヴ」と称される勢力だった。つまりニューウェイヴは、とてもよく売れた。

そんなUK発のニューウェイヴ・アーティストたちの80年代におけるアメリカ市場への「来襲」は「第二次ブリティッシュ・インヴェイジョン」と呼ばれた。とくに1982年から85年のあいだの波は巨大だった。「第一次」のそれとは、言うまでもなく、ビートルズを筆頭にブリティッシュ・ビート・バンドが活躍した60年代の大旋風を指す。つまりそれ以来初めての、大西洋の向こう側からアメリカへと渡来した「売れるポップ・スター」の大波だった。これらのアーティストはもちろんイギリス本国でも、欧州大陸でも、日本でもよく売れた。プリテンダーズら先駆け組も、しっかりヒットした。

もっとも、ニューウェイヴ・バンドの全部が全部、商業的に成功したわけではない。あるいは「商業的に成功するため」に売れ線を狙って結成されていた、ものばかりではない。ちょっと整理しておこう。

「ニューウェイヴ」とは何か

ロンドンを中心に「ニューウェイヴ」と認識されるバンドが増えた時期とは、パンク・ロックの音楽的スタイル確立からひと呼吸遅れたぐらいのタイミングだった。第3章の第2項で述べたとおり、ブルース抜きの「悪いバランス」のもと、いたるところ「穴だらけ」だったパンク・ロックに、一番最初に「付け足し」を加えたのがニューウェイヴだった、と言えようか。モノクロームだったパンク周辺の音楽風景を、フルカラーへと一変させたのがニューウェイヴだった。

たとえば、シンセサイザー。オルガン。各種エフェクター。とにかくサックス。そしてホーン・セクション。リズムマシーン。はたまたパーカッションやヴィブラフォン。音楽性もソウルにファンク、ジャズ、もちろんレゲエにスカ（は大きな市場を得た）、ボサノヴァにサンバ、カントリー、ロカビリー、各地の民謡、戦前のポピュラー音楽などなど、あらゆるものを雑食的に取り込んだ。それから女性コーラス隊、女性ヴォーカル。色鮮やかな、あるいは凝りに凝ったコスチューム。もちろん男も化粧して――というのが、ニューウェイヴと言われて僕が最初にイメージする像だろうか。パンク同様に既存の音楽や文化的エレメントをサンプリングしては吸収していったのだが、その摂取範囲の広さも物量の多さも、パンクとは桁違いだった。こうした「胃袋の強さ」もまた、ニューウェイヴの特徴だった。

つまり、パンクの発想にて一度「骨だけ」になったバンド・アンサンブル概念やリズム認識の上に、ありとあらゆる「付け足し」を、無造作にプラスしていった結果「壮麗に、華々しく大仰に、ポップに」なってしまった音楽こそがニューウェイヴだった。

「ポストパンク」との違い

ここで重要な点は、のちに詳述する「ポストパンク」との概念上の差異だ。「パンク後」を引き継ぐロックのサブジャンルとして、ポストパンクとニューウェイヴは比較的近い系譜のなかにある。もっと言えば、僕の記憶では、70年代後半の時点では「ポストパンク」という語は、一般的にはほとんど流通していなかったような気がする。最初は基本的に「なんでもニューウェイヴ」だった。そして80年代に入る前後ぐらいに、突如浮上してきた概念が「ポストパンク」だったのではなかったか。

そんなポストパンクとニューウェイヴとの違いの最たる点を述べるならば、前者が「硬」で、後者が「軟」と言おうか。ポストパンクのほうは、パンクの精神性をなんらかの形（反発でも構わない）で「引き継いでいる」ものだと考えていい。「仏作って魂入れず」では、ダメなのだ。しかしニューウェイヴとは、言うなれば「その逆」だった。見た目さえ「仏みたい」だったら、とくに魂は問わない（どうせ見えないんだし）――といったような、ある種の大雑把さ、機能性のみに着目した外見至上主義みたいな特質が、あった。「男が化粧すること」に一切の理由付けを必要としない、といったようなものこそが「ニューウェイヴ魂」だったと言えようか。

もっとも、たとえばエルヴィス・コステロのように、パンク・ロッカーよろしく切れ味いい批判精神や政治意識のもとで「激情」を吐き出すアーティストも少なくなかったのだが、しかしそれは、ニューウェイヴの必要条件ではまったくなかった。アイロニカルに政治的なフランキー・ゴーズ・トゥ・ハリウッドのレコードとフロック・オブ・シーガルズが「同じ棚」に隣り合わせで並んでも、とくになにも問題ないと誰もが思うような概念こそが「ニューウェイヴ」の本質だったから。パンクを知らない、もしくはパンクには一切興味がないアーティストでも、ニューウェイヴになることは容易だった。

「最も最初の」世代のニューウェイヴ・アーティスト

そんな「ニューウェイヴ」という語は、具体的には、1977年という「聖なるパンクの年」の夏ごろには、すでに十分に人口に膾炙《かいしゃ》していた。『イングランズ・ドリーミング』のなかで、ジョン・サヴェージはこう述べている。「8月になってパンクは、ニュー・ウェイヴと呼ばれるようになりビッグ・ビジネスになった」と。

77年のこの当時の、つまり「最も最初の」世代のニューウェイヴ・アーティストというと、まず前述のコステロ（まさにこの8月に、前月発表のデビュー・アルバムがヒットしていた）。そのほか、XTCやスクイーズも「パンク・ロックとは呼べないものの、しかし、近い文脈で『新しい』もの」として、極初期ニューウェイヴの称号を得ていた。

さらには「この線を狙って」成功するバンドも多くいた。かつてボウイやグリッターが「転んで」グラムになったような経緯だ。なかでも特筆すべき成功者となったのが、78年にアルバム・デビューしたザ・ポリスだった。パンクの精神性はとくにないのだが、クレバーにレゲエを導入した「冷たいニューウェイヴ・タッチ」の音楽性は、国際的に大きなヒットの連発へと成就。スティングに生涯セレブリティの座を約束するまでに至った。

77年秋の日本の状況

僕の手元に、興味深い資料がある。77年当時の日本において、パンク・ロックとニューウェイヴが「どのような仕分けで」認識されていたかを示すものだ。あるいは「ニューウェイヴがパンクを駆逐していく」そんな過程の描写ともなっていたかもしれない。これを僕は、発行後ずっとあとになってから手に入れた。

パンクはスウィングしなけりゃ意味がない……
Between "Punk" and "New Wave"
"未来なんかないんだぜ"は放送禁止
Music
パンクはニュー・ウェイヴの核心
今スウィングするロックンロール

『ポパイ』1977年11月25日号より

当時の平凡出版（現マガジンハウス）から発行されていた雑誌『ポパイ』の第19号（１９７７年11月25日号）にて「パンクはスウィングしなけりゃ意味がない……」と題した、見開きページの記事が掲載されていたものが、それだ。副題は「Between "Punk" and "New Wave"」。まさにこの両者の語義について考えるという記事であり、筆者は日本最初のパンク・ジン『ＺＯＯ』（のちに『ＤＯＬＬ』となる）編集長の森脇美貴夫だった。当時の日本のレコード会社各社の担当ディレクターからコメントをとっていた点で、資料的価値が高い。いくつか紹介してみよう。

まずは、ラモーンズやランナウェイズ（原文ではラナウェイズ）をリリースしていたフォノグラムの北沢氏のコメント。パンクとニューウェイヴの違いについて。

「最初はパンクって言っていたのネ。だけどなんかウサンクサイって感じで受け止められたり、マイナーなイメージを持たれたりして（中略）なかなかうまくいかなかったわけよ。パンクの音って単純だからネ、難しかったんだなァ。いまじゃニュー・ウェイヴってことになっちゃったけど、多分ムーヴメントとして定着してきたからだろうね。今後ウチから出すデッド・ボーイズやリチャード・ヘルは、たぶん流れに従ってニュー・ウェイヴってことになるだろうね……」

なんと、そんな、とあなたは驚くだろうか（僕は驚いた）。「ってことになるだろうね」でヘルの『ブランク・ジェネレーション』までもがパンクでなくなった、とは……。

続いて、ザ・ストラングラーズを「ニュー・ウェイヴ」として紹介した、キングレコードの担当者、加藤氏の発言。

「パンクって言葉はある種の風俗的状況だと思うし、ニュー・ウェイヴをもっと大きくした文化的な動きを意味してるのかな……。パンク・ロックって、ふだんの言動や歌詞もストレートだし省略できないとは思うけど……」

と全体的に、拒否反応とまでは言わないものの、パンクという言葉から腰が引けている感じは否めない。こうなった理由のひとつは、この前年の76年にラモーンズなどの「パンク第一陣バンド」の日本盤がいくつか発売されたものの、いまいち売れなかったことが響いていたようだ。さらには、すでに書いたとおり、76年末からのピストルズの大暴れは遠く離れた日本にも伝わっていて、そこですでに、パンクはある種の「流行情報」として消費され尽くしていた——ようにも見えていたのだろう。スキャンダルにまみれた「街の風俗言語」として。そんなところから、同記事の終盤あたりでは、筆者である森脇が「パンクを核心とするニュー・ウェイヴは日本に上陸したばかりでどこへ流れて行くのか？」と疑問を投げかけていた。「パンクはニュー・ウェイヴの核心」という見出しもあった。

つまり77年の秋の時点において「すでにここまで」ニューウェイヴはパンクを包囲していたわけだ。おそらくこの記事の執筆・編集時期は、あのセックス・ピストルズのアルバムがついに世に出る、77年10月28日の前後だったのではないかと想像できるのだが、にもかかわらず、こんな調子だったのだ。また記事中で森脇は、当時ピストルズの日本盤をリリースしていた日本コロムビアの弱腰姿勢を批判している（「ゴッド・セイヴ・ザ・クイーン」の日本盤シングル・ジャケットは、オリジナルのグラフィックは採用されずに「文字だけ」のものとなり、歌詞の記載もなしという扱いだった）。

ともあれ「パンクではなく、ニューウェイヴと言ったほうが売りやすい」と考えるレコード業界人が日本にいた——のだが、じつはここの大枠については、本国イギリスはもちろんアメリカでも、さしたる違いはなかった。クラッシュが孤軍奮闘したものの、アメリカで成功できるＵＫパンク・バンドはこのころほとんどいなかったし、またアメリカで成功できる自国のパンク・バンドすら、もちろんいなかった。しかしたとえば、ブロンディが「ニューウェイヴ化」して、ジョルジオ・モロダーのミュンヘン・ディスコ・サウンドを導入した「ハート・オブ・グラス」（78年、『名曲１００』にランクイン）は、特大のヒット曲となった。

ＭＴＶ開局の影響

だからニューウェイヴが目立てば目立つほど、売れれば売れるほど、とくにイギリスにおいて、パンク・バンドの居場所はなくなっていった、とも言える。流行の座から追われることを意味したのだから。そしてさらに、アメリカでのMTV開局（81年）とほぼ軌を一にしてどんどん本格化していった第二次ブリティッシュ・インヴェイジョンが、米英両国のポップ音楽の産業構造を根底から変えていくことになる。ミュージック・ヴィデオの重視、つまり「TVで流れて売れる」ようなポップ・ソングへの大規模シフト現象が起こる。

こうした世相を反映して、ザ・カーズやベルリンら「アメリカ製の」ニューウェイヴ・バンドも次々に売れた。MVを駆使したマイケル・ジャクソンやマドンナやプリンスの成功とも相まって、ニューウェイヴ組はMTVで百花繚乱の艶姿を競う。そしてやはりというか、「転向」してきたデヴィッド・ボウイが今度は「ニューウェイヴ調ダンス・ポップ」アルバムの『レッツ・ダンス』（83年）を制作し大成功、彼の生涯最大のヒット作となる。

そんな大騒ぎの影響下で、パンクスから忌み嫌われていたプログレッシヴ・ロックの大物たちも続々と「復活」する。イエス、ジェネシス、ピーター・ガブリエル、エイジアらが「シンセサイザーやエフェクターによる派手な効果音が目立つ」ニューウェイヴ通過後のポップ・ソングを連続して発表。もちろん気が利いたMVも制作して、MTVで流しまくって、ヒット・シングルを連発していく。唯我独尊のピンク・フロイドは79年に『ザ・ウォール』を出してしまう。

またパンク勃興期には「オールド・ウェイヴ」とパンクスから侮蔑されていたヘヴィメタルも、あろうことか「ニューウェイヴ」オブ・ブリティッシュ・ヘヴィメタル（NWOBHM）として蘇生。アイアン・メイデンやデフ・レパードなどが登場して大人気となる。ここからの飛び火がアメリカの、俗に言う「ヘア・メタル」（モトリー・クルー、ツイステッド・シスター、ポイズンほか多数。グラム・メタルとも）組をも活性化。その全盛期を80年代に呼び寄せてしまう。そしてこれらの状況、メインストリームの音楽シーンの構造そのものは、90年前後にオルタナティヴ・ロックとヒップホップの連続爆発によって吹き飛ばされるまで、基本的になにひとつ変わらずそのまま爛熟《らんじゅく》を続けていくことになる。

つまり、80年代米英音楽シーンの商業的大隆盛、言うなれば「ブロックバスター化」が轟々《ごうごう》と音を立てて進行していく傍で「ただパンク・ロックだけが」割を食っていた、というわけなのだ。この一大地殻変動を誘発した「最初の一撃」は、まぎれもなくパンク勢が放ったものだったにもかかわらず。たとえばフリートウッド・マックや『ホテル・カリフォルニア』に象徴されるような70年代ロックの王道に、最初に強烈に「噛みついた」のはまぎれもなくパンク・ロックだった。一見磐石だった70年代中盤までの「現代」に深々と切れ目を入れる「ポストモダン」の一撃、これがあったからこそ、ニューウェイヴの発生はあり得たし、その全盛期を下支えしたのもパンク・ロックだった——にもかかわらず。

「お役御免」となったパンクは、70年代末のここで一度、ほぼ死滅してしまうまで追い詰められることになる。少なくともメジャー・シーンでは。

2　パンクの再臨は「ハードコア」から始まった

ハードコア・パンク（のちには「ハードコア」と略して呼ばれることが主流となる）によって、パンク・ロックは死の淵から蘇る。瀕死だったパンクの「復活」は、ハードコア領域から始まっていった。

オックスフォード英語辞典によると、Hardcoreとは「(1) 集団や運動体のなかで、最も活発、献身的、または厳格な構成員」「(2) とても露骨、あるいは過激な種類のポルノグラフィー」という意味とされている。このどちらも、パンクのハードコアとニュアンス的に近い。ハードコア・パンクとは、「できるかぎりの純粋性へと極端に接近していくパンク・ロック」だと言えるからだ。

たとえば、ごく標準的な労働運動や学生運動、社会奉仕活動などが先鋭化していったあげく、官憲から「極左」と呼ばれる状態にまで変転していくことが、ままある。パンク・ロックの「ハードコア化」も、これとよく似ている。つまり極左ならぬ「極パンク」と化していったのが、ハードコア勢だった。

では具体的には、どんなものなのか？　そもそもがスタイルや精神性についての原理主義的体質が強いのが、パンク・ロックというものの特徴だ。そんななかでも、最も「極端なる」パンクがハードコアということになる。だからハードコアとは、硬く、激しく、重く、打たれ強く、打つことはもっとストロングに、ビートは速く、あらゆる楽器もヴォーカルもラウドに、そして音の表皮部分のすべてはひずみきってざらついて、電車道を超高速でまっすぐ突進しては一切の停滞も躊躇《ちゅうちょ》もなく、そして情け容赦なく「すべてをなぎ倒し、叩き壊していく」かのような――そんな音楽だった。加えて、音だけでなく精神性においてもまた「極点」をこそ目指すものだった。

こうしたハードコアの全容を概説するにあたり、まずは「精神面のハードコア」から見てみよう。「アナーコ・パンク」から、話を始めたい。アナーコの元祖中の元祖、草分けにして頂点のバンド——といえば、泣く子も黙る「クラス（Crass）」しかいない。

アナーコ・パンク

アナーコ（Anarcho-）とは「無政府主義的（Anarchistic）」を意味する接頭辞だ。77年に結成されたクラスは、バンドであると同時に「行動する」アナキストの集団でもあった。さらには「生活する集団」でもあった。大きな家に群居して農耕的自給自足生活を送っては、芸術と哲学、文学に耽溺《たんでき》、そして資本主義の否定、フェミニズム、動物の権利保護、環境保護を研究し、旧態依然とした社会に向かって声高《こわだか》に異を唱えていた。主張の方法は「アナキズム」原則にのっとったもので、音楽作品のなかでの表現はもとより、各種の「直接行動」すらあった。ジョニー・ロットンが歌のなかでやった「言葉遊び半分」のやつではなく、「本物のアナキズム」を彼らは実践しようとしていたから。

直接行動のほうでは、グラフィティ、ポスター貼り（あるいは、他者の既存のポスターを「改変」）から、各種デモの企画推進をもおこなった。ロンドンの金融街「シティ」を麻痺させる作戦『ストップ・ザ・シティ』デモにも参加した（そして実際に、シティを止めた）。さらには、フォークランド紛争時に英政府がひた隠しにしていた駆逐艦シェフィールド号撃沈の真相を暴露する目的で、サッチャーとレーガンの会話のニセ音声テープを作って広めた（『サッチャーゲート・テープ』事件として有名。これが英米当局から「ＫＧＢの陰謀」と見なされて騒ぎに）――などなど、その過激な活動履歴は枚挙にいとまがない。

音楽的には、やけに言葉数が多く「具体的な主張」が満載された歌詞が特徴のシンプルなパンク・ロックを基本に、不協和音や無調、乱打されるドラムにテープ・コラージュなどが、ときに加わる。だから一般的な「音楽的快楽」にはほとんど奉仕しないものの、次から次へとアジビラを顔面に投げつけられる、もしくは息つく暇もなくスローガンを耳に捩じ込まれる――といったような特殊な「体験」となるのがクラスのパンク・ロックだった。ドラムスと作詞をおこなうペニー・ランボー（そう、この名前ももちろん、アルチュール・ランボーにちなんだものだ）と、ヴォーカルのスティーヴ・イグノラントが、最初にクラスのコア・メンバーとなった。

クラス（Crass）のアナキズム

１９４３年生まれのランボーは、77年時点で34歳。つまりヒッピー世代であり、57年生まれ（77年に20歳）のイグノラントとの世代差が、世にも稀な化学反応を生んだのか。上層中産階級出身のランボーと、労働者階級のイグノラントの体当たり精神とのカップリングの意外性が、功を奏したのか——ランボーが住む歴史的住宅と地所に、まるでコミューンのように男女が集まっては寝起きを共にし、役割分担しては「アナキスト活動」を繰り広げるクラスは、徐々に社会的影響力を増していく。バンド・メンバーのなかにグラフィック・デザイナーまで含み、スリーヴ・デザインどころかポスターやジン、そのほかフライヤーまで全部自前でデザインして印刷。レコード・レーベルも主宰して後進も育てていく彼らの姿は、未来のパンク・ロック界に絶対的に必要だった「ＤＩＹの精神および実行」の見事なる実証例であり、精髄でもあった。たとえば強烈なグラフィック・イメージを有するクラスのロゴ、十字架とハーケンクロイツとユニオン・ジャックとウロボロスの蛇の合一が図案化された単色のそれは、デザインの秀逸性ゆえに、バンドのファンやシンパ以外の層にも広く流通していった。クラスのロゴが胸元に大きくプリントされたＴシャツを、（おそらくは由来も知らぬままに）デヴィッド・ベッカムが着用している写真は有名だ。

ところでこのクラス（Crass）という言葉は、無知や鈍感、愚かだという意味を持つ形容詞だ。（またしても）熱烈なボウイ・ファンだったイグノラントが、ヒット曲「ジギー・スターダスト」の一節からとった（「The kids were just crass」の下りのところだ）。彼の芸名Ignorantが無知や無学を意味するところと同根の、戦闘的自己卑下とでも言おうか。そんな彼は、そもそもはザ・クラッシュの大ファンでもあった。「自分自身の足で立ち上がる」パンク・ロックの精神をクラッシュから啓蒙され、そして、メジャー・レーベルから「よく出来たレコード」をリリースしていくクラッシュに、幻滅していった。そんなイグノラントがランボーと出会って、クラスが生まれた。

クラスが78年に発表したナンバーに「パンク・イズ・デッド」という曲がある。「パンクは死んだ」と繰り返される。「消費者にとっては、そんなの、よくある安い製品でしかない」と切って捨て、「CBSはザ・クラッシュをプロモートする／革命のためじゃない、ただゲンナマのために」と述べられる。ピストルズのスティーヴ・ジョーンズおよびパティ・スミスも批判される……まさに「オリジナル・パンクの実績」を木っ端微塵に、跡形もなく「否定しまくる」ところから、クラスのアナキズムはスタートしていった。

パンク・ロックの「復活」

そしてこの瞬間に、まさに文字通り、パンク・ロックの「復活」が始まったのだ。

なぜならば「これまでの」パンク・ロックが商業主義に毒されて「死んだ（= Punk ROCK is dead）」としても、別に構いやしない——とクラスが広言したことの意味とは「自らこそが『新にして真なる』パンク・ロッカーなのだ」と名乗りを上げたことにほかならないからだ。つまりクラスによって、パンクの定義が「上書き」されることになったわけだ。生活と思想に裏付けされた、この上なくアナーキーかつ新鮮で「極端な」パンク・ロックが、未来の標準形のひとつとなった瞬間が、ここだった。

また一方で原初的なパンク・ロックの魂を宿す者ども、市井のパンクス——つまりパンク・ロッカーおよびパンク・ファンたち——は、クラスのほかにも、もちろんまだまだ世に多くいた。オリジナル・パンクの聴き手だった若者たちも、いっぱいいた。だからちょっとやそっとのことで、これらの全部が、死に絶えるわけはない。

だから今度は「パンク・ファン＝市井のパンクスは死なない（Punks Not Dead）」と、力強く宣言するナンバーが世にあらわれることになる。ジ・エクスプロイテッドの代表曲「パンクス・ノット・デッド」がそれだ。これは81年発表の同名アルバムに収録。音楽的な意味での「ハードコア・パンク」勃興を決定づける一曲だった。大きなトロージャン・ヘアを高々と掲げたワッティー・バカンが、この上なく派手に雄叫びを上げた。ディスチャージ、G.B.H.らと並び立って、UKハードコア・パンクは、ヒット・チャートではなく「ストリート」にて、規模は小さくとも威力たっぷりなつむじ風を、連続して巻き起こしていくことになる。

地方都市からの革命

これら3者の共通項は「地方都市在住の労働者階級の若者だった」ということだ。ディスチャージはストークオントレントで77年に、G.B.H.はバーミンガムで78年に結成された。「オリジナル」パンクの猛威を目にしてバンドを始めた世代だ。そして、パンクの失速に「怒った」世代だった。ここにスコットランドはエディンバラで79年結成のエクスプロイテッドや、同年にブリストル近郊にて結成されたカオスUKらが続いていった。

セックス・ピストルズらUKオリジナル・パンク組の特徴は、そのほとんどが「ロンドン在住者」だったという点にある。さらには音楽業界やマスコミ関係者がそもそも周囲に多くいた。マクラーレンとウエストウッドの店が、日本で言うなら原宿のような場所にあったことは書いた。そこに出入りしていたピストルズが、なんの実績もない段階で容易にメディアの注目を集め得たのは、早い話が、知人に「業界の人々」が多くいたせいだ。クラッシュも、バンドを取り巻く環境については五十歩百歩だった。つまりロンドンの「オリジナル」パンク・ロックの急速なる興隆とは、所詮はバンドの取り巻きである「業界人のお遊び」から始まって、結果的に「化けた」ものでしかなかった。ゆえにすぐに「次の流行」の話にもなって、パンクという音楽やスタイルそのものは、使い捨てされることにもなった。

しかしそんなとき、聴き手の側はどうしたらいいのか？　ロンドンの業界人から「もうパンクじゃないよね」と言われたならば、髪型を変え、新しい服を用立てて、音楽紙が先導する流行を、またぞろ追っかけなければならないのか？　（ニューウェイヴなどの）新しいゲームに参加しないと、時代から置いていかれて、まずいのか？——ふざけんなよ！

と、こうしたメカニズムそのものに強い憤りを抱いた層が、地方都市にいた。これがハードコア・パンクの主力となった。ロンドンにおける「パンク退潮」が、まるで自分たちへの裏切り行為のように思えたから――だから、それこそかつて「クラッシュが言っていたように」――自分たちの足で立って、始めることにしたのだ。「できるかぎりの純粋性へと極端に接近していくパンク・ロック」を。地方在住の労働者階級の若者たち自身が、無条件で心を託せる「荒っぽくも強靭な」音楽を。

そしてこの情熱が、いろんな場所へと飛び火していく。つまりここでパンクは一過性の「流行の産物」から、「ずっと続いていってても構わないもの」へと、その意味が劇的に変化する。

庶民による、庶民のためのポップ音楽

ちょうどそれは、60年代のモッズ・ブームのときのように。かつてロンドンの「先端のモッズ」が進化して、サイケデリックからヒッピーへと変転していったとき、その流れには「ついていかない」層がいた。とくに地方の、やはり「ハードコア」な連中は、同じ精神およびライフスタイルの場所に留まって、つまりは「分化」していった。この層から第一次スキンヘッド族が生まれ、スキンヘッド・レゲエというサブジャンルの発生につながった。ま

たそこから遠からぬ地点から、イギリス名物「ノーザン・ソウル」のシーンも生じたし、発展型としてレア・グルーヴというＤＪスタイルや選曲哲学も派生して、ひいてはＵＫクラブ文化の礎にもなった――つまり、ときに、いや「しばしば」最新流行についていけなくなった層のなかから、太く長く、市井の人々の日常生活に寄り添った「庶民による、庶民のためのポップ音楽」が発生してくる、ことがある。地方在住の「流行遅れ」の人々が、太く長く続いていく音楽シーンの最初の耕作者となる、ことがある。パンク・ロックは、ハードコア化することによって、このときかなり「永遠の命」に近いものを得た。手渡しで灯されていく、容易なことでは途絶えない、かがり火のような音楽となった。

3　百花繚乱のハードコアが、次々に「変異」する。パンクは筋肉系になる

Ｏｉ！（オイ！）

ハードコア・パンクの音楽面での直接的ルーツとなったのは、まずはＯｉ！（オイ！）だった。シャム69、エンジェリック・アップスターツ、そしてなにより「最初にＯｉ！と呼ばれた」バンド、コックニー・リジェクツ――彼らのナンバー「Oi! Oi! Oi!」などから、このサブジャンル名が生まれた。この曲はもちろん、歌の一番おいしいところで、全員で声を

揃えて「Oi! Oi! Oi!」と力いっぱいに連呼する、というものだった——などがオリジンだ。

ちなみにこの「オイ！」とはアメリカ英語における「ヘイ！」にも近いものなのだが、そもそもはロンドン下町の訛り&言葉遣いであるコックニーにてお馴染みの言い回しで、あまり上品なものではない。たとえばコックニー大将であるイアン・デューリーは、ステージ上でよく「オイ、オイ！」と連発して挨拶に代えていたが、それを見た僕がいつも想起したのは、日本の歌手・ギタリストである「バタヤン」こと田端義夫の「オッス！」だった。つまりとてつもなく「庶民的な」呼称を掲げたパンク・ロックがＯｉ！だった、ということだ。

楽曲面では、メロディの情緒性に特徴があった。歌手と観客がいっしょになって歌える「シンガロング性」がとても高い曲が多い。要するにこれは、サッカー・スタジアムにおける「アンセム」合唱の感覚の転写であって、90年代に全英でとてつもない成功をおさめるバンド、オアシスの一大特徴とも通じるものだ。

ここに「サウンドのハードネス」を乗っけたものが、ハードコアの基礎となった。サウンド面では、元祖「ハード・パンク」と呼ばれたスティッフ・リトル・フィンガーズの存在が大きい。70年代当時、ときにほぼ戦場にも等しかった北アイルランドはベルファスト出身。79年にアルバム・デビューした彼らは、独立派と英国残留派のあいだにおける紛争「ザ・トラブルズ」を歌い込んだナンバーの数々を発表し、耳目を集めた。そして主題に負けじと鳴り響く、硬く分厚く剛性の高いギター・サウンドが、ハードコアのアイデア元となった。U.K.サブスなども、ときにオリジンとして名が挙げられる。

さらに「速さ」も必要だった。世界中に広がっていくハードコア・パンクは、楽曲のテンポも上がっていった。ラモーンズ・スタイルが先駆けとなったパンク・ロックには「速さとは善である」という根本思想もあったからだ。ゆえに、どんどん「硬く」なると同時に、スピードもぐんぐん増していった。この先導者となったのは、オリジナル・パンク組のザ・ダムドだったと言われている。デビューの時点でも速かったのだが、79年発表の第3作『マシンガン・エチケット』は、タイトル曲の「すさまじく前進していく感じ」などがハードコアのビートのお手本とされた。どんどん速度を増していくハードコアは、ほどなくして8ビートではなく2ビートの世界へと突入していく。激速の「ブラストビート」も誕生する。

そしてこのハードコア勢は、個人経営も多く含む小規模のインディー・レーベルを中心に活動していく。つまりは「ＤＩＹ」精神であり、ピストルズやクラッシュたちオリジナル世代の多くが、高額の契約金を得てメジャー・レーベル（や、メジャーに準じるレーベル）からデビューしたのとは対照的に、最初から「草の根」で、独立独歩で、これら新しいパンクスは歩き始めていった。あたかも米60年代の「ガレージ・バンド」のアップデート版であるかのように。ニューウェイヴで浮かれ騒ぐ広い世間を尻目に。

ナパーム・デス

では、この「ハードコア」は、どのような派生種や発展型を生んでいったのか？　まずイギリスで特筆すべきは、なんと言ってもナパーム・デスだ。81年にバーミンガムで結成された彼らは、ブラストビートの威力を世に知らしめた。ブラック・サバスなどのヘヴィメタルの影響が大きいハードコア・パンクの筆頭である、「硬く・激しく・速く」突っ走るスタイル「グラインドコア」の雄となって、巨大な影響力を発揮した。意味論的にはちょうど、メタリカやスレイヤーといった「スラッシュ・メタル」勢、つまりヘヴィメタル側でハードコア・パンクの影響を昇華したバンド群の一種のカウンターパート、だったのかもしれない。ナパーム・デスの周辺には、カテドラル、カーカスらが誕生した。またグラインドコアの始祖のひとつと呼ばれる、イプスウィッチから登場したエクストリーム・ノイズ・テラーは

「クラスト・パンク」の嚆矢とされる。ドゥームなどとともに、ここから「クラストコア」も生まれていく。彼らはより重く速く、ささくれ割れた音が噴き上げる混沌の渦のなかに立った。クラスト（Crust）とは「かさぶた」を意味し、音の「表面感」および、演奏者のすさんだ外見を指していた。「ディスチャージを父に、クラスを母に」ルーツとして持つジャンルがこれだと見なされている。

アメリカン・ハードコア

アメリカにも、もちろんハードコアは派生した。それどころか、その後のアメリカン・パンクの基本型のひとつにまでなった。78年結成のデッド・ケネディーズ（もちろん「死んだケネディー一家」という意味だ）や、76年に結成、81年にヘンリー・ロリンズが加入したブラック・フラッグ（もちろん、アナキストの象徴である「黒旗」を指している）などの影響が大きい。前者はサンフランシスコ、後者はロサンゼルス郡のハモサ・ビーチを基盤としていた。こうしたカリフォルニア・ハードコアは、当時勃興期にあったスケートボード・シーンとも重なり合っていく。サンタアナのザ・ミドル・クラス、フラートンのジ・アドレッセンツ、そしてブラック・フラッグの初代ヴォーカリストだったキース・モリスのサークル・ジャークスらが活躍した。そしてハードコアとヘヴィメタルの両方を「スラッシュ

（Thrash＝激しく叩く）」のタッチで交差させ、きわめて高速にてぶっ放したスーサイダル・テンデンシーズ（＝自殺願望）は、スケートボードからギャング界隈までをも網羅する「クロスオーヴァー・スラッシュ」と呼ばれるストリート横断的な花形スタイルを80年代中盤に確立した。

そして一躍「アメリカン・ハードコアの首都」となったのがワシントンDCだ。「メンバー全員が黒人のロック・バンド」としても当時注目された、バッド・ブレインズがいた。名前の由来はラモーンズのナンバー「バッド・ブレイン」（78年）から。とにかくライヴが激しく、客が店を破壊してしまうので、DCじゅうのクラブを「出禁」にされた彼らは80年にニューヨークに転居。このころからレゲエやヘヴィメタルの影響もより顕在化、のちにいわゆるファンク・メタルやラップ・ロック（日本で言うところの「ミクスチャー・ロック」）の先駆けともなっていく。彼らから影響を受けた者は数多く、ヘンリー・ロリンズもそのひとりだし、レッド・ホット・チリ・ペッパーズやニルヴァーナ、そして若きビースティ・ボーイズの3人がまず最初にハードコア・バンドを始めてしまったのも、バッド・ブレインズのせいだった。

さらに、バッド・ブレインズの影響下にあるハードコア界の大物というと、イアン・マッケイを外すことはできない。マイナー・スレットとフガジという、どちらも伝説級のハードコア・バンドを率いた彼は、ハードコア／インディー・ロック界に名を轟かせるインディー・レーベル「ディスコード」を主宰する、DCシーンの顔役でもあった。そんなマッケイは、巷間「ストレート・エッジ」の元祖とも言われている。

ストレート・エッジ

ストレート・エッジとは、ある種「精神のハードコア」の極北に位置する「禁欲パンク」のライフスタイルを指す。酒、煙草、ドラッグをやらず、ときにはセックスすら禁止する（愛のない性行為は禁止とか）。そんな、まるでオーウェル『１９８４』の「青年反セックス同盟」みたいな姿勢すら見せるのだ。さらには中世キリスト教の苦行者のように「痛み」を求め、かつそれを克服することを目指す派閥もあって、集団で全員が全員と殴り合うこともある。もちろん菜食主義が基本で、ヴィーガンも少なくない。つまり、クラスが抱えていた潔癖症的性質を、ピューリタンの国らしく「究極まで」推し進めてしまった連中がストレート・エッジなのだ。ニューヨーク州はシラキュースのアース・クライシスがヴィーガン系ストレート・エッジの代表格だが、もちろん「いま、そこにある危機」に対応しているため、音のほうは「硬く重く激しく」とにかく容赦ない。

しかしストレート・エッジ界隈で凄絶だったのはボストン・シーンだ。ＳＳＤ、ＤＹＳ、ネガティヴＦＸら「ボストン・クルー」の周辺が過激化して「まるで激しいスポーツのように」ライヴで暴れては、酒や煙草やドラッグや性欲といった煩悩の昇華を目指した、という。筋肉とパワーと汗の世界だ。ここから、いわゆる「モッシュ＆ダイヴ」の様式が確立した、と言われている。ライヴ中に観客が相互に全身をぶつけ合うのが「モッシュ」。さらには観客がステージに駆け上がり、そこから聴衆の頭上めがけて飛び込むのが「ダイヴ」――今日、ハードコア界隈を超えて、「荒っぽい」ライヴの定番となっているこうした行為は、ボストンのこのストレート・エッジ周辺にて鍛え上げられた。

ここにおいて、ロンドンのオリジナル・パンク伝来だったポゴ・ダンス（両手は下げ、全身を伸ばして垂直にその場で高く飛び上がり続ける。シド・ヴィシャスは自分が元祖だと主張していた）は、完全に過去のものとなった。また、観客が唾をステージに向けて飛ばすゴビング（ジョニー・ロットンが痰を客席に飛ばした仕返しから始まった、とされている）なんて、もしやったら大変なことになる世界へと、完全に変質してしまう。ボディビルダーもかくやというヘンリー・ロリンズのみならず、アメリカのパンク／ハードコア界のバンドマンには体格がいい男性が少なくない。だからその点でも、ロンドンとも、初期ニューヨーク・パンクの青白い文学臭（もしくはラモーンズらのちんぴら臭）ともまったく異なる、明らかに体育会系的な「発散型の男のロック」へと、ハードコアは変異していった。だいたいが痩せた、少年のような身体つきが主流だった初期パンク勢が、このころのハードコアのライヴ会場にもし間違って入場してしまったならば、簡単に押し倒され、踏み潰されてしまったかもしれない。

スポーツ・パンク

これは僕の造語なのだが「スポーツ・パンク」と呼びたくなる系譜がある。ハードコアの一部から、スケートボード系を経て、たとえば90年代に大ヒットを飛ばしたポップ・パンクのオフスプリング、ブリンク１８２あたりが、そのイメージに最も近い。「政治的」な歌だろうが、お楽しみメインのパーティー・ソングであろうが、とにもかくにも、すべての音楽的な基礎に前述の「体育会的な発散」を最初に敷き詰めてあるようなパンク・ロック、とでも言おうか。鬱屈した精神の果てない沈降や、静かなる省察や、苦みや痛みに満ちた自戒や自虐——といったものの表出が、どう考えても、どこをどう切っても、「ニューヨークやロンドンのオリジナル勢とは違う」そんな流儀のパンク・ロックだ。

たとえばジョニー・ロットンのごとき、永遠に解けないような「呪詛」を心中に抱えていたとしても、それが外に出てくる場合には、カラッと乾いた怒りとなることが多い。しかも「馬力が中心」のスタイルで語られていくのだ。ゆえにグリーン・デイですら、僕の見立てではほとんどここに入る。マイティ・マイティ・ボストーンズらのスカ・パンク系統、ドロップキック・マーフィーズらの「アメリカにおける」アイリッシュ・パンク系統も、ここに入れてもいいかもしれない。内省よりも瞬発力を、弾圧に耐え続ける不屈の精神力よりも「攻撃をはね返せる筋肉」を重視するアメリカン・ハードコアを通過することによって、パンク・ロックは、まさにスケートボードやスニーカーや、炭酸水で割ったアイリッシュ・ウイスキーのごとく変質、現代生活のいたるところで、容易に「利用」できるものとして、世界中のオーヴァーグラウンドで認知されていったのが、90年代中盤以降だったのかもしれない。

4　群雄割拠するポストパンク水滸伝の大河から「永遠に新しいアイデア」が生まれた

パンク・ロックという「ビッグ・バン」から生じたさまざまな星系のなかで、じつは、最も豊かな遺産を継承していった系譜が、この「ポストパンク」だった。文字通り「パンク後の前進的ロック音楽」の見取り図の大半が、ポストパンクのなかにあった。なぜならば「抑圧からの解放者」としてのパンクの遺伝子を、最もストレートに継承していたとも言えたからだ。ポストパンクとは「可能性の宝庫」だった。

とはいえ、本章のニューウェイヴの項（「1　産業化したニューウェイヴが、パンクを消し去った」）で記したとおり、ポストパンクなるサブジャンル名というか「概念」は、70年代当時は、さして人の口にのぼっていたわけではない。また（ニューウェイヴとは違って）大して売れたわけでもない。ときどき小中規模のヒットが出るぐらいで、ポストパンクの大半はアメリカはもちろん、イギリスでもろくに売れもしなかった――のだが、しかしそれは、とくに問題ではなかった。

なぜならば「商業的成功は、あまり考えてはいない」といった態度で制作に挑むアーティストが、比較的多数だったからだ。つまり「芸術主義的」だったということだ。例によって個人経営も多い「小規模な」インディー・レーベルを活動の場とするアーティストが大半だったのだが、経済的にはかつかつながらも「カネのためではない」表現に身体を張る者が主力だった。だからポストパンクは、静かに、しかし熱く、ただただ「影響」のみを他者に与え続けていった。70年代と80年代においては、水平的な「横」の方向に。インディー活動をする同時代のバンドマンたちのあいだに、薄く広く、そして、遠くにまで――あたかもコンクリート製の堅牢な壁に、蜘蛛《くも》の巣状のひび割れを走らせていくかのように。しかも「何種類もの」さまざまな形状や深さの亀裂を、幾重にも。

そしてポストパンクには、「これ」とひとことで言えるような、なにか明確な音楽スタイルがあるわけではなかった。そこが初期パンク・ロックとは大いに違う点だ。つまりそのスタイルは「きわめて多様」だった。「パンクの精神性を引き継ぎながら」ありとあらゆる音楽との接続を繰り返していった結果こそが、ポストパンクの出発点だったからだ。一方で歌詞そのほかには、パンク的な政治性の高さが直接的に目立つものも多かった。また同時に、パーソナルな観点を重要視したもの、個人的な立場から「人間の内面」へと思考を伸ばしていく作品も目立った。さらにそこから「もう考えるのは止めた！」として踊り（ダンス音楽）方面へと歩を進めていく者も、少なくはなかった。

といったポストパンクのありよう、固有の精神性について、アメリカの音楽評論家グリール・マーカスは、こんなふうに評している。

「パンクが『なんていやな世の中だ』と言っているのだとしたら、ポストパンクは『どうしていやな世の中なのだろう？』と問うている」

だから言うなれば、ポストパンクの隆盛とは、とむらい合戦だったのかもしれない。あまりにもあからさまな「負け戦」にてすぐに幕を閉じた、ロンドンのオリジナル・パンク・ロッカーたちへの、とむらいだ。しかしこっちの戦況もまた「きわめて」分が悪いものだったのだが。

長く地道な戦い

イギリスでは、サッチャーが首相の座に就いた79年以降も、不況は一向におさまらなかった。それどころか、ひどく悪化した。サッチャー政権の最初の2年間で失業率は75年当時の2倍になり、81年から87年の7年間は10％を超える高い失業率が続き、87年には失業者数が300万人を超えるに至った。だがこれはサッチャーが狙ったものでもあった。彼女は組合活動などが盛んだったイギリスの労働者階級の伝統的な結束を切り崩し、社会全体を新自由主義的な産業構造へと転化させていくための、一種のショック療法をおこなっていた。切り崩されるほうは、たまったものではなかったのだが。

というわけで、アナーコ部隊はもちろん、生き残りパンクス組も、新世代（ハードコア勢）も、そしてポストパンク勢ももちろん、イギリスにおいて「まず最初に倒すべき主敵」は、サッチャー率いる保守党政権だった。これが同国の80年代における広義のパンク系の基本姿勢で――そして、結果を先に言うならば――サッチャーは「倒れなかった」。90年に至るまでの長期政権を維持したあと、同じ保守党のジョン・メージャーに禅譲。彼が97年に労働党の（というか「ニュー・レイバー」の）トニー・ブレアに完敗して保守党が下野するまで、イギリスの先鋭的音楽シーンは「政治的負け戦」を続けていくことになる。

だからこの「とむらい合戦」は、リヴェンジ・マッチは、短期決戦とはならなかった。長く地道な戦いが、オリジナル・パンク終焉直後から繰り広げられていくことになる。あたかもジャングルに潜むゲリラ兵のように。小部隊のそれぞれが、ゆるやかに連携しながら、永続的な運動としての「抵抗」を決して止めずに、戦闘をずっと継続していくかのような――そんな光景こそが、ポストパンクの真実だったのかもしれない。

パブリック・イメージ・リミテッド（P・i・L）

そんな多種多彩なるポストパンクの全容を、水源のあたりから個別に見ていこう。米英のうち、ことポストパンクにおいては、イギリスがかなり前のめりに引っ張っていった。だからイギリスから、まずは代名詞。「ひとつのスタイルはない」なんて言いながらも、しかし、聴いた誰もが「これぞポストパンクだ！」と認識する（あるいは、蒙《もう》を啓《ひら》かれる）アーティストは、もちろんいる。その筆頭として、パブリック・イメージ・リミテッド（PiL）の名を最初に挙げないわけにはいかない。セックス・ピストルズ脱退直後のジョン・ライドンが、78年に結成した。

ＰｉＬはレゲエの一形態であるダブを盛大に「導入」した。そしてジョン・ライドンが愛するジャーマン・ロックやアヴァン・ポップと自在にミックスしては「切り裂いて」いった。つまり天空から堕ちてくるキース・レヴィンのエフェクト・ギターと、ジャー・ウォブルの地鳴りのごときベースが「反響し合う」空間に、ゆがみにゆがみきったライドンの鋭利なヴォーカルが亀裂を加えていく――わけだ。このありさま、音楽的飛距離の長大さは、ピストルズ時代の比ではなかった。また音楽だけではなく、バンド名やロゴはもちろん、曲名や歌詞、アルバムのスリーヴ・デザインに至るまでのすべてが綿密に設計された現代アートのようであり、まさに「教養」ライドンの面目躍如。水を得た魚状態となった彼が溜め込んでいたパワーを全開。搾取者（マクラーレン）から離れたがゆえの、のびのびとした「前衛的なポップ」が四方八方へと炸裂する名盤を、ここから連発していく。

フリー・ジャズの影響――ザ・ポップ・グループ

ザ・ポップ・グループも、ポストパンクの代名詞だろう。ＰｉＬ同様、これ見よがしにアイロニカルなバンド名を掲げた彼らは、イングランド南西部の港湾都市ブリストルにて77年に結成。ファンクとダブ、神経質に痙攣するギターと不安げな人間の叫びが渾然一体となった「前衛」ポップを野太く放出した。ときに差し込まれる不協和音はフリー・ジャズの影響だ。サウス・ロンドンのレゲエ・バンド、マトゥンビのリーダーである才人、デニス・ボーヴェルがプロデュースした彼らのデビュー・アルバム『Y』(79年)は、カヴァーにフィーチャーされた写真ともども、「パンク慣れ」していたはずの世間に小さくはない衝撃を与えた。戦場写真家としても著名なドン・マッカラン撮影によるその写真は、全身に灰色の泥を塗ったくり、同じく泥の仮面を着けて、手に手にプリミティヴな武器を持ったパプアニューギニアのアサーロ族「マッドマン」たちの集会を撮影した古い写真だった。その上に、真紅の筆字でただひと文字「Y」と殴り書きされていた。

ニューウェイヴ勢もよくジャズに手を出していたのだが、そっちはモダン・ジャズから40年代や20年代あたりのものを中心に、ポピュラー・ソングとしてのジャズ(ヴォーカルものも含む)が、どうやら興味の主軸だった。しかしポストパンクのほうは、とにかくフリー・ジャズやアヴァン・ジャズに接近した。アブストラクトでフリーキーなインプロヴィゼーションを、変則ビートを、ファンクやダブの枠組みに混入させることに腐心した。81年に分裂したポップ・グループのメンバーが散っていった先のバンドも、この課題にそれぞれが取り組んだ。ピッグバッグ、マキシマム・ジョイ、ヘッド、そしてリップ・リグ&パニックといったバンド群だ。リップ・リグ&パニックには、米フリー・ジャズ・トランペッターのドン・チェリーの養女、ネナ・チェリーがシンガーとして参加していた。

ポップ・グループのヴォーカリストだったマーク・スチュワートは、バンド解散後は、レコード・プロデューサーのエイドリアン・シャーウッドが設立したインディー・レーベル「On-Uサウンド」から作品をリリースしていく。ポストパンクとダブのあいだに架け橋をかけるようなリリースをおこなっていた同レーベルは、90年代にブリストルを拠点とした「トリップ・ホップ」一派、マッシヴ・アタックやポーティスヘッドらへと松明《たいまつ》をつないでいく。レゲエを媒介にした、イギリスならではの「永続的な」ポストパンク路線がこれだった。こうした土台の上に花開いたUK発のダンス音楽は数多く、とくにゼロ年代以降の、同国のラップ・ソングの興隆期を決定づけた「グライム」にまで因子はつながっていく。

ギター・サウンドが特徴的なグループたち

一見もっと「パンク・ロック寄り」のサウンドのバンドも見てみよう。ギター主体の音作りで、8ビートが基本のスタイルでありながら「しかしポストパンクを感じさせる」そんなバンドだ。代表選手は、ワイヤーを措いてほかにない。77年12月発売のデビュー作『ピンク・フラッグ』が早くも「ポストパンク」呼ばわりされていたことは、すでに書いた。ここから翌78年の『チェアーズ・ミッシング』、79年の『154』へと続いていくあいだの「音の変遷」は、ギター・オリエンテッドなポストパンクのロック・スタイルが固有のアイデンティティを確立していく過程だと見ていい。このワイヤーのスタイルを「硬」とするならば、元バズコックスのハワード・ディヴォートが結成したマガジンの、ニューウェイヴにも通じるポップなアレンジは「軟」のスタイルの基礎だった。この双方のアイデアが、のちの世代に与えた影響は大きい。たとえばアメリカはオレゴン州ポートランド出身のワイパーズ（80年にアルバム・デビュー）を経由して、ニルヴァーナにまで、これら「アイデア」の波動の一部は伝達されていった。

しかし最も「硬」といえば、最も情け容赦ない「斬」のポストパンク・ギター・サウンドといえば——リーズ出身のギャング・オブ・フォーを置いて、ほかにない。ドクター・フィールグッドのウィルコ・ジョンソンから影響を受けたとされる、アンディ・ギルの「ソリッド」きわまりない鋭角的ギター・カッティングに、聴き手は戦慄した。エレクトリック・ギターの弦とは「鉄線」であること。それを遮二無二掻きむしること。その音を電気的に「増幅」すること——これらすべてに潜む、根源的な暴力性をあからさまに前景化したかのような、特異にして切れ味抜群のギター・サウンドこそが「ギル印」だった。しかも「こんなギター」を掲げつつ、リズムは「ファンク志向」なのだから、インパクトは絶大。79年発表のデビュー・アルバム『エンターテイメント！』にて、彼らの雷鳴はポストパンク・シーンに轟きわたった。ちなみにこのバンド名は、中国の文革期に悪名を馳せた、江青《こうせい》ら「四人組」の英語名から来ている。だからもちろん、彼らの姿勢は明確に「政治的」だった。

ファクトリー・レコーズ

ポストパンクにおいて「ファンク」は大きかった。70年代初頭のアメリカで大きく発展したファンクとは、60年代中盤のジェームス・ブラウン（ファンキー大統領）の発明などを源流とする、激しくも熱い、そして「短いフレーズの反復が多い」新形式のダンサブルなソウル音楽だった。オリジナル・パンク世代では『ロンドン・コーリング』（79年）以降のクラッシュも積極的にファンクを取り入れていたし、もちろんイアン・デューリーの諸作も愛されていたのだが、ポストパンク界隈では、ア・サーテン・レイシオの「冷たいファンク」が決定的だった。バズコックスを生んだ、そしてポストパンクの重鎮ザ・フォールを育んだ、イングランド北部の街マンチェスターに所在するインディー・レーベル「ファクトリー」から、79年に彼らはシングル・デビューした。そしてこのファクトリーからは、個性的な「ポストパンク」バンドの作品が続々リリースされたのだが、79年に『アンノウン・プレジャーズ』でアルバム・デビューしたジョイ・ディヴィジョンが最も巨大な「伝説」となった。

　ジョイ・ディヴィジョンが結成されたのは76年。ギターのバーナード・サムナーとベースのピーター・フックが、例のセックス・ピストルズの「40人ぐらいしか入らなかった」マンチェスター公演を観たあとで、やむにやまれぬ衝動に突き動かされて、母体が生まれた。当初名乗っていたバンド名「ワルシャワ」はデヴィッド・ボウイのベルリン時代の曲名から。そしてジョイ・ディヴィジョンとは、第二次大戦中にナチスが強制収容所のなかに設けた売春施設の名だった。そこではユダヤ人女性がナチ兵を「慰安」させられていた――という史実からの命名だ。ゆえに当然のように、彼らの音楽は、底なしの暗い井戸の下へ下へと沈降していくかのごとくダークで、救いようもなく、人間世界にあるべき愛や希望やあたたかさから、あらかじめ「遠く引き離されて」いるものだった。震えながら両膝を抱えている「裸の魂」のみが感知できるだろう、きわめて微弱な「痛み」の電波のみを拾っては増幅したかのような――この特殊な暗黒ポップが、後述する「ゴス」サブカルチャーの嚆矢のひとつともなった。

　そして1980年5月18日、カリスマ的ヴォーカリストにして作詞者でもあったイアン・

カーティスの自殺（享年23）によって、ジョイ・ディヴィジョンは終焉する。初めてのアメリカ・ツアーに出発する前日の事件だった。残りのメンバーはバンド名をニュー・オーダーとあらため、エレクトロニック・ポップ路線へと傾斜しながらコンスタントな活動を続けていく。そして90年にはサッカー・ワールドカップのイングランド代表オフィシャル・ソング「ワールド・イン・モーション」を手掛けるまでの、国民的バンドへと成長していく。

ファクトリー・レコードからは87年にハッピー・マンデーズがアルバム・デビューする。いわゆるマッドチェスター（マンチェスターと「ＭＡＤ」を掛けた造語）・ブームの始まりだ。アシッド・ハウスとバンド・サウンドがミックスされた「インディー・ダンス・クロスオーヴァー」ムーヴメントの開幕でもあった。同地を震源地に、ポストパンクからクラブ音楽までが直接接続された大騒ぎが、90年前後のイギリスを覆うことになる。

ラフ・トレード・レコーズ

ファクトリー以外にも、個性的なインディー・レーベルは多くあった。「ポストパンクの時代」とは、一面「ポスト」メジャー・レーベルの時代でもあったからだ。小回りが利いて、先見の明がある――か、バンドと同じぐらい向こう見ずな「同志たち」が集った、あたかも梁山泊のような——スモール・レーベルが多く活躍した。聴き手はしばしば、バンド名に見覚えがなくとも「このレーベルが出したのなら」との信頼感のもとに、レコードを購入した。

たとえばそんな名レーベルには、まずラフ・トレードがあった。レコード・ストアが母体となった同レーベルは、マンチェスター出身のザ・スミスをリリースしたことで名高い。文芸調のレトリックを駆使しつつバリトンで朗々と歌うモリッシーと、ザ・バーズ由来の「ジャングリー」ギターにてグルーヴを叩き出すギタリスト、ジョニー・マーを二枚看板としたスミスは、インディー・チャートのみならず、全英チャートを制するほどの支持を得た。サッチャー政権に、女王を擁する君主制に叛旗をひるがえすような姿勢は明確ながらも、たとえばピストルズのように「怒る」のではなく、社会的に追い詰められた立場にいる個人の心情に内在しては独白を代弁するかのような、巧みなポジショニングを得意とした。

つまりはイギリス伝来の「キッチンシンク・リアリズム（Kitchen sink realism）」のポップ音楽版だった。日本語にすると「台所の流しリアリズム」となるこれは、50年代後半から60年代前半のイギリスで隆盛を見た、社会主義リアリズムに立脚した演劇や映画、小説などにまたがる文化運動だった。困難のなかにある労働者階級の貧者、異端者などをストーリーの主軸に据えたもので、いわゆる「怒れる若者」像はここから生まれた。だからその精髄、つまりアラン・シリトーの小説諸作や、ジョン・オズボーンの戯曲『怒りをこめて振り返れ』などからつらなる流れのなかに、正しくモリッシーの歌詞も位置していた。その上で（これは彼らにのみ許された特権的な立場として）断崖絶壁の端っこで「今夜だけ、いまだけは」と、自己憐憫と自己嫌悪の狭間で耽美《たんび》に酔いながら舞い踊るような音楽的特性によって、さらなる妙味が生まれた。ニューヨーク・ドールズを、パティ・スミスを、オスカー・ワイルドを愛するモリッシーの文学性および美学が、スミスの独自性を際立たせたのだ。彼らは80年代半ばのイギリスにおける、時代精神の一断面を象徴するバンドとなった。このラフ・トレードからは、モノクローム・セットもデビューして、のちにチェリー・レッドに移籍した。

チェリー・レッド・レコーズ

そのチェリー・レッド・レコーズも愛された。エヴリシング・バット・ザ・ガールの、というよりも、トレイシー・ソーンとベン・ワットの諸作をリリースしたことでまず名高い。とくに両者のデビュー・アルバム（ソーンは82年、ワットは83年）はインディー・シーンに衝撃を与えた。両作ともに、訥々とした弾き語り基調の曲が並ぶのだが、まるで大戦争後の爆心地で、あるいは大暴風雨を避けるシェルターのなかで歌われているボサノヴァのごとき「異形の」アコースティック・ポップだったからだ。「これぞポストパンク」と聴き手をうならせる、破滅的なまでの「殺菌力」が、2人のナンバーには充満していた。もっと「甘い」路線を開拓したバンド、フェルトもチェリー・レッドからデビューして一定の人気を得た。レーベルのショウケース的コンピレーション・アルバム『ピロウズ・アンド・プレイヤーズ』(82年)も愛された。

ポストカード・レコーズ

同様にアコースティック・ポップでブレイクしたスコットランドのアズテック・カメラは、さらに明るく、アイドル志向ではあった(ゆえに、ニューウェイヴ区分で語られることのほうが多い)。スパニッシュ・ギターを効果的に組み入れた爽快ポップ・ソングは、幅広い人気を得たのだが、彼らのシングルを最初にリリースしたのは、同じスコットランドはグラスゴーのインディー・レーベル「ポストカード」だった。同レーベルの共同創設者であるエドウィン・コリンズ率いるバンド、オレンジ・ジュースもここからレコード・デビューした。あたかもラモーンズのごとく、「自らが可能な」方法論のみでソウル音楽を追求した彼らは、メジャー・デビュー後のシングルである「リップ・イット・アップ」(83年)が、全英8位にまで上昇するヒットとなる。同曲は日本のローランド製電子楽器「TB-303」をベースラインに使用していたことでも歴史に名を残した。のちに、おもにクラブ音楽やR&B界隈で盛んにフィーチャーされることになる同機なのだが、チャート入りするほどのヒット曲に使われた、ごく初期の例がこれだったからだ。フランツ・カフカ『審判』の主人公の名前を掲げたバンド、ジョセフKもただ1枚だけのアルバムをポストカードに残した。

クリエイション・レコーズ

クリエイション・レコーズが誕生したのも、このころだ。83年、スコットランドはグラスゴー出身のアラン・マッギーらが設立した。セックス・ピストルズやPiLのファンだったマッギーは、のちにレーベルをソニーに売却し、93年にはオアシスを発掘して大成功をおさめる。しかしそこに至るまでのリリース、プライマル・スクリームやマイ・ブラッディ・ヴァレンタインの諸作などがロック・ファンから高い評価を受け、文字どおり90年代以降の「インディー・ロック」各種の雛形となるほどまでにも愛された。つまりポストパンクから、シューゲイザー、マッドチェスターを経て、ブリット・ポップの狂騒に至るまでの波をすべてひっかぶったレーベルがクリエイションであり、その栄枯盛衰は映画にもなった。

2トーン・レコーズ

時期が前後するが、ポストパンクの時代、個性的ということならば、2トーン・レコーズほど個性的なレーベルはなかった。79年、イングランド中部の街コヴェントリー――かつては自動車製造業などで栄えた工業都市だった――にてスタートした同レーベルは「スカ・リヴァイヴァル」一大ブームの震源地となった。ジャマイカ発のレゲエ音楽の、最も原初的な形態のひとつとして60年代前半に隆盛をきわめたのがスカだった。このスカを、パンク・ロック精神で「焼き直し」たのがザ・スペシャルズで、キーボーディストのジェリー・ダマーズがレーベルの創始者となった。白人と黒人のメンバーが同格で並ぶスペシャルズの姿勢の反映として、白と黒の「2トーン」をレーベル名として掲げた。精神性のシンボルとした白黒のチェッカー柄（日本で言う市松模様）も、レコード・スリーヴなどのグラフィック・デザインに多用されて、こっちも流行した。スペシャルズのほかには、ザ・セレクター、ザ・ビートがいた。そして、のちにはイギリスの国民的なバンドとして愛唱歌の数々を世に送り出すマッドネスも、この2トーンからシングル・デビューした。このあと地球上に存在するすべてのスカ・パンク・バンドは、もちろん今日に至ってもなお、2トーンからリリースされた名曲の数々に「ほとんど、かならず」なんらかの影響を受けていると言っていい。

5　過去から未来へ、ポストパンクが「バトン」をつないだ

「ネオ」ゴシック（Gothic）

2トーンによって引き起こされたスカ・リヴァイヴァル・ブームの「2トーン以外のバンド」は、ときに日本で「ネオ・スカ」と呼ばれることがある。どうやら日本人は、「Neo」という接頭語がとても好きな様子なのだ。だからポール・ウェラー率いるザ・ジャムが牽引したモッド・リヴァイヴァルは、日本では「ネオ・モッズ」と総称された。そしてじつのところ、ニューウェイヴ／ポストパンクの時代というのは、日本人がことのほか「ネオ」を付与したくなる動きが多かったことも事実だ。

たとえば、ネオ・ロカビリー（英語ではRockabilly Revival。ストレイ・キャッツ、ロバート・ゴードンなど）、ネオ・サイケ（これは英語でもNeo-Psychedeliaとして認識されている。エコー&ザ・バニーメン、ザ・ドリーム・シンジケートなど）といったような「ネオ」系のいろいろが、80年代を通じて各種拡大していった。

そして、言うなればこれも「ネオ」ゴシック（Gothic）だった（誰もそうは呼ばなかったが）。でも本当は「ネオ・ネオ・ゴシック」だったのかもしれない。21世紀の今日にまで連綿と続く「黒い伏流水」ゴス（Goth）・サブカルチャーの出発点となったのも、ポストパンクの時代だった。ゴシック・ロック・バンドたちの活躍が口火を切った。

「二重サンプリング」

ゴシックの略称である「ゴス」文化が80年代に花開いたのは、歴史上時折起こる「二重サンプリング」の結果だった。ゴス・バンドたちは、18世紀後半から19世紀にかけておもにイギリスで、次にアメリカでも流行した「ゴシック」小説に大きな影響を受けていたのだが、しかしこれらの小説も、そもそもは「ネタありき」のリヴァイヴァルものと見なせた。つまり12世紀から15世紀の「ゴート人風の」文化とされた「オリジナル」のゴシック建築や美術の「こわい」ようなタッチをサンプリングしたものが、18世紀のゴシック・リヴァイヴァルだったからだ。たとえばそれは復古調の建築様式であり、ホレス・ウォルポールの小説『オトラント城奇譚』だった。そしてこれに（まるでパンク・ブームのように）続いていく一連のゴシック小説群、メアリー・シェリー『フランケンシュタイン』やブラム・ストーカー『ドラキュラ』、海を渡ったアメリカからエドガー・アラン・ポー各種、ナサニエル・ホーソーンの『緋文字』……などなどが、つまり第一次の「ネオ」ゴシック・ブームから生まれた。そしてこれらの諸作から醸し出される怪奇にしてダークな世界観やテイストを「ふたたびサンプリング」した上で、ロック音楽として表現したのがポストパンク時代に花開いたゴシック・ロックだったわけだ。だから、ちょっとばかり「ゴス」は年季が入っていた。ざっと見て８００年以上はあろうかという、ヨーロッパ史における暗黒趣味の反照がロックのサブジャンルへとつながってしまったのが、ここだった。

ゴス人気を決定づけたバンド

ゴシック・ロックの音楽面、そしてメイクや服装などのスタイル面で先駆けとなったのは、スージー・スーを擁するスージー＆ザ・バンシーズだった。ザ・ダムドのヴォーカリスト、デイヴ・ヴァニアンの白塗り吸血鬼メイク、そして音楽世界も元祖ゴスのひとつと目されている。そんなヴァニアンのヴォーカル・スタイルに大きな影響を与えたのは、元ウォーカー・ブラザーズのスコット・ウォーカーだったことは有名だ。スコットの歌唱法の一部路線は、確実にゴスの起点となっている（ボウイもスコット・ウォーカーのファンだった）。

初期パンク組のあとには、ジョイ・ディヴィジョンの「真っ暗な」後ろ向き歌世界が大いなる基盤となった。そこに映画『キンキーブーツ』の舞台にもなった「靴の街」ノーサンプトン出身のバウハウスが続く。彼らの名は、もちろんドイツに1919年から33年まで存在したアート・スクールおよび芸術潮流からいただいたものだ。80年にアルバム・デビューしたバウハウスは、ボウイの「ジギー・スターダスト」のカヴァー（82年）などでも気勢を上げた。初期キリング・ジョークや、海賊化する前のアダム・アントも、ゴシック・ロックのオリジネイターに名を連ねている。これらの面々が、ロカビリーやガレージ・ロックの「一部領域」からもエキスを吸い上げつつ、ゴスらしい音楽的体裁を整えていった。レーベルとしては、ファクトリーはもちろん、4ADの存在も大きかった。本体ベガーズ・バンケットの前にバウハウスをリリースしたのが4ADだったし、デッド・カン・ダンスやコクトー・ツインズもリリースして、よりスケールの大きい耽美寄りのゴシック路線を確立していった。

そしてなにより、ゴス人気を決定づけたバンドが、ザ・キュアーだった。アメリカでも大きな成功をおさめた彼らによって、90年以降は、全米津々浦々のショッピング・モールのどこにでも「ゴス・ファッション」を売る小さなチェーン・ストアが展開されるまでになる。学校内ではあまり浮かばれないような青白い顔色のティーンがそこに集っては、目の周りを分厚く黒く塗り、唇も黒く、ときには（キュアーのロバート・スミスのように）真紅に塗って、髪を逆立てては黒い服を着るようになる。そしてこうした地合いのなかで、近縁種としての新ジャンル「エモ（＝Emo　英語では「イモ」と発音。エモーショナルなパンクとの意味から）」も大きく伸長していく。ハードコアの変異種がエモなのだが、社会的にはゴスと混同されることも多かった（というネタが米人気コメディ・アニメ『サウスパーク』で展開されたこともある）。このエモがゼロ年代の米インディー界で旋風を巻き起こし、そこからフォール・アウト・ボーイやマイ・ケミカル・ロマンスなど、全米チャートを賑わす人気バンドが次々と登場してくることになる。

「インダストリアル」

ゴス同様、パンク以前から世にあった音楽や文化が、ポストパンクの時代に「活性化」する例はいくつかあった。各種の前衛音楽、実験的音楽にその例が見られたのだが、なかでも最大のものが「インダストリアル」だった。77年、スロッビング・グリッスル（Throbbing Gristle＝どくどくと脈打つ男根）のデビュー・アルバム『ザ・セカンド・アニュアル・レポート』――「第2回年次報告書」という意味だ――は、自らのレーベルである「インダストリアル・レコーズ」からのリリースだった。これが嚆矢となって生まれたジャンル名だと言われている。

Industrialとは工業もしくは産業という意味の形容詞だ。たとえば日本語で言うところの「産業革命」は、英語ではIndustrial Revolutionとなる。だからインダストリアル音楽とは、その名のとおり、工場騒音のようなノイズを含む、さまざまな意味で非音楽的な音源の数々をコラージュすることなどによって楽曲を成していくものだ。現代音楽の一形態、ミュージック・コンクレート（具体音楽）の軽音楽版、ポップ音楽近縁種版とも言える。ヴェルヴェット・アンダーグラウンドのセカンド・アルバム『ホワイト・ライト／ホワイト・ヒート』から、つまりはジョン・ケイル、それからもちろんジョン・ケージあたりの流れを汲むものだったと言えようか。のちに記す、日本の「ノイズ」音楽家への影響も大きかった。

キャバレー・ヴォルテールもインダストリアル系統だった。73年にシェフィールドで結成されたこのグループの名称は、もちろんスイスのチューリッヒにあった伝説的キャバレーにちなんでいる。あの「ダダイズム」の、とくにチューリッヒ・ダダの発祥地として有名なキャバレー・ヴォルテールだ。1916年、トリスタン・ツァラの命名および宣言から幕を開けたとされるダダは、反戦運動であり反芸術抗議であり、無意味の爆発でもあり——すでに述べたとおり、パンク・ロックの成立そのものにも大きく影響していた。

「ダダもパンクもあるていどは抑圧を解放する悪ふざけであり、また、あるていどはやけくそな否定であった。『ぼくは自分の作品でもって世間に世の中が醜悪で、病んでいて、不誠実だということを示そうとした』とダダイストのゲオルゲ・グロッスが書いていたが、ジョニー・ロットンもそれに非常に似通ったことをしようとした」

「ダダイストもパンクも自分でつかむことのできる自由を虚無的叫び声でもって確認した。ぼくらが受けいれるようにと言われている世の中はまやかしのものであるというぼくらの確信以外には何も当てになるものはないというわけだ」

（『ロックの「新しい波」　パンクからネオ・ダダまで』より）

のちにキャバレー・ヴォルテールはエレクトロニック音楽に接近していくのだが、これも80年代中盤のインダストリアル系統には少なくない動きだった。ここからインダストリアルは、変種のダンス音楽（エレクトロニック・ボディ・ミュージックなど）にも接近していく。こうした電子音楽＋インダストリアルに、ギャング・オブ・フォー的なバンド・サウンドをミックスしたような音楽性を持つ存在として、76年結成のディス・ヒートもいた。

「ノー・ウェイヴ（No Wave)」

ここで目をアメリカに転じてみよう。イギリスのように「わかりやすい」パンク・ロック・ブームがなかったせいで、やはり「わかりやすい」ポストパンク興隆もアメリカにはなかった。とはいえ、ご存じあのディーヴォがポストパンクでない、わけがない。「Devolution＝退化」を合言葉に、あらかじめ個性および人間性をも消去したバンド・メンバーのしつらえは、インダストリアル音楽からの影響を感じさせた。またディーヴォと同じオハイオ州出身のペル・ウブは、自らの音楽を「インダストリアル・フォーク」と呼んでいた。両者ともに「イギリスでの動き」に感応していた。

そしてアメリカで忘れてはならないのは、なんと言っても「ノー・ウェイヴ（No Wave)」だ。実験性に満ちた、しかし（きわめて始原的な）音楽的喜びにも満ちた「前衛的」音楽シーンが、ニューヨーク・パンク登場直後の同地で勃興しようとしていた。これを最初にまとめたコンピレーション・アルバムが、ブライアン・イーノのプロデュースによる『ノー・ニューヨーク』（78年）だった。セールス的には惨敗だったが、ここに収録された4アーティストを指して「ノー・ウェイヴ」なるジャンル名が生まれた。参加アーティストは、ジェームス・チャンス率いるザ・コントーションズ、リディア・ランチのティーンエイジ・ジーザス＆ザ・ジャークス、マーズ、そしてアート・リンゼイとイクエ・モリを要するDNAの４組だった。とくにチャンスの、悶え叫ぶ豚の声のようなサックスのインプロビゼーションが、ノー・ウェイヴの象徴ともなった。ラウンジ・リザーズもこの『ノー・ニューヨーク』の延長線上に誕生した。

こうした前衛主体のアメリカ版ポストパンク運動とでも呼べそうなノー・ウェイヴは、ニューヨークのアート・シーンの先端——この時期売り出し中だったジャン＝ミシェル・バスキアやキース・ヘリングら、グラフィティからポップ・アート界隈の俊英——とも共振しながら、一連の流れを加速させていく。この正統直下に、ソニック・ユースもいた。ハードコア・パンクとアート・ロック、前衛音楽が交差する地点に鳴り響いたのがノー・ウェイヴであり、これを媒介として「パンク・ロック周辺の音楽文化のハイブリッド種」となることに成功したのが、90年代初頭のオルタナティヴ・ロック・ブーム時に実績を残したバンド群の一派閥だったということだ。

また発展期のヒップホップに強く反応したのも、ニューヨークにおけるパンク周辺シーン、具体的にはハードコアとノー・ウェイヴだった。その見事なる結果のひとつが、ビースティ・ボーイズの86年の特大ヒットだった。元々はハードコア・バンドだった彼らがラップを駆使、黒人ラッパーが主流だったシーンに飛び込んで激震させた。90年代以降における人種や民族を問わない汎アメリカ的な「ラップ音楽のメインストリーム化」に大いなる先鞭をつけたのは、この3人組の、このときの成功だった。ストリート・ブランドの覇者となったシュプリームも、このエリアから登場してきたものだ。

「ポストディスコ」

ディスコ・ブーム後のダンス音楽シーン、いわゆる「ポストディスコ」にもポストパンクが直接影響した。99レコーズから作品をリリースしたESG、リキッド・リキッドといったグループが、ダンス・パンク、アヴァン・ファンクなどの名で呼ばれることになる「手づくりの」新しいダンス音楽を発信していく。一方で『ノー・ニューヨーク』勢の受け皿となったZEレコーズの、いわゆる「ミュータント・ディスコ」ものも、アンダーグラウンドと一部ディスコの両方で人気を博した。ZEからはアート・リンゼイ、ジェームス・チャンス&ザ・コントーションズ、ジェームス・ホワイト&ザ・ブラックス、スーサイド、キッド・クレオール&ザ・ココナッツ、ウォズ(ノット・ウォズ)、そしてリジー・メルシエ・デクルーらが作品を発表した。これらのシーンのすぐ近くには、マドンナもいた。彼女の83年のブレイクは、文字通りアメリカの、いや世界のポップ音楽史を変えた。

西海岸では、かつてビート族やヒッピーの本拠地だったサンフランシスコが「ポストパンクのようなもの」の拠点のひとつとなった。なにしろパンク勃興はるか以前の69年から、ザ・レジデンツがいた土地柄だ。『ゲゲゲの鬼太郎』の目玉おやじだと日本人なら誰もが思う、巨大眼球のマスクで頭部全体を隠した上にトップハットを乗せてタキシード着用というスタイルで全員が決めた、諧謔味に満ちたアヴァン・ポップ・バンドの彼らとクロームやフリッパー、タキシードムーンらが無理なく併存できるところに、かの街のアンダーグラウンド・シーンの多様性と奥行きがあった。そのほか、ロサンゼルスにはミニットメンがいた。ボストンにはミッション・オブ・バーマがいた。ニューヨークのトーキング・ヘッズもポストパンクの潮流のなかで大きく飛躍していった。

6　フェミニスト・パンクもオルタナティヴ・ロックも、ポストパンクが加速した

かつて「女性」は主役になれなかった

多種多様なるポストパンクの動きのなかで、後世への影響という点で絶対に無視できないのが「女性アーティストの躍進」だ。たとえば２０２０年代の今日において、米英ポップ音楽界のメインストリーム領域で女性アーティストが大活躍しているのは「当たり前のこと」となっている。22年の10月末には、ビルボードＨＯＴ１００チャートの１位から10位までの全部をテイラー・スウィフトの新曲だけが占めるという、もちろん史上初の異常事態すら出来《しゅったい》した（21年9月のドレイクが9曲までは達成していたのだが、抜かれた）。自作自演、自らプロデュースもビジネスのコントロールもおこなって大成功をおさめるような、ポップ界における最強者の位置にある女性アーティストは今日少なくない。

しかし元来のポップ界は、違った。そんな場所では、まったくなかった。そのほかの広い社会のほとんどすべてと同様に、女性は「主役」とはなれなかった。意思決定システムはす

べて男性が支配して、女性は女性だというだけで差別され、搾取されるのが当然だとされていた。だから音楽産業界も、同質の構造にて成り立っていた。

たとえばエルヴィス・プレスリーは「若い女性の歓声や嬌声を集める」存在だった。つまり「モテる」男として、女性から投げ銭めいた収益を吸い寄せるマシーンだ。その状態を見た「若い男性」はエルヴィスにあこがれる。エルヴィスのレコードを買って学び、俺も女にモテたいからバンドを始める――となって「搾取」の構造が再生産されていく。もしくは女性には（もっと悪いことに）成功を夢見るだけで才能はないバンドマンを支える糟糠《そうこう》の妻となることを、一方的に求めたりする――といったものが「ごく普通」の光景だった。

ポップ音楽界とはつまり「そのほかの社会」と同じく、やはり「男性が支配する世界」だったからだ。ゆえに女性パフォーマーは、基本的に「お人形さん」シンガーであることのみを求められた。ごく一部には、例外もあるにはあったのだが――。

その「例外」の最たるものは、シスター・ロゼッタ・サープか。30年代から40年代にかけて、ゴスペルにジャズやブルースをミックスしたような音楽を、エレクトリック・ギターを弾きながら歌ってヒットさせた。正しく彼女は「ロックンロールの母」であり、後世のロックやR&Bアーティスト、とくにギタリストに与えた影響は甚大だった。また50年代には、シンガー・ソングライターのワンダ・ジャクソンが人気を得た。彼女は「ロカビリーの女王」と呼ばれた。

しかしこうした「特例」を除けば、お人形さんシンガーやガール・グループのみが、ただひたすらに市場へと送り出されていた。ポップ音楽界における女性とは、おもに男性である「他者が作った」曲を歌わせられる人でしかなく、振り付けも服装も、まず最初に「男にとって喜ばしいもの」であることが絶対的な条件であり、それこそが「決して逸脱してはならない戒律」でもあった。何十年ものあいだ、これが「ごく普通」だった。

60年代、70年代と時代が下っても、キャロル・キングやジョニ・ミッチェルといった幾人かの才人が孤軍奮闘するばかりで、大枠にはさしたる変化はなかった。それに彼女たちサヴァイヴァーのほとんどはソロ・アーティストであり、「女性バンド」の影はきわめて薄かった。ベースを手に歌い高い人気を得たスージー・クワトロや、メンバー全員が若い女性であるランナウェイズといった「例外」もたまにはあった。これを「フェミニスト・パンクの予兆」ととらえる向きもある。だがしかし、ビートルズのように、ストーンズのように、あるいはセックス・ピストルズやクラッシュのように、ロック史に残る大冒険に身を投じては一定以上の成功をおさめた「ヒーロー集団」としての女性ロック・バンドなんて——いまとなっては、信じられないことに——70年代の「そのとき」まで、まったく誰の頭のなかにもなかった。実例のひとつさえも、なかった。

フィメール・ロッカー時代の幕開け

こうした一見「固まりきっていた」歴史に激震を与え、前提事項を一気に「ぶっ壊した」のもまた、パンク・ロックだった。あらゆる意味で「勢いに満ちた」女性メンバーのみで、あるいは女性を中心メンバーとして構成されたバンドが、我も我もと世の中に暴れ出たのが、ちょうどポストパンクの興隆と軌を一にする時期だったのは、偶然ではない。なにしろ既存の価値観のほとんどすべてに楯突くことやＤＩＹ精神は、そもそもがパンク・ロッカーの十八番だったのだから。それを「女がやって悪い」わけがない。かくして、きわめて先鋭的なフィメール・ロッカーたちがシーンで大暴れする時代が幕を開けることになる。

ザ・スリッツの名を、最初に挙げるべきだろう。「割れ目たち」——つまり女性器を意味する卑語を戦闘的にバンド名として掲げた、女性陣だ。76年にロンドンで結成された彼女たちは「世界最初のオール・ウィメンズ・パンク・ロック・バンド」だったのだと、ヴォーカリストのアリ・アップはのちに僕に語ってくれた。バンド結成時、アリは14歳。77年にはクラッシュの前座としてライヴに登場するものの、ようやくレコード・デビューに至ったのは79年9月だった。このときリリースされたアルバム『カット』のプロデューサーは、ポップ・グループも手がけたデニス・ボーヴェル。だから簡素かつとんがったパンク・ロックがレゲエと衝突しつつも「新しい流れ」として合一していくその斬新な内容が、高い評価を得た。またアルバム・ジャケットにフィーチャーされた写真もセンセーショナルだった。(これもポップ・グループのジャケットのアサーロ族のように)フンドシだけを身に着けたメンバー3人が全身に泥を塗ったくって屹然と立つその裸像に、世の大衆は衝撃を受けた。

そこにザ・レインコーツが続いた。スリッツとの最大の違いは「徹底的なDIY精神」だ。ヘタウマというよりも、ヘタヘタかもしれないスカスカした音が「でも、そこがいいんじゃない? なんか自由な感じするし!」といったような。こうしたあっけらかんとした価値観が、旧態依然としたロック・ファンの度肝を抜いた。童謡のような、子供が描いた絵本のような、しかし「破壊力抜群」のポップは、この後長く続くインディー・ポップ界隈の流儀および態度の標準型となった。これをたった1枚で決定づけた彼女たちのセルフ・タイトルド・デビュー・アルバム（79年11月）をリリースしたのは、ラフ・トレードだった。

男性パンク・ロッカーはフェミニスト？

当時の男性パンク・ロッカーの大勢が、いかほどフェミニストだったのかは、よくわからない。セクシスト呼ばわりされる者が少なからずいたことだけは、間違いない（ロックンロールの悪しき伝統とは、そういうものだから）。そんななか、スリッツをサポート起用したクラッシュのみならず、ピストルズのほうも「女性パンク・ロッカー」にとても親和的だったことは特筆されるべきだろう。たとえば（伝記ドラマ『Pistol』の内容ほどではないが）プリテンダーズのクリッシー・ハインドはピストルズ・メンバーたちと親しかった。またシド・ヴィシャスが「運命の恋人」となるナンシー・スパンゲンと出会うまで童貞だったという説もよく聞く。ジョン・ライドンの妻はアリ・アップの母親であるノラ・フォースターだ。ライドンは14歳年上の彼女と、79年よりずっと仲睦まじく寄り添い続けている。2020年、ライドンはノラがアルツハイマー病を発症していること、つねに自分が側にいてフルタイムの介護をしていることをメディアに明かしていた。愛があるから当然のことなのだ、と（介護そのものは、のちに複数人による体制へと変化した）。

「俺にとって『本当の彼女』は、まだそこにいるんだよ。俺が愛するあの人は、毎日毎分、まだそこにいる。それが俺の人生なんだ。不幸なことに、彼女はいろいろ忘れちゃうんだけどさ。でも、俺らみんなそんなもんだろう?」

（2020年6月7日付『ミラー』電子版より）

ジョン・ライドンが、未来においてもなお貫き通す「愛のかたち」を手に入れたのも、パンク・ロックとポストパンクの暴風雨が吹きすさぶ真っ只中だったわけだ。あの大騒動の「主役級」が当時こんな感じだったことと、同じタイミングで女性ロッカーが次から次へと決起していったことのあいだには、浅からぬ関連性があったと僕は考えている。女は使い捨て、グルーピーをとっかえひっかえ、なんていう男根主義的ロックンローラーのステレオタイプをも、ごく自然に、パンク・ロッカーたちは打ち砕いていたのだ。

極右集団からの攻撃

スリッツ、レインコーツに続いたのは、モデッツ、ドリー・ミクスチャーたちだった。さらには全員が女性ではないけれども、ヴォーカリストなど女性をメインに押し立てた編成ということで、バーミンガムのオー・ペアーズ、ウェールズはカーディフのヤング・マーブル・ジャイアンツらも静かな話題を呼んだ。これら全員、決して大きなヒットを飛ばしたわけではなかったものの、かなりの確率で「聴いた者には、衝撃を与える」ようなレコードをリリースしては気を吐いた。

リーズにて79年に結成されたデルタ5もそんな猛者《もさ》のひとつだった。しかし女性3人で男性2人という編成の「ポストパンク・バンド」が生き抜いていくには、そのころのリーズは、決して理想的な場所ではなかった。というよりも、かなり最悪に近い「戦闘の最前線」だった。

ブリティッシュ・ムーヴメント（ＢＭ）なる極右集団の拠点のひとつが、リーズにあったのだ。この組織は、ナショナル・フロントどころではない、あからさまな「ネオナチ」だった。リーズではこの者たちが、あろうことかピストルズの「ノー・フューチャー」を勝手にパクって、意味をすり替えては「共産主義的バンドを排撃する」ために使用していた。こんな奴らがのさばると、イギリスに「未来はなくなる」からという理由で、襲撃者を募っては敵（左翼系の学生やバンドなど）に襲いかかっていたのだ。このＢＭはもちろん人種差別主義者で男性優位主義者でもあり、ゆえに、リーズ大学に通う友人同士が中心だったポストパンク勢にとっては、非常に危険な集団だとも言えた。ギャング・オブ・フォーは共産主義者みたいだったし、ザ・ミーコンズも同様で、デルタ5はイギリス版堕胎禁止法であるコリー法案に反対する集会やチャリティー・イベントに積極的に参加していたからだ。

「デルタ5のメンバーはリーズでは夜、一人歩きをしないとビーサン（筆者注：ベサン・ピーターズ、ベース&ヴォーカル。女性）が説明した。『あとをつけられ、襲われかねないからだよ』。以前、そういうことがあった。ある晩、ブリティッシュ・ムーヴメントの団員八人がロウス（筆者注：ロス・アレン、ベース&ヴォーカル。デルタ5にはベース奏者が2人いた。女性）を『共産主義の魔女』だと見てとり、バーから出ていく五人を尾行し、奇襲をしたのだ。クラブでの演奏は『ジーク・ハイル』と叫ぶ暴漢に襲われることはいつものことで、ときには中止せざるをえなくなるときもある。ある晩、ビーサンは思わず知らず、一人の元ファシストの髪の毛をつかみ、その頭を舞台に叩きつけていたという」

（『ロックの「新しい波」　パンクからネオ・ダダまで』より）

「そういったことすべてがデルタ5の音楽に入りこんでいる」と同書著者のグリール・マーカスは記している。アマチュアっぽい、学生っぽい、ときには子供っぽく感じられるような手触りの「インディー」音楽であったとしても、これは「遊びではない」のだ。ポストパンクの最前線とは、ある意味パンク・ロックやハードコアのそれよりもずっと厳しい、まさに「戦場」と呼ぶべき場所だった。しかしそこで一歩も引かない者こそが——当たり前だが——のちの世に「ヒーロー」と称えられるだけの足跡を残せる、場合もある。この時代のポストパンク・フェミニストたちの激闘に次ぐ激闘こそ、その称号に値するものだったに違いない。

メジャーシーンでの動き

一方でまた、プリテンダーズ、X・レイ・スペックス、もちろんスージー＆ザ・バンシーズといったメジャー領域での成功者も忘れてはならない。アンダーグラウンドとオーヴァーグラウンド両方でのポストパンク女性陣の闘いは、もちろん広い世界に波及していった。80年には2トーンから女性7人組のザ・ボディスナッチャーズもデビューした（そしてすぐにザ・ベル・スターズになった）し、元祖キャバレー・ヴォルテールが所在したスイスはチューリッヒ出身のリリパット（元の名をクリネックス）も名曲を残した。

アメリカでは80年代に入ってすぐに女性ロッカーがヒットを連発するようになる。元ランナウェイズのジョーン・ジェット（「アイ・ラヴ・ロックンロール」）やザ・ゴーゴーズ（「ウィ・ガット・ザ・ビート」）らのヒットは、ポストパンク女性軍団が暴れまくっていたことからの遠い反響が影響したのだと僕は考えている。

ポストパンク女性バンド陣の足跡は、21世紀の今日においてもなお、若き女性ロッカーたちにとっての道標、ガイディング・スターとなっている。ロサンゼルスのポストパンク・リヴァイヴァル女性3人組バンド、オートマティック――ドラマーのローラ・ドンペはバウハウスのドラマー、ケヴィン・ハスキンスの娘だ――は、デルタ5の「マインド・ユア・オウン・ビジネス」を2019年にカヴァーしている。シカゴ出身のこちらも女性3人組、2022年に全員10代の状態でアルバム・デビューしたインディー・ロックのホースガールは、メンバー個々のフェイヴァリット・レコードとして、リリパットのコンピ盤『クリネックス／リリパット』やヤング・マーブル・ジャイアンツの『コロッサル・ユース』などを挙げていた。

「ライオット・ガール（Riot Grrrl）」運動

もうひとつ、80年代のアメリカには重要な流れがあった。正真正銘、徹頭徹尾の「フェミニスト・パンク・ロック」シーンの誕生へと向かっていくベクトルだ。

このころのUSハードコア・シーンは、あらゆる意味で著しく「マッチョ化」していた。ライヴ会場のどこを見てもむくつけき「男ばかり」で、大音声のもと、暗闇のなかで筋肉と筋肉が衝突し、汗と汗が混じり合って蒸気になっているような――「ただそれだけ」になっているような体育会的な状況に「対抗」するところから生まれたのが、「ライオット・ガール（Riot Grrrl）」運動だった。90年代における、フェミニスト・パンクの一大ムーヴメントだ。中心バンドのビキニ・キルを率いたキャスリーン・ハンナ――のちにレ・ティグラを結成、ビースティ・ボーイズのアドロックのパートナーとなり、彼の世界観にも大きな影響を与えた――、彼女がまだオレゴン州ポートランドに住んでいたころ、ひどく幻滅する出来事があり、そこからアイデアのもろもろが生まれていったのだという。

そのときハンナは、とあるパンク・ロック・バンドのライヴに行ったのだが、とてもまともに観ていられるものではなかった。なにしろ、場内のそこらじゅうで「男どうしが殴り合っているばかり」だったから……たしかに、ヘンリー・ロリンズやミスフィッツのグレン・ダンジグみたいな体格の若い男が何十人も飽きずに暴れ続けているようなライヴ会場、僕だってできれば立ち入りたくはない。

そんなところから「ならば、自分たちでやればいい（＝ＤＩＹ）」とハンナは気づく。そして90年にビキニ・キルは生まれた。もちろん「フェミニズムを歌う」ために。そして91年、彼女たちも一部となって始まった運動が、ライオット・ガールだった。ワシントンＤＣとオリンピアにて「女性だけ」が集い、パンク・ロック・シーンに蔓延する性差別に対抗するための会議を開いたのが最初だ。そして女性同士がフェミニズムやパンク・ロックについて研究し語り合い、お互いに助け合うという、ひとつの潮流が生まれた。「ライオット・ガール」系と呼ばれる、フェミニスト・パンク・ロック・バンドの数々だ。また、なにからなにまでＤＩＹだったので、レーベルやファンジン、カレッジ・ラジオなど「友人のネットワーク」をベースにそれぞれが連携し合って、かくあるべきフェミニズム・パンクの音楽シーンを、文字どおり「いちから」手作りしていった。ビキニ・キルに続いて、ブラットモービル、スリーター・キニー、チーム・ドレッシュなどが活動を始めた。

パンク・ロックが「アメリカのメインストリームを制した」歴史的瞬間

そんなライオット・ガールたちの人的ターミナルとなった場所のひとつが、米西海岸はワシントン州のオリンピアだった。同地にあるエヴァーグリーン州立大学は、女性学やジェンダー研究、環境学などで知られる大学であり、80年代後半、キャスリーン・ハンナはここで学んだ。同大にはさらなる名物がひとつあり、それが〈KAOS-FM〉と名付けられたカレッジ・ラジオ局だった。もっとも出力は125０ワットもあったから、日本で言うならばコミュニティ・ラジオ（原則20ワット以下）規模ではなく、ほぼ県レベルで受信可能なＦＭ放送局ぐらいのパワーはあった。このステーションに、ハンナが入学するずっと前の77年、15歳にして出入りする「低い声の」少年がいた。のちに同大に入学する彼が、アメリカのインディー界に「この人あり」と呼ばれることになるアーティストにしてレーベル運営者、キャルヴィン・ジョンソンだった。そして彼のレーベルである「Ｋレコーズ」のロゴが、あのニルヴァーナのカート・コベインの左前腕に刻まれることになる。

80年代後半から90年代初頭、コベインはオリンピアによく出没した。ジョンソン周辺のインディー人士と交流し、ともに件《くだん》のラジオに出演もした。さらにコベインは、同じくオリンピアに所在するインディー・レーベル「キル・ロック・スターズ」からレコードをリリースしていたビキニ・キルのドラマーであるトビ・ヴェイルとデートした。このヴェイルは、「ライオット・ガール」の特殊な綴り（Grrrl）を考案した人でもあった。だからコベインは自然とキャスリーン・ハンナとも親しくなった。そしてある夜、ハンナがコベインの部屋の壁に勝手に落書きしていった内容が、ニルヴァーナにとって、いや「オルタナティヴな魂を宿したロック」にとって、史上空前のヒット曲へとつながった。

ハンナはこう記していた。「カートって『ティーン・スピリット』みたいな臭いがするよね」――この「ティーン・スピリット」というのは、ティーン少女向けの安価な制汗デオドラント・スティックの商品名だったのだが、もちろんコベインは、そんなことは知らなかった。ハンナがなぜこう書いたのか、その理由も彼はよくわからなかった。コベインからは本当に、そんな臭いがしたのか（件の製品からは「キュート&ガーリー」な香りがするタイプもある）。それともハンナは「あなたって、まるでティーン女子みたいな」かわい子ちゃんだよねえ、とからかったのか――そこはまったくわからない。ただコベインの脳内には、この「言葉の響き」が残っていた。そして「素晴らしくいい曲」が出来たと思った彼は、ハンナの落書きそのままをタイトルに採用して、歴史が生まれた。「スメルズ・ライク・ティーン・スピリット」（『名曲100』にランクイン）が、そこに誕生した。

そしてご存じのとおり、このナンバーおよび収録アルバム『ネヴァーマインド』（91年、『名盤100』にランクイン）の、すさまじいまでの大ヒット、大流行によって「80年代に支配的だったポップ音楽」のほとんどすべてが吹っ飛ばされてしまう。オルタナティヴ・ロックの大流行という、まるで語義矛盾みたいな事態が出来、元来は「とにかくアンダーグラウンドに冷たかった」アメリカのポップ音楽界がなんと震源地となって、その波濤は全世界を席巻していく。「スメルズ・ライク～」はビルボードHOT100の6位にまで上昇。92年1月には、ついにアルバム『ネヴァーマインド』が全米1位を記録する。つまりこれが、広義のパンク・ロックが「アメリカのメインストリームを制した」歴史的瞬間だった。この事件を前にして、あのジョン・ライドンまでもが快哉の声を上げた。『シアトル・タイムズ』紙上で、彼はこう述べていた。「俺らやクラッシュ、ほかの誰もなし得なかった快挙だ」と。

3 ニューウェイヴの名盤アルバム15枚

1：The Pretenders - S/T（79年）ピストルズ周辺にいた米人クリッシー・ハインドが本領発揮。アネゴ系ギター・ロック／ニューウェイヴ（NW）の金字塔を打ち立てた1st。2：Elvis Costello - This Year's Model ☆（78年）これぞNW、これがNWの2nd。3：Blondie - Parallel Lines ☆（78年）ディスコからパワー・ポップまで両腕広げた大ヒット3rd。4：Ian Dury - New Boots and Panties!!（77年）このソロ・デビュー時点ですでに35歳の彼が吠えるファンクに、R&Rに全英が熱狂。パンク時代の国民的ヒーロー誕生の瞬間。5：XTC - White Music（78年）才人アンディ・パートリッジがNWに狂い咲いた1st。6：Siouxsie and The Banshees - Kaleidoscope（80年）元ピストルズ親衛隊のスージー・スーが名実ともに「ゴスの女王」となった3rd。7：The Police - Outlandos D'Amour（78年）レゲエ調NW調のヒット曲多数1st。8：Culture Club - Kissing to Be Clever（82年）ソウルにレゲエにカリプソほか取り込んだ、NW期ならではのカラフル・ポップ1st。9：Duran Duran - Rio（82年）「炭と炎と鉄の街」バーミンガムから登場したお化粧男子がついに天下奪取の2nd。10：Ultravox - Vienna（80年）シンセ・ポップとハードエッジ・ギターが高次元で合一した4th。11：The Cars - Candy-O（79年）米のNWバンド成功者筆頭、パワー・ポップからよりエレクトロニックへと傾斜した2nd。12：The Go-Go's - Beauty and the Beat（81年）NW以降に活性化した全員女性バンドの、最初期の大成功例といえばこのデビュー作。13：Depeche Mode - Some Great Reward（84年）「People Are People」収録。充実の4th。14：Aztec Camera - High Land, Hard Rain（83年）日本で「ネオアコ」なる奇想が生まれたのは、このデビュー作があったればこそ。15：Echo & The Bunnymen - Ocean Rain（84年）「キリング・ムーン」収録の成功作4th。

〈凡例〉「S／T」とは「Self Titled」、アーティスト名と盤タイトルが同じとの意味／☆は『名盤100』にも収録／盤のナラビは「この順番で聴くといいかも」との筆者からの提案です。

①
RETENDERS

②

③
Blondie

④

⑤

⑥
Kaleidoscope
Siouxsie and the Banshees

⑦
POLICE
Outlandos d'Amour

⑧
CULTURE CLUB
kissing to be clever

⑨
URAN DURAN
R I O

⑩
ULTRAVOX
VIENNA

⑪
CARS
NDY-O

⑫
O-GO'S

⑬
depeche
MODE

⑭

⑮

4　アナーコ／ハードコア／オルタナティヴの名盤アルバム15枚

1：Crass - Penis Envy（81年）タイトルはフロイト（ペニス羨望）、ジャケ画像はダッチワイフ。結婚そのほか「体制による」性的抑圧を攻撃したフェミニズム&アナーコ魂3rd。2：The Exploited - Punks Not Dead（81年）ハードコア（HC）パンクの幕開けを告げる1st。3：Discharge - Hear Nothing See Nothing Say Nothing（82年）音楽的にも反戦などの思想的にも、のちのHCシーンの青写真的1st。4：G.B.H. - City Baby Attacked by Rats（82年）英「ストリート派」HCの本領発揮1st。5：Napalm Death - Scum（87年）濁った「デス声」、激速ビートに爆音ギター――「グラインド・コア」誕生を世に告げた1st。6：Misfits - Walk among Us（82年）ホラー趣味パンク・ロックの地平を切り開いた1st。7：Dead Kennedys - Fresh Fruit for Rotting Vegetables（80年）代表曲「Holiday in Cambodia」収録。政治的にもHC精神発揮の1st。8：Black Flag - Damaged（81年）鋼鉄の男ヘンリー・ロリンズ加入直後、まさに黒い旗揚げの1st。9：Circle Jerks - Group Sex（80年）元ブラック・フラッグなどが在籍。「元いたバンドの盗作満載」との噂も絶えぬ、しかし人気を呼んだ1st。約15分半に14曲！ 10：Bad Brains - S/T（82年）バカテクHCの星、カセットでリリースした伝説の1st。11：Suicidal Tendencies - S/T（83年）LAのクロスオーヴァー・スラッシュの雄1st。12：Minor Threat - Complete Discography（89年）EPしかリリースせず解散した彼らのコンピ盤。ストレート・エッジ（本文参照）の基盤はここに。13：Sleater-Kinney - Dig Me Out（97年）ライオット・ガール運動の音楽的到達点と呼ぶべき3rd。14：Nirvana - Nevermind ☆（91年）広義のパンクの、ひとつの到達点。メガヒットの2nd。15：Green Day - Dookie（94年）新時代のパンク旗手、鬱屈すらも爽快にかっ飛ばして大ヒットの3rd。

〈凡例〉「S／T」とは「Self Titled」、アーティスト名と盤タイトルが同じとの意味／☆は『名盤100』にも収録／盤のナラビは「この順番で聴くといいかも」との筆者からの提案です。

1
AND IS ANYONE ASKING?
NO MORE THAN £2.25
WHAT VISION IS LEFT
An amazingly life-like companion
CRASS
PENIS ENVY

2
PUNKS NOT DEAD.

3
DISCHARGE
HEAR NOTHING SEE NOTHING SAY NOTHING

4
G.B.H
CITY BABY

5
SCUM

6
MISFITS
WALK AMONG US

7
Dead Kennedys

8
BLACK FLAG
DAMAGED

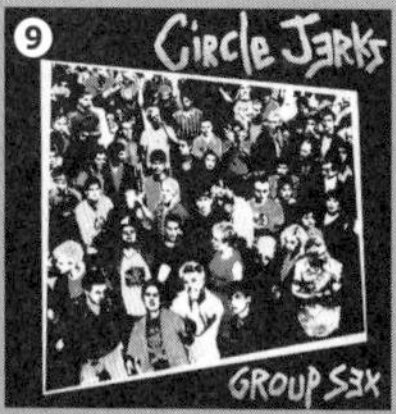
9
Circle Jerks
GROUP SEX

10
BAD BRAINS

11

12
MINOR THREAT

13
SLEATER-KINNEY DIG ME OUT

14
NIRVANA

15
GREEN DAY

5　ポストパンクの名盤アルバム15枚

1：Public Image Limited - Public Image: First Issue（78年）パンク・ロックの旗手がポストパンク最前線に立った1ｓｔ。2：The Pop Group - Y（79年）英ブリストル・シーンの原点、土俗と情念が未来へと手を伸ばした1ｓｔ。3：The Slits - Cut（79年）元祖「全員女性」パンク・バンドの切れ味1ｓｔ。4：The Raincoats - S/T（79年）のちの世のウィメンズＤＩＹポップの出発点となった1ｓｔ。5：Gang of Four - Entertainment!（79年）音も硬ければ精神もハードな画期的1ｓｔ。6：Delta 5 - See the Whirl（81年）リーズにて「四人組」らと共同戦線張っていた男女混合バンド、唯一残した伝説の一枚。7：Joy Division - Unknown Pleasures（79年）イアン・カーティス存命時にリリースされた唯一のアルバム。世界中のゴス・キッズの精神的原点、曇天のマンチェスター発の永遠の孤独歌。8：The Specials - S/T（79年）英コベントリー発「2トーン」スカ・リヴァイヴァル運動、興奮の発火点1ｓｔ。9：The Smiths - The Queen Is Dead☆（86年）英のミッド80'sの、世の若者の憂鬱を屈折を吸収しては結晶化した名盤3ｒｄ。10：The Cure - Pornography（82年）ほぼ完全にゴス界に転生したキュアーが示した本気の4ｔｈ。11：Bauhaus - In the Flat Field（80年）これぞゴス、これがゴス。ノーサンプトンの4人組が満天下に示した、漆黒の1ｓｔ。12：Throbbing Gristle - 20 Jazz Funk Greats（79年）ジャケ写撮影地は自殺名所。ジャズもファンクも関係ない、インダストリアル絶好調の3ｒｄ。13：Pere Ubu - Dub Housing（78年）米ポストパンク／オルタナ界孤高の異才バンド、充実の2ｎｄ。14：Devo - Q: Are We Not Men? A: We Are Devo!（78年）邦題『頽廃的美学論』。マンガキャラにもなった「退化」バンド1ｓｔ。15：V.A. - No New York（78年）「ノー・ウェイヴ」の当作と“Mutant Disco”でパンク直後のＮＹ地下シーンが総覧できる（本文参照）。

〈凡例〉「S／T」とは「Self Titled」、アーティスト名と盤タイトルが同じとの意味／☆は『名盤100』にも収録／盤のナラビは「この順番で聴くといいかも」との筆者からの提案です。

①
PUBLIC IMAGE
first issue
ATTACK
public image
THEME

②
The Pop Group

③
Cut
the slits

④
The Raincoats

⑤
GANG OF FOUR
entertainment!

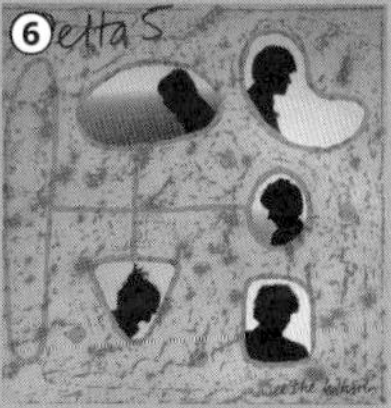
⑥

⑦

⑧
SPECIALS

⑨
THE SMITHS

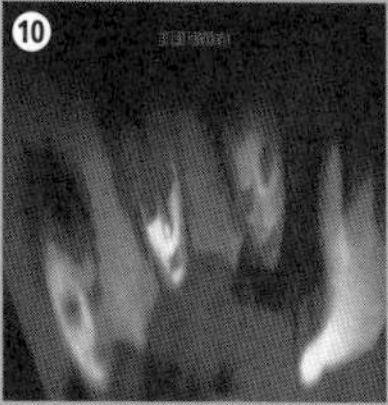
⑩

⑪
BAUHAUS

⑫
Jazz Funk Greats

⑬
PERE UBU
DUB HOUSING

⑭
Q: Are We Not Men?
DEVO

⑮
NO NEW YORK

ニルヴァーナのカート・コベインによって、広義のパンク・ロックがアメリカのメインストリームを制することになる（Shutterstock/ アフロ）

第5章　日本は「ある種の」パンク・ロック天国だった

THE BLUE HEARTS（トライエム／メルダック）

1　日本パンクのゆりかごは、『ポパイ』と『ミュージック・ライフ』と原宿だった

「東京ロッカーズ」

最後に日本におけるパンク・ロック受容史をまとめてみよう。端的に言って、非英語圏であり非欧米圏でもある国と地域のなかで、ここまで巨大なる「広義の」パンク・ロック文化が花開いた例はほかにない。ある意味一時期の日本とは、豊かすぎる「パンク天国」だった。それは後述する「日本ならでは」の特性が大きく作用したせいだった。

そんな日本におけるパンク・シーンの「最初」について評するならば、音楽アーティスト、ＤＪ、文筆家の高木完の簡潔なこのひとこと以上のものはない。

「日本におけるパンク・ロックなるものは、最初からポストパンクだったと言える」

（雑誌『インザシティ』第十七集・高木完「ロックとロールのあいだには、、、」第９回／ビームス／２０１７年より）

これは1978年5月当時の東京の、その片隅にあった状況を彼が振り返ったときの言葉だ。具体的には、「東京ロッカーズ」と呼ばれるバンド集団およびムーヴメントが動き始めていたころのことを指している。

すでにしてそこには、ニューヨークやロンドンの最先端の、その「背中」ぐらいは目視できる位置に、日本の若きミュージシャンたちの少数がいた。フリクション、LIZARD（リザード）、ミラーズ、ミスター・カイト、そしてスタジオの運営者であるS‐KENらが「東京ロッカーズ」の名のもとに幾度もイベントを開催した。六本木の「ライヴができる貸しスタジオ」だったS‐KENのスタジオが会場となったりした。いずれのアーティストも、78年のこの時点で、たしかにもはや、ストレートかつ素朴な「初期パンク・ロック」のスタイルではなかった。パンク精神は濃厚ながら、ポストパンクの、そしてニューヨークの「ノー・ウェイヴ」の影響大なる音楽性を、それぞれがそれぞれの方向で探求し始めていた。またそうなることは「必然」でもあった。

というのも、たとえばフリクションの「ノー・ウェイヴ」解釈は、ほぼ直輸入だったからだ。ベースのレックは77年に渡米、ニューヨークにてコントーションズとティーンエイジ・ジーザス＆ザ・ジャークスに参加していた。またドラムスのチコ・ヒゲも同地に飛んで、双方のバンドで活動した。つまり、まさにかの地のシーンの渦中にいた面々が帰国後の78年に結成したバンドがフリクションだったのだ。ゆえに「個人輸入されてきた」その波動は、当然にして周囲にも伝播していくことになる――のだが、なぜこれが「最初」となったのか、そこのところから解説が必要かもしれない。

パンク・ロック情報の軽視

妙なことだな、とあなたは思っただろうか。だって70年代の当時だって、ポップ音楽を扱うメディアは日本にもたくさんあったのだから。なのに75年、76年、それにあの77年にアメリカやイギリスで起こっていた大騒動を、リアルタイムでは、誰も報道していなかったのか？　メディアの報道から影響されて「すぐにパンク・ロックを始めてみる」人は、いなかったのか？　そんな妙な！――と思った人の直感は、じつは、正しい。じつはとても「妙なこと」が起きていたのだ。当時の日本では。

つまり、こう言うことができる。「70年代中盤当時の日本では、当初、海外のパンク・

ロック情報は『おそろしく軽視されていた』のだ」と。

とくに日本の主流の音楽メディアや、一般的な音楽評論家のあいだでは、その傾向がひどかった。たとえば、日本における洋楽ロック音楽評論の本流と目すべきだろう『ミュージック・マガジン』（当時は『ニューミュージック・マガジン』）は、当初とくにパンクには注目していない様子だった（78年以降は、多少状況が変わる）。『ロッキング・オン』も、この点はとくに変わらない。なぜそうなったのか？　それは簡単で、一般的な日本の音楽雑誌やそこに寄稿する評論家とは、原則的に「日本のレコード会社から」情報提供を受けてから動き出すもの、だったからだ。つまり日本盤の、たいていはアルバムのリリースが決まってから、その宣伝への対応としての記事があり、雑誌には広告が出る――といったシステムが基本型だった。ゆえにパンク・ロックという、シングル1枚、あるいはその前のデビュー・ライヴで旋風巻き起こるような、とてつもなく「素早い」動きから生み出されていたムーヴメントに対しては、手の打ちようがなかった。つまり初っ端から「出遅れて」いたわけだ。だからごく普通に、誕生時のパンク・ロックについては「軽く流して」いた。

雑誌勢のこうした姿勢が影響したのか、古参のロック・ファンや、ロックには一家言ある音楽プレイヤーのプロやセミプロからも、パンク・ロックはほとんど馬鹿にされていた。「パンク以前からいろんなレコードを聴いていた」人であればあるほど、「あんなファッション先行のものはねえ……」と否定から入るべし！——などというテーゼが、どこかで決定されてしまったかのようだった。

要するにつまり、当初「大人の世界」からは、パンク・ロックは「相手にされていなかった」のだった。ゆえに、情報の偏在があった。「いかにもバンドをやっていそうな」層には、最初期にはパンク・ロック情報がろくに伝わっていなかった——もしくは「ろくな形では」伝わっていなかったきらいがあった。だから日本人のミュージシャンが正しく「パンクに感染」するには、すこし時間が必要だった。後述するように「ミーハー」な風俗現象だと切って捨てられているような傾向が強かったのだ。76年あたりの時点で、すでにして。

『ミュージック・ライフ』

そんななか、メジャー音楽雑誌のなかでほぼ唯一独走していたのが『ミュージック・ライフ』（シンコーミュージック）だった。これは編集長が水上はるこだったことが大きい。74年に半年ほどニューヨークに暮らした彼女は、駆け出し時代のテレヴィジョンの面々やパティ・スミスらと親交を結んでいた。だから「現地直送」の個人的なネットワークがあった。そして彼女がカセット・テレコで録音した、リチャード・ヘル在籍時のテレヴィジョンのライヴ・テープが、75年ごろフリクションのレックの耳に入り、彼のニューヨーク行きへとつながった話は有名だ。つまり当初、日本におけるパンク・ロックとは、ほとんど人から人への「手渡し」のネットワークによって、徐々に広がっていったのだった。そんな際には、前出の森脇美貴夫の『ZOO』(のちの『DOLL』)といったリトル・マガジンやファンジン、ミニコミなども、さまざまな役割を果たした。こうしたネットワークの頂点にあったのが、水上はるこの『ミュージック・ライフ』だったとも言える。

70年代当時、売上部数という意味で洋楽ロック雑誌界のトップを走り続けていたのが『ミュージック・ライフ』だった。そんな同誌の誌上で、ニューヨークやロンドンからの情報を中心としたパンク・ロック記事が定期的に掲載されていたことの意義は、とてつもなく大きかった。この路線の最初の集大成と言うべきなのだろう、77年12月号の表紙は、大写しになったジョニー・ロットンだった。「ジャンボ特別付録」としてカラー・パンク・ポスターまで付いていた。つまりパンク・ロッカーが、まるでアイドル・バンドみたいなあつかいだったわけだ。同号のメイン記事はチープ・トリックで、フリートウッド・マックやロッド・スチュワートの記事があり、パット・マッグリンとスコッティーズの来日グラビア、マーク・ボランの追悼フォト集も掲載されていた。

要するにこれは、そもそもの『ミュージック・ライフ』の編集方針の反映だった。つまり「大人の男」の音楽評論家などからは「ミーハー」だと揶揄され、蔑視されるようなタッチにて――その線でパンクも推されていたわけだ。ティーンの女子受けするアイドル・ロッカーの「(ちょっと過激な)最新型」、あるいは「グラム・ロックの後継」といったニュアンスで、オリジナル・パンク・ロッカーたちは同誌で紹介されていた。『ミュージック・ライフ』にはかなり引き離されながらも、『音楽専科』も、この線の次点といった位置付けでパンクを追っていた。

平凡出版（現マガジンハウス）の雑誌群

そしてこれらの方針（ミーハー）が基本的に間違っていなかったことは、イギリスのティーン向け雑誌がほぼ同様の路線だったことで証明できる。初期パンク・ロックとは「ガキの遊び」として、大人から煙たがられるという側面も強かったからだ。そしてその「遊び」が、ロンドンという街の流行現象となっていった。それゆえにこっちの観点、「街の流行」との切り口から、平凡出版（現マガジンハウス）の雑誌もパンク普及に大いに貢献した。

たとえば週刊誌『平凡パンチ』77年11月14日号では「総力取材 LONDON NOW 特大号」として、全24ページの大特集が組まれ、そこにはセックス・ピストルズの世界独占インタヴューが掲載されていた。表紙には大きく「パンクロック旋風吹きすさぶロンドン／熱狂？頽廃？ NEW WAVE? いまロンドンが問題なのだ!!」と大きくコピーが入っていたのだが、しかしカヴァー写真は夏目雅子で、最上段には「あゝ結婚♡ 初夜のパンティ♡ メモリアルショット」と惹句が入っていたから、全体的には通常営業の「パンチ」らしい誌面ではあった。つまり逆に言うと「そんなところにまで」入り込んでしまうほどの「風俗現象パワー」を、パンク・ロックのなかに見て取る人がこのころ同編集部内にはいたということだ。講談社の雑誌『アパッチ』創刊号（77年7月）にも「現地取材」されたピストルズ・インタヴューが掲載されていたのも、ほぼ同じメカニズムからだったと想像できる。「海外の『過激な』社会風俗現象」として、このころのパンクは日本の週刊誌ネタや、新聞ネタにすら時折なっていた。硬派で高尚な音楽雑誌が完全に出遅れているあいだに。

さらにパワフルだったのは、すでに引いたとおり、『平凡パンチ』と同じ平凡出版の『ポパイ』だった。初期の『ポパイ』とは、じつはパンク・ロック情報をコンスタントに発信し続けている媒体だったのだ。77年の一年間だけでも、短信も含めると、かなりの頻度でパンク・ロック関連ニュースを取り上げていた。しかも隔週刊だったから、うまくはまると、その情報鮮度はかなり高かった。そこまで力を入れた理由は、前出の第19号（1977年11月25日号）の記事タイトルを見てみればわかる。「パンクはスウィングしなけりゃ意味がない……」――今日の目で見てみると、奇異に感じる人は多いはずだ。なぜにパンクに「スウィング」なのか？　普通スウィングといったら、ジャズ用語だ。だからパンクとは、普通まったく、なんの関係もない。なぜなのか??

その答えは「思い出ゆえ」だったのだと僕は読む。ここのスウィングとは、あの「スウィンギン・ロンドン」から来ていたものなのだ、と。きっとその当時の記憶から「引っ張ってきた」フレーズだったに違いない。ゆえに僕は、このタイトルは、筆者であった森脇美貴夫ではなく、編集部が付けたものだったと推測するのだが。

「スウィンギン・ロンドン」

「スウィンギン・ロンドン」とは、60年代の中期から後期に猛威を振るった、ロンドン発の

「新しい」ポップ文化の奔流となった一大現象を指す。ビートルズらによる音楽面はもちろん、007映画の大成功、デザイナーのマリー・クワントによるミニ・スカートほかの革新的ファッション、モッズ風俗の流行、ヘアカットに革命を起こしたヴィダル・サスーン、ツィッギーやジーン・シュリンプトンら「時代のアイコン」となったモデル、スター・フォトグラファー、百花繚乱のグラフィック・デザイン……などなどが同時多発的に登場し、それぞれが連携して「ブーム」を巻き起こしては、消費を喚起し、次々に世界を席巻していった——そんな時代が、77年の時点から見てみると「ほんの10年足らず前」だったわけだ。そこで、とくにファッション寄りの日本の雑誌側からすると、あの夢よもう一度的なニュアンスで、このときのパンク・ムーヴメントに接していたのではなかったか、と僕は想像する。「あのときのように」華々しいビジネスがまた発展していくという期待感があったのでは、と。これは『平凡パンチ』や『an・an』などで「海外の街や人取材」のノウハウを長年蓄積してきていた平凡出版だからこその「読み」だったのかもしれない。

しかし実際には、すでに述べたように初期ロンドン・パンクはものの見事に短命に終わった。それによく考えてみるまでもなく、あんな極端かつ挑発的なアイデアが、たとえばマリー・クワントのミニ・スカートやカラー・タイツや化粧品みたいな国際的ビッグ・ビジネスへと成長していくわけがない（ジョーダンみたいなＯＬが丸の内を闊歩するわけがない）。それに、そもそもマルコムとウエストウッド組などは、とくにファッション面では「スウィンギン」な先達には敵愾心《てきがいしん》以外なにもなく、「あの時代に確立した権威および体制」を根こそぎ破壊するために、日々体当たり攻撃を繰り返していたようなものだった（ただしウエストウッドは、フェミニズム的観点からはクワントの影響を受けていたし、ビジネス手法などもしっかりと参照していたのだが）。だからパンクと「スウィンギン・ロンドン」を重ね見るのは、おそらくは日本特有の勘違いだったような気もするのだが……しかし、読者の側はそれでものすごい得をした。ロンドンの「街ネタ」最新情報のつもりで（新しい商売のタネになる、との思い込みのもとで）パンク・ロック情報が『ポパイ』のようなメジャー雑誌に、大きくページまで割いて、頻繁に取り上げられていたことは――日本全国の潜在的パンク・キッズにとって、まさに天佑だったと言うほかない。

たとえば『ポパイ』の19号では、前出記事以外にも別のロンドンの現地取材ものが全19ページの特集「Swingin' new LONDON スウィンギン・ロンドン！　今いちばん面白い都市！」として掲載されていた。レディング・フェスを取材した音楽評論家の伊藤政則とともに、同じく音楽評論家の大貫憲章がロンドンに飛んでいたのだ。大貫が『ポパイ』の音楽欄、

19ページものロンドン現地取材特集が組まれた『ポパイ』1977年11月25日号

新作アルバムの小さな短評ページを担当していた時期もあり、そこではもちろん、パンク／ニューウェイヴの「日本盤新作」が、一般的な音楽雑誌よりもはるかに高い比率でフィーチャーされ続けていた。

大貫憲章

日本におけるパンク・ロック布教者としての大貫憲章の功績は、計り知れない。彼がいなかったら、どうなっていたことか。一切想像できない。77年以降も幾度も渡英しては『ポパイ』に寄稿していた大貫は、決定的な「邂逅」を果たす。それが『ポパイ』の75号（1980年3月25日号）に掲載された「クラッシュのUKツアー同行記」だった。イギリスにて、メンバーと同じクルマに乗って「16トンズ」ツアーを取材した大貫は、ライヴ会場でブリストルの人気DJバリー・マイヤーズのプレイを体験する。ここから彼の「ロックDJ」としてのキャリアがスタートする。

当時の日本においては、ＤＪというとディスコもしくはソウル音楽をプレイする「お店付きの人」というのが一般的だった。そんななかで「パンク・ロックやニューウェイヴ、ポストパンクのレコードをプレイしては、踊らせまくる」ことを始めたＤＪ大貫憲章は、またたく間に日本のパンク・キッズのあいだで唯一無二の信頼できる兄貴分として人気を得る。そしてキッズは、クラブで彼がプレイするレコード群から、パンク文化の躍動を身体で憶えていった。ゆえにパンク・ファンや後進のＤＪのみならず、ミュージシャンのあいだにも大貫の信奉者は多い。彼が主宰するパーティー『ロンドン・ナイト（London Nite）』は、開催するヴェニューを変え、途中休止期間を挟みながらも、２０２０年代の今日もなお、キッズや元キッズを沸かせ続けている。

「パンクスのゆりかご」原宿

街について見てみよう。歴史的に、日本においては原宿が最初の「パンクスのゆりかご」となっていた。輸入レコード店にまだイギリスのパンク・ロック・シングルやパンク・ジンなどほとんど置いていなかった時代、古着やパンク・ファッションといっしょにそれらを売っていた店が、原宿地域にはあった。竹下通りの〈赤富士〉が拠点のひとつで、77年、学生時代の高木完はそこでセックス・ピストルズの7インチを購入したという。原宿ロックンロール文化の総本山となる〈クリームソーダ〉は、そもそもがマクラーレンとウエストウッドの〈トゥー・ファスト・トゥー・リヴ、トゥー・ヤング・トゥー・ダイ〉がアイデア元のひとつだった。だから同店総帥の山崎眞行がパンク・ショップを原宿セントラルアパートの裏にオープンしたときには、やはりマクラーレンとウエストウッドのショップ〈SEX〉に敬意を表して、その店は〈SUPER SEX〉と名付けられていた。神宮前2丁目には〈SMASH〉もあった。ハリウッドランチマーケットの創設者である垂水ゲンが千駄ヶ谷にオープンした〈極楽鳥〉もパンク・ファンに人気があった。だからこの地にプラスチックスが降臨し、のちに「裏原系」と総称されるストリート・ブランドの興隆があったのは、当然のことだった。なによりもまず「街の音楽」であるパンク・ロックは、たとえばスケートボード・ショップから新しいスケート・テクニックや着こなしのスタイルが発信されていくようにして、若い世代へと徐々に浸透を開始していったのだった。

2　ボウイは「スターリン？」と笑い、アナーキーは「なーにが日本の」と吠えた
～ハードコア炸裂、ジャパノイズ勃興、風雲急を告げる80ｓ開幕

衝撃的な「速さ」

と、そんな下地を経て、78年に「東京ロッカーズ」として日本で「萌芽」したパンク・ロックは、まずは音楽ファンのきわめて一部から、しかし「熱い」注目を集める。後継バンドたちも活動を始める。ＳＥＸ、自殺、ＰＡＩＮ、８１／２、BOLSHIE（ボルシー）ら、より若い世代のバンドによるオムニバス・イベント『東京ニュー・ウェイヴ'79』（79年１月29日）は、同年６月、同名のアルバムとして発売された。NON BAND（ノン・バンド）も動き出す。東京組に対抗する動きとして、やはり79年、その名も「関西NO WAVE」と自称するバンド群が登場、同名のイベントもあった。ここにはのちに作家・町田康となる町田町蔵のＩＮＵ（イヌ）、ＪＯＪＯ広重が在籍していたウルトラ・ビデ、Ｐｈｅｗ（フュー）が在籍していたアーント・サリー、変身キリン、そしてＳＳら関西在住のバンドらが参加していた。

顔ぶれのなかで特筆すべきは78年結成のSSで、京都を基盤としていた10代の彼らは「ラモーンズより速い」スピード・パンクを自称した。アメリカにおいて無数のハードコア・パンク・バンドが「のちに」目指していく方向性をまるで先取りしていたかのような彼らのアイデアおよびスタイルへの評価はいまなお高い。

しかし日本における「速さ」の決定版というと、大阪のS.O.Bを措いてほかにない。85年に結成、86年12月にインディー・レーベル「セルフィッシュ」からリリースした7インチEP『リーヴ・ミー・アローン』における「速さ」は衝撃的で、驚愕と称賛が文字通り世界中のアンダーグラウンド・シーンの一部を駆け巡った。その証拠のひとつが『リーヴ・ミー・アローン』の約半年後にリリースされた「英グラインド・コアの雄」ナパーム・デスのデビュー・アルバム『スカム』だ。同作のサンクス・リストのなかにS.O.Bの名が記されているのだ（この件を機に両者の交流が始まり、89年にはS.O.Bが初の海外ツアーをナパーム・デスとともに欧州でおこなうことに）。だからもしかしたら、S.O.Bがいなければナパーム・デスはおろか、グラインド・コアですら「もっと違う形」に落ち着いていた可能性すらあったかもしれない。

「Japanoise（ジャパノイズ）」

そしてSSからS.O.Bの大活躍に至る、つまり70年代末から80年代末の10年間に本格的に動き始めた日本発のアンダーグラウンド音楽、なかでもポストパンクにおけるインダストリアル系の流れを汲む「ノイズ」音楽は、広く海外の同好の士の注目と尊敬の念を集めることになる。たとえばS.O.Bとともにユニット「SOB階段」を結成、作品を発表したこともある非常階段。秋田昌美のMerzbow（メルツバウ）。灰野敬二——これらのアーティストの作品は、たとえば90年代あたり、アメリカのリベラル系大学が所在する地域の学生街のレコード店ならば、ほぼどこでも「ひととおり揃えられている」ことが多かった。日本発の「ノイズ」音楽ということで「Japanoise（ジャパノイズ）」なる造語も生まれていたから、そのくくりにて「棚」が作られている場合も、よくあった。のちに国際的に活躍するボアダムスを結成する山塚アイ率いるハナタラシ——数々の「過激」伝説に彩られている——も、80年代には、ハードコアとノイズの領域をすべて破壊した上で極端化したような活動をおこなっていた。またのちに作家としても活躍する中原昌也の暴力温泉芸者、のちにNHKの連続テレビ小説『あまちゃん』の音楽までも担当することになる大友良英も、この肥沃なる「ジャパノイズ」の大地にてすくすくと根を張りめぐらせていた時代が、80年代だった。62

年にジョン・ケージを招聘した草月アートセンターや黛敏郎、武満徹、そして一柳慧らの「前衛」音楽活動の文化的遺伝子が、インダストリアルやパンクの影響を受けてカジュアルに転生したものが「世界に誇る」ジャパノイズの真の姿だったのかもしれない。

また、あらゆるカテゴリーの外にいる孤高の存在となるバンドも、この期間に続々と活性化し初めていた。TACOの山崎春美がヴォーカルや作詞、痙攣をおこなっていたガセネタは、77年から79年のあいだは存在していた。80年にインディーのパス・レコードからデビューする突然段ボールの結成も77年だった。そして80年には、EP‐4も結成された。

ザ・スターリン

日本における「正調」ハードコア・バンドについて触れよう。前述したとおり、76年から77年あたりの、たとえばロンドンの「オリジナル・パンク」のようなスタイルで、同じ時期に活動していた日本のバンドは、記録らしい記録には残っていない。78年あたりを起点にして、ある種ニューウェイヴもポストパンクも、ノー・ウェイヴもノイズも、まるで闇鍋のように織り交ぜて摂取しながら登場してきたのが、広義の「日本のパンク・ロック」第1期生だった、というのが定説となっている。77年結成の名古屋のザ・スター・クラブも、初のミニ・アルバムをインディー・リリースしたのは80年だった。

そしてここからが「日本らしい」特殊状況なのだが、この「80年以降の世代」に位置するのが、よりパンク・ロックらしい形態へと音もヴィジュアル（アーティストの服装やスリーヴ・アートなど）も整理されてきたバンド群となる。つまりこれが「日本のハードコア・パンク」の黎明だった。日本のパンクはポストパンクから始まり、そして「パンク・ロックらしい」日本のバンドは、基本、ハードコアからのスタートとなったのだ。

代表選手は、言うまでもなくザ・スターリンだ。ヴォーカルの遠藤ミチロウを中心に80年に結成。同時期に活動を始めたじゃがたらとともに「過激な」ステージ・パフォーマンスを繰り広げたことが話題となり、週刊誌ネタにまでなった上でメジャー・デビュー。82年7月に徳間音楽工業（のちの徳間ジャパン）傘下のクライマックスからリリースされたアルバム『STOP JAP』がオリコン・チャートの3位まで上昇して、日本においてかなり広く「パンク・ロックとは、どういうものなのか」知らしめていくことになる。

「デヴィッド・ボウイが笑った」事件

このすこしあとの時期、僕はスターリンについての思い出がある。「デヴィッド・ボウイが笑った」事件だ。NHK-FMで放送されていた帯番組『サウンドストリート』は、そのころ毎週火曜日の夜は坂本龍一がホストをつとめていた。ときに1983年11月22日、デヴィッド・ボウイがゲスト出演する回があった。映画『戦場のメリークリスマス』のプロモーションだったのか、違ったのか。来日していたボウイとともに、同時通訳として、ピーター・バラカンもスタジオにいた。番組冒頭、PiLの「(ディス・イズ・ノット・ア)ラヴ・ソング」がかかって、明けて、坂本とボウイが(通訳を介した)会話を始める。ボウイが坂本に質問する。社会状況の厳しさを反映したパンクもしくはポストパンクみたいなバンドが、日本にもあるんじゃないかな、なんて。すると坂本はこう答える。

「あのね、それに近いようなバンドは、あるらしいんだけど。僕は観たことないんだけどね。スターリンとかね。観てないから悪口は言えないんだけど、どうしてもピストルズのコピーとか、イギリスのムーヴメントのコピーみたいに僕は感じちゃうから。あまり積極的に『観たいな』と思わないんだけれども……」

彼のこの答えが通訳されている、そのときだった。バラカンの喋りを遮って、ボウイがちょっと驚いたように聞き返す、二度も。

「スターリン？　スターリン!?」

それからボウイは、笑い始める。はっはっはっは、と高らかに。なんとラディカルな名前じゃないか、と。つられてバラカンも坂本も、笑い出す……。

この当時のＮＨＫ‐ＦＭの音楽番組は、日本全国のかなり広い範囲で聴かれていた。だから僕の友人の大阪のパンク少年も聴いていた。大きなトロージャン・ヘアとレザー・ジャケットでキメていた彼は「ボウイ、殺す……」と、かなり真剣に怒っていた。なに笑ってやがんだよ！と。

とはいえ僕自身は、ほんのすこしだけ、違う感興を覚えていた。「名前だけで、あのデヴィッド・ボウイから一笑をもぎとる」なんて、結構すごいんじゃないか、と。いっしょに笑ってたバラカンと坂本は、さて置いて。

アナーキー「東京イズバーニング」

同じ番組のなかで名前が挙げられていたのが、アナーキー（のちに「亜無亜危異」とも表記）だった。ボウイはＴＶＫ（テレビ神奈川）の音楽番組『ファイティング80's』で「クラッシュみたいな日本のバンドを観た」と、自ら話題にしていた。78年結成、80年にレコード・デビューしたアナーキーは、音楽的には、当初スターリンよりもハードコア色は薄く、もっとオーセンティックだったかもしれない。デビュー時には、スティッフ・リトル・フィンガーズあたりの「ハード・パンク」スタイルにて、ロンドンの「オリジナル・パンク」をやり直しているかのような手触りがあった。

出色なのは（前述のバラカンには「カヴァーをしている」だけだと切って捨てられていたのだが）クラッシュのナンバー「ロンドンズ・バーニング」にオリジナル日本語詞をつけた「東京イズバーニング」だった。デビュー・アルバムに収録された、これぞアナーキーの真骨頂と言えるナンバーで、ここではなんと、真正面から「日本における天皇制批判」をおこなっているのだ！　こんな歌詞だ。肝心のところはブザー音で隠されているのだが……「なーにが日本の」のあとに（ブザーの後ろで）「象徴だぁー」と、歌っている。そして「なんにもしねえで、ふざけんな」と続く。つまりここが、原曲における「London's burning (With boredom now) / London's burning (Dial 99999)」にあたるのだが、最も強烈にして、破壊力満点なのがこの直前の一行。いわゆる「サビ前」のフックにあたる箇所だ。原曲ならば「Everybody's sittin' 'round watching television」のところが、こうなっている。

「ただその家に、生まれただけで！」

まさに日本という国のありかたの根源にくっついて離れぬ宿痾、家制度や世襲制そのほかの無価値性を問う――というよりも、なによりも。「そんなの、俺らが知ったことかよ！」とひと息に踏み潰してしまうような、野蛮きわまりないパワーの噴出とでも言おうか。あとにも先にも、こんな内容と口調の日本語の歌、「東京イズバーニング」以外に僕はひとつも聴いたことがない。本質的な意味でまさにセックス・ピストルズの「ゴッド・セイヴ・ザ・クイーン」にも匹敵する、これぞパンク・ロックと呼ぶほかない、見事なる一曲がこの「東京イズバーニング」だった。比べてもらえば一目瞭然、はっきり言ってクラッシュの原曲よりも、アナーキーの歌詞のほうが全然いい（演奏と録音は、もちろんクラッシュのほうが上だったが）。

しかし当然、こんな曲を「メジャー」アルバムに収録してしまうのは、無茶だった。ビクターから発売されたセルフ・タイトルド・デビュー・アルバムに対し、右翼からの抗議が殺到、結果回収措置に。初回盤以降は「東京イズバーニング」を外した形で商品化されることになる。とまれこのアルバムが10万枚以上のヒットとなって、スターリンともども「最初に広く日本に」パンク・ロックを知らしめることになった。またアンダーグラウンドの「変態」バンドとして認知されていったスターリンに比べると、アナーキーのほうがより若年層への受けがよかった。サブカルチャー・ファンだけではなく、ヤンキー層の一部にもよく受けたという。ロンドン・パンクにおけるＯｉムーヴメントと、どこか近いものがあったのかもしれない。髪を逆立てて旧国鉄の作業服で揃えた初期アナーキーの佇まいは、ほとんど暴走族の特攻服姿を思わせたし、なにより「正面から（天皇などの）権威に楯突く」向こう見ずにしてすがすがしい反逆の姿勢が、同じく「反発心の強い」若者らの共感を呼んだのだった。

「インディーズ・ブーム」

スターリンとアナーキーが、結果的に「メジャー」なロック・シーンを騒がせているのと同じころ、アンダーグラウンドでもハードコア・バンドが活性化していた。そうしたバンドは、イギリスやアメリカ同様、日本でもインディー・レーベルから作品をリリースした。遠藤ミチロウのレーベル「ポリティカル」から81年にソノシートを出したTYPHUS（チフス）が、京都のＳＳと並ぶ先駆者的バンドだった。そのほか、G.I.S.M.（ギズム）、GAUZE（ガーゼ）、THE COMES（カムズ）、THE EXECUTE（エクスキュート）が東京にいた。故マサミが率いたGHOUL（グール）、GASTUNK（ガスタンク）も、メタルに傾斜していった音楽性も含めて支持された。奇形児、MASTURBATION（マスターベーション）、あぶらだこ、といった面々も雷鳴を轟かせていた。名古屋のｔｈｅ原爆オナニーズ、福岡の白（読みはKURO）やスワンキーズ、京都のコンチネンタル・キッズ——ＳＳのギターだったシノヤン（篠田純）の新しいバンドだ——もインディー・シーンを騒がせていた。さらに関西ならばZOUO（ゾウオ）、MOBS（モブス）、そしてLAUGHIN' NOSE（ラフィンノーズ）などがいた。

　このときのシーンの貴重な記録となったのが、メジャー・レーベルのジャパンからリリースされたオムニバス・アルバム『グレイト・パンク・ヒッツ』（83年）だった。ギズム、エクスキュート、あぶらだこ、ラフィンノーズ、The Clay（クレイ）、そして元スターリンのタムのリーダー・バンドであるG-ZETが収録されていた。なにしろメジャー流通なので、郊外の駅前商店街のレコード店にも、入荷するところにはしていた。取り寄せることだってできた。だからこの1枚とスターリンやアナーキーの諸作が、全国津々浦々までパンク・ロックを啓蒙していくことになる。そして日本で「インディーズ・ブーム」が巻き起こることになる。

ラフィンノーズ

このブームにかんしては、パンク・ロック側から見てみるならば、ラフィンノーズの名を外して語るわけにはいかない。世に言う「インディーズ御三家」とは、ラフィンノーズ、THE WILLARD（ザ・ウィラード）、有頂天だった。インディー・バンドが、そんなふうに「御三家」呼ばわりされていたのだ。まるで橋幸夫と舟木一夫と西郷輝彦、郷ひろみと西城秀樹と野口五郎みたいに。

83年より自らのレーベル「ＡＡ」から作品を発表し始めたラフィンノーズは、大きな人気を獲得、85年にメジャー・デビューする——のだが、このパターンが80年代後半に、幾度も幾度も模倣されては繰り返され、そのたびに巨大化していく。いわゆる「バンド・ブーム」

の幕開けだった。つまり、まるで１９７７年当時のロンドンにおける「パンク・ブーム」のように、日本でも次から次にバンドがデビューしてくることになる。その大半が（ラフィンノーズをお手本にしているのだから、当たり前なのだが）パンク（っぽい）ロック・バンドだった、ということは、文化史的に見てきわめてユニークだった。

つまりここにおいて、パンク・ロックという国際的な音楽文化の輸入されてきた断片が、日本においては「インディーズ」というカタカナ語、和製の珍妙な概念のなかへと取り込まれていくことになったわけだ。しかも、80年代も後半にもなっての「パンク・ブーム」なのだ。つまり国際的なロック・シーンのトレンドとはほとんど同期していない、ほぼ日本独自の、ガラパゴスのように孤絶したエリアのみで完結した「ブーム」がこれだった。

「ホコ天」と「イカ天」

そんな動きを加速させたのは雑誌『宝島』および同誌が主宰していたレーベル「キャプテン・レコード」、そしてインディー・バンドが競って演奏する場所が井ノ頭通りは代々木公園脇の放射第23号線部分の路上における歩行者天国、いわゆる「ホコ天」だった。つまりものすごい速度で、日本におけるパンク・ロックは、商業主義にまみれて、陳腐化していった。

最後のトドメとなったのが『イカ天』こと『三宅裕司のいかすバンド天国』だった。89年2月より放送開始されたこの深夜放送TV番組は「インディーズ」バンドが次から次に登場しては、審査員の前で「競い合う」というしつらえで、つまり権威主義的であり、バンド側にとってはきわめて屈辱的な枠組みだった——のだが、人気プログラムとなった。出演したがるバンドなど、いくらでもいた。しかし早くも90年の年末には、燃え尽きるようにして番組は終わる。番組に関わった多くの出演バンドや、さらには「インディーズ」バンドという概念そのものをいっしょに焚き付けにして。

こんな狂騒が巻き起こった理由のひとつには、当時の日本の世相があった。80年代末の一大バブル経済の発生と破綻へと邁進していく日本経済の、轟々たる拡大基調が影響していた、という見方は正しい。国際的には「米ソ冷戦」時代の最末期の、表層的には豊かな日本において、生活は親がかりのままで「子供部屋」に住まう若者たちは、ちょっとしたアルバイトだけで、趣味に投資できるぐらいの資金はすぐに手に入った。手にしたお小遣いを冬はスキー、夏は海外旅行に、あるいはDCブランドのバーゲンセールなどに費やす層は、世に少なくなかった。そうした「趣味」と比較するならば「インディーズ」バンドのライヴに行ったり、レコードやグッズを買ったりするのは、質素きわまりないぐらいのものだった。もちろん、自分で楽器を「買って」バンドを始めるのも。ホコ天やイカ天を目指すのも。だからインディーズなんて、パンク（っぽい）バンドなんて「誰でもできる」かのようだった。実際に「誰もが」やろうとしていた、かのようでもあった。寒風吹きすさぶ77年のロンドンや、同時期の荒れ果てたニューヨークなどとは、まったくもって「180度逆」の社会状況が、このとき、日本ならではの「パンク・ロックに似たものの特殊なシーン」を生み出していた。そしてちょうど「団塊ジュニア」と呼ばれる世代の若者が、これらシーンから生み出されるあらゆるビジネスにおける最初のターゲット、格好の消費者層となっていた。

3　ブルーハーツがすべてを変えて、「ビートパンク」がなにもかも押し流す

「ラバーソール」とブルーハーツ

80年代末のその当時、たとえば渋谷センター街をものの数分も歩けば、楽器を肩に担いだバンド・キッズか、あるいは「ラバーソール」の靴を履いた男女の何人かを目撃することができる、と言われていた（事実そのとおりだった）。「インディーズ」バンドやその追っかけファンが愛用した厚底のゴム底靴――日本でのみ「ラバーソール」と通称される――の出ど

ころは、もちろん直近ではヴィヴィアン・ウエストウッドとマルコム・マクラーレンの一連の「仕掛け」からだった。「テディ・ボーイズのスタイルをパンクに取り込む」という例のやつだ。これによって、それまではテッズの愛用品だったジョージ・コックス社製のゴム底シューズ「ブローセル・クリーパーズ」が、ピストルズ・スタイルの一部となった。そこから流れに流れて、コピー商品が山のように作られて、「イカ天」バンドたちも履くようになった。

日本のパンク・ロックがこうなった理由を、世相以外に挙げるとしたら、ひとえにそれはザ・ブルーハーツのせいだった。パンク・ロックが、まるで日本の小劇団か日本の学校の文化祭みたいな「自己参加型」の発表会的なものへと大きく変質していった契機は前述の「インディーズ」ブームからだったのだが、少なくとも途中からは、まぎれもなく「ブルーハーツの成功を模倣しようとした」という内容の、一大ブームへと変質したからだ。もちろん模倣者のうちに成功例はほとんどなかったし、あったとしても、ブルーハーツとは比ぶべくもなかったのだが。

85年に結成、87年にメジャー・デビューしたブルーハーツは、ヒット・シングルをいくつも出した。この成功の大きさは、90年代以降のアメリカにおけるグリーン・デイやオフスプリングらのブレイクを「先取りした」とすら言えるものだった、かもしれない。80年代の後半当時、ここまで巨大なポピュラリティを獲得し得たパンク・ロック発祥のポップ・ソングは、世界的に見てもきわめて稀な存在だった。

なにしろブルーハーツの音楽は「標準的な日本のロック・ファン」以外の層にも、きわめて幅広く受けたのだ。「人にやさしく」「TRAIN-TRAIN」「情熱の薔薇」などは、小学生まででもが歌詞を誦《そら》んじたし、メンバーの似姿は『少年ジャンプ』の人気連載漫画のキャラクターにまでなった。「やさしさパンク」とも呼ばれた。そして代表曲筆頭の「リンダリンダ」は、地方都市の女子高生がバンドを組むというストーリーの映画『リンダ　リンダ　リンダ』(05年）を生み、そこからインスピレーションを得た米ロサンゼルスの少女四人組バンド、ザ・リンダ・リンダズ（２０１８年結成）にまでつながっていった（彼女たちも、もちろんブルーハーツの「リンダリンダ」をカヴァーして、日本語詞のまま歌った)。ここまでのポピュラリティを得るに至ったブルーハーツの音楽性は、当時、おもに巷間「ビートパンク」などと呼ばれていた。

ビートパンク

ビートパンクとは、もちろん和製英語ですらない、カタカナ語だ（なぜならばBeat Punkと書いてみても、英語としては一切なんの意味も成さないからだ）。この語の出どころというと、「めんたいロック」と総称された、ルースターズ、ザ・モッズ、ザ・ロッカーズ、シーナ&ザ・ロケッツなど福岡をベースとしていた「ビート・バンド」の存在からの転用だと見なされている。しかしこっちの場合のビートとは、ほぼマージー・ビート期のBritish Beat Bandsと同じ使いかただから、なにも間違ってはいないのだが……しかし「ビートパンク」ともなると、なにを言っているのかまったくわからない。ただ「言わんとしていること」を汲み取ることは、できなくもない。

ブルーハーツの「ヒット曲」に特有のスタイルをある種の「ジャンル」とみなした言葉が「ビートパンク」で、具体的には、以下の要素を兼ね備えた「わかりやすい」ポップ・パンクを指す。（1）ジ・アンダートーンズやバズコックスが得意としたような、キャッチーなポップ・パンク・ソングを、おもにミディアム・テンポで展開した上に、（2）くっきりと聞き取りやすく「まるで童謡のように平易な日本語の歌詞」が乗る——というのが、それだ。

とくに後者、七五調を基本とする日本語詞の一音節に音符ひとつを当て込む、というスタイルは、70年代初頭、はっぴいえんど時代の松本隆が発明した「黄金律」に立脚している（七と五を、それぞれ「八」になるように長音符や休符などと組み合わせ、8ビートに「合致させる」という手法だ）。はっぴいえんどのこの達成は、その後の日本語ロックの基礎となった。RCサクセションの忌野清志郎も、この達成の上に自らの世界を構築した。そして、ちょうどこの忌野のスタイルによってバイパスされたような形で、「黄金律」をパンク・ロック構造のなかへと引き込んだのが、ブルーハーツのソングライターである、甲本ヒロトと真島昌利の2人だった。ここに名を挙げた四者は、いずれ劣らぬ、戦後の日本語ポピュラー・ソング史に巨大な足跡を残した天才たちだった、と断ずることができる。つまり80年代当時は、その「天才の最新形態」がまさに最前線で、大車輪で稼働しているタイミングだった、というわけだ。

子供騙しの市場

ゆえに誰もかれもが「ブルーハーツみたいになりたくて」真似をした。しかし誰も「真似をしている」とは認識したくなかったせいで捏造されたジャンル名のようなものが、つまりは「ビートパンク」の正体だった。そしてすなわち、これこそがインディーズおよびバンド・ブーム・バブルを最終的に膨らませられるだけ膨らませたものの正体でもあった。

実体などない、虚妄にも近い「ジャンル」に若者は群がっていったのだ。そして雑誌やTVに囃《はや》し立てられては、自治体が「路上演奏してもいいよ」と差し出してくれた場所などを舞台に、我も我もと参加しては、演奏したり、演奏者を応援したりする。つまりそこには「マーケット」が生まれた。参加者が往々にして買い手も兼ねる奇妙なその市場は、もちろん「日本ならでは」の各種の規制や利権構造の上に、まさに砂上《さじょう》の楼閣《ろうかく》として築き上げられた、かりそめのものでしかなかった。かげろうのようにはかなく、誰も見たこともないほど奇矯にしてにぎやかな「子供騙しの市場」でしかなかった。

だからこのバンド・ブームは、すぐに終わった。「イカ天」の終了と同時ぐらいのタイミングだったか。日本らしく、見事にあとくされなく、「なにごともなかったかのように」パンク・ロックに似たバンドのブームは、その一切合切が消えてなくなってしまう。

日本には存在しづらいポストパンク

そしてその後も、日本におけるパンク・ロックの、ムーヴメント規模での蘇生は、とくになかった。驚くべきことに、ポストパンクの興隆も、ほぼまったくと言っていいほど、なかった。とくに後者が「ない」というのは、国際的に見てもかなりめずらしいのだが。

つまり勃興期、東京ロッカーズの時代に次から次に登場してきたあとは、日本には「ポストパンクらしいポストパンク・アーティスト」が、ほとんどいないのだ。バンド・ブームのあとの90年代前半から中盤に巷を賑わせた、いわゆる「渋谷系」も、洋楽ロックの素養が豊かであるとの触れ込みだったわりには、しかしパンク・ロック的な精神性はからきしだった。ゆえに渋谷系が「ポストパンク化する」ことは事実上不可能であり、実際なかった。だから英米欧ではとくにゼロ年代以降に顕著な「ポストパンク・リヴァイヴァル」現象は、僕が知るかぎり、日本において特記すべき事例はない。英米欧では、これまでに2〜3回は大きな波があったのだが。２０１０年代以降は、ほぼ定着したジャンルにまでなっている趣すらあるのだが。

と、そんなわけで、90年代以降の日本にパンク・ロックの遺伝子はほとんど残ってはいない。ごく一部の例外を除いては。

「ゴス」から「ヴィジュアル系」へ

ではその「残っている」一部を、順に記していこう。まず言うまでもなく「ハードコア」勢が、残り続けている。メンバーの変遷や活動休止を挟みながらも、命あるかぎり、炎を燃やし続けているアーティストは数多い。そこからHi-STANDARD（ハイスタンダード）ら90年代以降の（よりスポーツ・パンクに近い）新世代ハードコアや「メロコア」ことメロディック・ハードコアのバンド群へとつながっていく。スカコア、ラウド・ロックなどのハードコアからの派生種も人気ジャンルとして定着する。オーセンティックなパンク・スタイルのバンドとしては、スター・クラブやザ・モッズの活動も継続している。ブルーハーツは95年に解散したが、甲本と真島は、バンドを「乗り換え」ながら永遠に終わらないロックな夏休み的活動を継続中だ（現在はザ・クロマニヨンズだ）。

それからこちらはパンクの遠縁として、日本における「ゴス」バンドは、独特の進化を遂げて「ヴィジュアル系」と呼ばれるジャンルへと発展していった。V系と略称される、あのジャンルだ。また日本では当初「ゴス」ではなく、ポジティヴ・パンク（略称ポジパン）と呼称されていた同ジャンルは、AUTO-MOD（オートモッド）、マダムエドワルダ、SADIE SADS（サディ・サッズ）、アレルギー、あぶらだこなどが初期のシーンを引っ張っていた。

この遠い延長線上にX JAPANも登場する。そして今日V系は、パンクとも、ポストパンクともほとんど関係しないジャンルと化してはいるものの、ある意味で日本を代表する特産品的なロックのサブジャンルとして、国際的にも人気が高い。

ちなみに、なぜか日本人がとても強く好んだ「ポジティヴ・パンク（Positive Punk）」なる呼称は、英ライターのリチャード・ノースが考案したもので、83年2月19日号の『NME』にて初めて活字化されたものだ。のちに「ゴス」と呼ばれるムーヴメントに目を付けて、それをカテゴライズするつもりで彼が造語したのだが——かの地ではこの呼称は根付かなかった（記事としては受けて、ほかの媒体も追随したのだが）。なにしろ元来真っ暗なゴスなのに、どこがどうポジティヴなのか？ というところが滅法わかりにくく、そこが敗因となって呼称のほうは定着しなかったか、と僕は思う。

ノースが説いた意味的には、ピストルズのように社会批判をしたり、音楽的にも政治的にも、なにやら革命的な空手形を切らないからこそ「ポジティヴなのだ」ということだったのだが……しかし実際的には、記事の裏テーマは明らかに、当時猛威を振るっていたOi！系統からハードコア、クラスに代表されるアナーコ勢に対して「違うんだ！」と述べることであったのだと僕は見る。「それではないのだ」と。もっと個人主義的で、耽美的で、「自らの深淵にひそむ真実」に目覚めては「タブーを恐れずに、自由に装う」ゴス勢を誉め称えるという意味でつい「ポジティヴ」と言ってしまった——のが、どうやら出発点だったようだ。

そんな具合に、ものの見事に「考え落ち」だったこの呼称が、日本では「ゴス」の異名となるのだが、そうなった理由を想像するに、おそらくはこれまた「雑誌のせい」だったのではないか。日本の雑誌が最初に同ムーヴメントを紹介した際に参照したのがこの『NME』記事であり、そして「それがそのまま」定着してしまったのではないか。三つ子の魂なんとやらで、しみ込んでしまったのだ。だからリチャード・ノース当人が知ってか知らずか、彼の筆は、日本のポップ音楽界に決して消えぬ大きな足跡を残している。

4　少年ナイフという名の、世界最先端の「ポストパンク女性像」が日本にあった

女性アーティストの活躍

ここまでの例でひとつ言えるのは「外形的なスタイル」が明瞭なサブジャンルほど、日本

では「残りやすい」ということだ。ひとつのトラディションとして守りやすい、維持しやすいという長所があるのだろう。あるいは（ボウイも大いに参考にした）歌舞伎の演目みたいなもので、日本人の特質にもよく合っているのかもしれない。音楽活動を「自己参加型の発表会」的なものとしてとらえるならば、たしかに「あらかじめ型が決まっている」ことは、参入を考える際の、とても重要な条件となるのかもしれない。

では「不定形」の典型である、ポストパンクでは、どうか？　どれほどのバンドが、日本では活動を継続しているのか？——まずは東京ロッカーズやその周辺、あるいは対抗勢力ほか同時代的集団からの系譜がひとつ、細いながらも続いている。テクノポップの一部をポストパンクと見なすならば、P-MODEL、ヒカシューらの息の長い活動も挙げられるだろう。しかし日本におけるポストパンク最大の「突然変異」を挙げるとするならば、それは少年ナイフかもしれない。

日本において「特殊に」展開していったパンク・ロックおよびポストパンク領域において、もしかしたら、最も世界に誇れる点はこれかもしれない——と僕が思うのは「女性アーティストの活躍」だ。といっても、前章における「ライオット・ガール」のような、戦闘的フェミニズムに根差したものではない。もっと「外した」方向とでも言おうか。英米のポストパンクやフェミニスト・パンクに馴染んでいる人であればあるほど「そんな手があったのか！」と思わず膝を打つような、やはり「特殊」なロックが、日本から生まれていた。

「理想的な」オルタナティヴ・ポップ

その代表例は、少年ナイフを措いてほかにない。３人編成の女性だけのロック・バンドとして、81年に大阪で結成。のちの世で「ローファイ」と呼ばれる簡素なロック、ポップ・パンクを「手作りで」やり続けたところ、インディー発売されたレコードが海外で静かな人気を呼ぶ。彼女たちのありかた、その音楽世界およびキャラクターが、あたかも「ザ・レインコーツのアイデアを結晶化させた」天使のように見えたのかもしれない、と僕は想像する。「パンクやポストパンクをよく知っていれば、いるほど」ショッキングなまでに「理想的な」オルタナティヴ・ポップがそこにあったのだ、と。

なぜならば元来、アメリカはもちろん、イギリスも強烈な「性差社会」だからだ。女性は女性「らしく」、そして男性は男性「らしく」あらねばならない、という社会的な制約の厳しさは日本の比ではない。ピューリタンが作った国がアメリカであり、ヴィクトリア朝の紳士淑女の伝統が生きている国がイギリスだから。ゆえに、それらの国の女性パンク・ロッカー、ポストパンク・アーティストは「旧来的な女性観」と正面衝突しては激越に闘争することが、まず最初に重要だとされるきらいがあった。ここから〈ＳＥＸ〉〈セディショナリーズ〉の名物店員ジョーダンやスー・キャットウーマンのような「反逆的」女性ファッション・アイコンやアティチュードも多く生まれたし、スリッツは泥ヌードにて気勢を上げた。スージー・スーは目の周りを真っ黒に塗り上げた。

しかし少年ナイフときたら、まるで「童女のように無垢で、楽しそう」なのだ。にもかかわらず、とくに誰にも（たとえば、庇護者としての男性などにも）媚びているわけでもない。自由に、自然に、まるでジョナサン・リッチマンのように飄々と「食べものの歌」など、歌っているのだ！――これは、なんとクールなのか。とくにフェミニズム関連の激しい戦いが繰り広げられている米英のオルタナティヴ・ロック界隈にて、枯れ沢に水が流れ込むようにして、少年ナイフの人気は高まっていく。89年には米インディー・レーベルの「ジャイアント」から、トリビュート・アルバムまで発売された。『エヴリィ・バンド・ハズ・ア・ショーネン・ナイフ・フー・ラヴズ・ゼム』と題された同作は堂々のアナログＬＰ２枚組。ソニック・ユース、レッド・クロス、Ｌ７など斯界の大物バンドを含む全32アーティストが参加して少年ナイフの曲をそれぞれが演奏した豪華なものだった。

さらに彼女たちは、請われて91年11月末からのニルヴァーナのUKツアーに同行してオープニング・アクトをつとめる。カート・コベインがとにかく少年ナイフが大好きだったのだ。これはニルヴァーナが『ネヴァーマインド』をリリースした直後のものだったのだが、コベインはツアー中、なにくれとなく彼女たちをヘルプしてくれたそうだ。自分から率先してアンプを運んでくれたり、とにかくやさしかったのだ、と中心人物の山野直子はかつて語っていた。「ほんまに、ええ人やったわあ」と。

PUFFY（パフィー）の大ブレイク

少年ナイフに特有の「佇まい」は、多かれ少なかれ、日本の「オルタナティヴ」バンド系の女性たちに共通するところがあった。その延長線上に、ゼロ年代のアメリカにおけるPUFFY（パフィー）の大ブレイクもあったと僕は見る。彼女たちをモデルにしたアニメーション（04年スタートの『ハイ！ ハイ！ パフィー・アミユミ』）は、全米のティーン前の少女たちのあいだで、とにかく大人気になった。だからこのころまでは、日本発祥の、日本的に独特な「オルタナティヴでロックな女性像」が、はっきりとアメリカなりイギリスなりの社会における「かくあるべき未来」に位置するもののように見えていたはずだ。そのことは間違いない。

ここにつながった芽は、ZELDA（ゼルダ）から始まった。79年結成の彼女たちは、96年の解散時まで「現存する世界最古の」オール・フィメール・バンドなどとよく評されていた。耽美的なニューウェイヴ／ポストパンクから、のちにワールド・ミュージックへと延びていく音楽的志向性も、後進たちに大きな影響を与えた。同じく女性だけのバンドである水玉消防団、赤痢なども海外にファンが多い。

つまり日本のパンク・ロックが「ブーム」に飲み込まれて消費されていった80年代においても、我関せずの姿勢で尖り続けていた女性アーティストこそが、正しく日本のポストパンクの本流を担っていた、とすら言えるのだ。あらゆる国際的指標をもとに「女性に対して差別的構造がある」と百年一日のごとく指摘され続けるのが日本なのだから、たしかに不当な抑圧への怒りの埋蔵量という点では、ごく普通の日本女性であるというだけで、胸中に抱え込んでしまった燃料はほぼ無尽蔵の可能性が高い。つまり「ポストパンク・バンド」という観点から見れば、日本社会のひずみゆえ、同国においては男性より女性に、圧倒的な分があった。ゆえに結果的に、国際標準のかなり上位につける強力なアーティストがいくつも登場してくることになったと僕は見る。85年にようやく男女雇用機会均等法がいちおうは成立するに至った、そんな時代背景も、女性陣の晴々とした大暴れを間接的に後押ししていたのかもしれない。

弱まっていく「怒り」の波

だがしかし、残念なことに、90年代以降はこの「怒り」の波が弱まっていくのだ。アメリカにおけるオルタナティヴ・ロックの勢いが落ちていったあたりが、変わり目だっただろうか。とくに「インディー・ポップ」と呼ばれる領域を中心に、日本ではまたしても誤解が広まっていく。「参加できればいい」「手作りであればいい」という、例の病気だ。ここに「女性なのだから」という後退すら加わる。自己満足的な「ままごと」であればあるほど、庇護者としての男性に象徴される「社会的権威」が喜ぶ「だろう」――それこそが「女子供」にしかできない、なにか価値あることなのだ――という倒錯だったのかもしれない。「インディー」とはIndependentから変化した言葉だから「他者に頼らず、『独立』していること」は、第一義的に重要なことだったのだが。社会学者の宮台真司ほか、男性による女性への差別や性搾取構造などにかんして「古典的な日本男性」としての態度を堅持しているようなタイプの「文化人」たちの発信などが悪く影響し、それを内面化してしまったせいだ、との見方もある。後退していく女性と「ままごとのお膳」を嬉々としてともにする男性も少なからずいて、つまり、そこにおいてもまた、ひとつのガラパゴス的完結性が生まれてしまっていた。日本固有の「ムラ」社会のなかの「ムラ」として。

かつて世界の最先端につけていたはずの「日本の女性ポストパンク」の系譜は、あっと言う間に地下アイドルごっこと大差ない地点にまで、芸術的にも哲学的にも後退していく。おそらくはその固有の「怒り」すら、いずことも知れぬ心中深くへと沈降していくことになる。

5　日本人にはポストパンクが難しく、歌謡曲が「簡単」だというその理由

「女性陣以外」のポストパンク

それ以外のところ、つまり「女性陣以外」のポストパンクも見てみよう。ちょうど「バンド・ブーム」世代から遠くないあたりの「異物」に、やはりか細いながらもポストパンクの係累があった。そのひとつが、電気グルーヴだ。ニュー・オーダーをこよなく愛し、ダンス

音楽と笑い（と人情）を真摯に追求する彼らは、正しくポストパンク的アーティストだと言える。

政治性、社会性ということで言うならば、中川敬が率いるソウル・フラワー・ユニオンをおいてほかにない。前身バンドのニューエスト・モデル時代から、クラッシュのように、ビリー・ブラッグのように、つねに社会的不公正と対峙し続ける姿勢は、日本ではきわめてめずらしい。またポップ音楽だけではなく、世界各地の民謡や俗謡、労働歌や革命歌などの要素もレパートリーに取り入れ続ける雑食性の高い胃袋および、そこから生じてくる歌心の強靭さも日本人離れしている。

フィッシュマンズも、よく考えてみれば、ポストパンクの文脈に位置するのかもしれない。近年とみに海外でも評価が高まっている彼らは、なにしろ、ダブにしてドリーム・ポップなのだ。それであの歌詞の内容なのだから（一見、怒っていないように見えても）じつは十二分に、ポストパンクの青白き小さな焔が身中どこかでちろちろと燃えていたのかもしれない。マッシヴ・アタックあたりにも通じるのかもしれない。ヴォーカルの佐藤伸治が傾倒していた先輩バンドであるミュート・ビートの、当時地球規模で屈指のユニークさだった「冷たい」ダブも、たしかにポストパンク的だった。

ダンス音楽の領域にも、ポストパンクの流れはあった。日本で最初のクラブ系ダンス音楽専門レーベル「メジャー・フォース」の諸作は、当初ヒップホップが中心ながら、ポストパンクを好む者の耳に侵入した。ちょうどマルコム・マクラーレンが初のソロ・アルバム（！）『ダック・ロック』（83年）でやったように。メジャー・フォースのファンは海外にも多く、イギリスのレーベル「モ・ワックス」を運営するＤＪジェームズ・ラヴェルはリイシュー音源をいくつもリリースしている。このメジャー・フォースを設立したのは、高木完、藤原ヒロシ、屋敷豪太、工藤昌之、元プラスチックス／ＭＥＬＯＮの中西俊夫だったのだが、高木と藤原が組んでいたヒップホップ・ユニット「タイニー・パンクス」および、それぞれのソロ作品のどれも、やはりポストパンク色が強い。つまり「パンクの魂」が反響し続けているわけだ。

裏原系

マルコム・マクラーレンやヴィヴィアン・ウエストウッドとも交遊した藤原ヒロシは、日本で初めて大々的にスクラッチを駆使したＤＪとしても知られている。そんな彼は90年代以降、アパレルやデザイン業界でもカリスマ的存在となっていくのだが、その活動の基盤となっている地が「原宿だった」のは偶然ではない。90年代発祥の「裏原系」と総称されるストリート・ブランド群が、ゼロ年代以降大きく発展していった。〈A BATHING APE〉も〈UNDERCOVER〉もこの流れのなかにあり、いわゆる「コラボ」文化の走りとなる新発想の宝庫だった。こうしたアイデアがたとえばパリのカリスマ・セレクトショップ〈コレット〉などを経由して、2010年代以降、同地やミラノ、ロンドンを中心とするハイブランド勢に「ほぼ、そのまま」模倣されることになる。キーワードとなったのは「ストリート」文化であり、具体的にはヒップホップおよび「パンク」から影響を受けた――ありとあらゆる意匠やアイデアが、まるで古典美術のモチーフであるかのようにしてうやうやしく、ラグジュアリーな商品へと起用されていくことになる。

日本「ならでは」の特殊事情のひとつが、原宿周辺に満ち溢れていたものだ。未成年もしくは年若い世代に向けての洋服や雑貨などの販売店が、これほどの規模と密度で集積し、長年にわたって栄華を誇っていた例は、ほかの地球上にはほとんどない（最盛期のロンドンのキングス・ロードやカーナビー・ストリートよりも、ずっと巨大だった）。ここの「豊かさ」が、パンク・ロックやその後のアンダーグラウンド音楽や文化の「パトロン」となる例も、ままあった。海外のバンドやＤＪのツアーを手伝ったり、手弁当で運営したりするような例だ。

「夢の国」日本

これのもっと大規模なものが、ときには企業の冠コンサートなどの形でおこなわれていたのも80年代だった。だからその恩恵にあずかって、パンクやポストパンク・バンドも多く来日したし、日本のミュージシャンとも共演した。たとえばドクター・フィールグッドのウィルコ・ジョンソンは幾度も来日公演したし、シーナ&ロケッツの鮎川誠とレコーディングで共演したりした。イアン・デューリーと忌野清志郎もライヴで共演した。また忌野は、デューリーのバック・バンド、ブロックヘッズらとともにロンドンで初のソロ・アルバムを制作、87年に発表した。普通の国だったら「オールド・ウェイヴ」かもしれない、このときすでにデビュー20周年近くのヴェテラン・ロック・アーティストだった忌野が、率先してパブ・ロックやパンク・ファンクの練達たちと交流していたのは興味深い現象だった。

こうした流れのなかで、ジョニー・サンダースの来日もあった。これは未確認情報なのだが、なんでも80年代後半、来日中の彼が、法政大学二部のゼミ合宿に参加したことがある

（?・）というものだ。それ以上の詳しい話はわからないのだが、あのジョニー・サンダースが、もしかしたらジャージなど穿いて、お座敷もしくはキャンプファイヤーの前で、学生といっしょにギターを弾き、「ボーン・トゥ・ルーズ」を歌ったりしていた――ようなことは、あったのか、なかったのか。サンダースは親日家だった（原宿の〈クリームソーダ〉が大好きだった）。ちなみにその後の彼は、ライヴ・ツアー以外にも「イカ天」で人気者になったパンク・ロック風のバンド「えび」のレコーディングにも参加した。91年7月にリリースされた彼らのメジャー・デビュー・アルバム『にくまれっこ世にはばかる』には、1曲、サンダースがゲスト参加している（曲名「ファッキンP××××!」）。巷間、このときに得た現金収入が意外に大きかったため、ドラッグを多く購入しすぎて、過剰摂取にて帰らぬ人となった、という説もある。91年4月23日、彼は日本から帰国したあとで滞在していたニューオーリンズのホテルの部屋にて、心臓発作で死亡した。享年38。このあとはドイツでのライヴが控えていたという。

かつて60年代初頭のイギリスは、アメリカでは全盛期を過ぎたと見られていたロカビリー・スター、ロックンロール歌手らの、格好の出稼ぎ先となっていた。大歓迎されて、お客もよく入った。そんなお客のなかから、ビートルズも誕生した。エディ・コクラン、ジーン・ヴィンセントもそうしたライヴ・サーキットのなかにいて、そして、60年のイギリス・ツアー中に交通事故に遭う。コクランは死亡し、ヴィンセントは重傷を負った。そんな故事の焼き直しのような出来事の数々が、日本の場合は、ただ80年代から90年代にのみ集中して起こっていたのかもしれない。ある意味で日本も英米のパンク系の十年選手、ヴェテランたちにとっての「夢の国」だったのかもしれない。あたかも草創期のJリーグが、各国の往年の名選手たちを買い集めていたように。

リチャード・ブランソン

ヴァージン・グループ総帥のリチャード・ブランソンすら、日本を都合よく利用した。なぜならば、90年代初頭には「ヴァージン・レコードの日本ブランチ」があったからだ。その名もヴァージン・ジャパンは、当時飛ぶ鳥をも落とす勢いだったフジサンケイグループから出資を受けて設立された会社だった。だから代表取締役は、『オレたちひょうきん族』の牧師さん姿でお馴染みの、フジテレビのプロデューサー、横澤彪《たけし》だった。91年、そんなレーベルから「鳴り物入りで」デビューしていった日本人アーティスト第一陣のなかに、先述のフィッシュマンズがいた。のちに佐藤は、僕に教えてくれた。「ヴァージンからデビューが決まったときは、友だちに言われたよ。『いいよなあ、うらやましいよなあ』って」。ふっと鼻で笑い飛ばすような、シニカルな口調で——なぜならば、92年6月、ブランソンは突如ヴァージン・レコードをまるごと英EMIに売却してしまったからだ。もちろんヴァージン・ジャパンの「洋楽部門」のカタログはすべて引っこ抜かれて、日本では当時の東芝EMIへと移動。しょうがないからヴァージン・ジャパンの邦楽部門だけは後継会社（メディア・レモラス）にして、アーティストとは契約の継続を試みて……といった大混乱を、僕は至近距離で目撃した。このときに解雇された社員も少なくなかった、という。

この売却劇は、ブランソンが自前の航空会社ヴァージン・アトランティックのための資金を得るための措置である、と報道された。つまり「未来ある」航空事業のために「自分を育ててくれた」レーベル業を投げ出したという顛末だ。そしておそらくは、このときのレーベルの「売り値」を多少ならずとも吊り上げるために、あらかじめ計画的にジャパン・マネー（＝フジサンケイの資金）を呼び込んでおいたのではないか、とも当時僕は推測した。かくして、セックス・ピストルズのカタログも、かつてロットンらが名指しで当てこすりを投擲《とうてき》していた（「ＥＭＩ」という曲がある）、バンドに最初の三行半《みくだりはん》を突き付けたレーベルの所有物となってしまったのが、90年代のここらへんだった。そんな過程の途中で、一瞬だけピストルズやＰｉＬらとの時空を超えたレーベル・メイトとなっていたフィッシュマンズは、やはりポストパンクだったのだろう。

日本の音楽市場は、その全体が、大前提として「特殊」なものだった。この観点なくして、国産のパンクもロックもなにも、語ることはできない。

歌謡曲の存在

特殊性の最たる点は、歌謡曲の存在だ。歌謡曲とは、音楽ジャンルですらない。言うなればば「日本そのもの」の似姿であるかのような、同国のポピュラー音楽のありかたを表した概念にほかならない。西洋を中心とする海外のポピュラー・ソングの枠組みを借りてこしらえた「日本語歌詞の商業音楽のすべて」が、基本そっくりそのまま、歌謡曲となり得る。ゆえに戦前より「ジャズ風」「ハワイアン風」の音楽性を「借りた」歌謡曲は無数にあったし、戦後はそこに、カントリー&ウェスタン、ロカビリー、マージー・ビート、R&B、マンボにドドンパ、サンバにボサノヴァ、シャンソンにタンゴまで、みんな適当に「歌謡曲」になった。つまり、どれもこれも「日本語世界に商品として置き直すための」特殊ヴァージョンに仕立て上げられたというわけだ。これは日本において西洋料理が「洋食」となった過程、インド料理が「カレーライス」に、中国料理の一部が「町中華のメニュー」になっていった流れとほぼ同じ。つまり「胃袋に入るものは、結局はみんな『歌謡曲』なんだよ」というような、暗黙の合意がどこかにあった。なにはなくとも白いゴハン的な「日本人なら、わかるよね」という、例のやつだ。だからJポップもシティ・ポップもニューミュージックも、そんなものはすべて「歌謡曲の言い換え」もしくはサブジャンルでしかない。もちろん（ブルーハーツ以外の）「ビートパンク」のすべても。

さらには、こんな症例もあった。たとえば「ネオアコ」「ギターポップ」など、日本発祥の胡乱《うろん》な洋楽カテゴリーを捏造しては、そこにカルト的に固執してしまうような――そこには、深刻なる病の根があった。これらはおもに80年代から90年代にかけて、洋楽のポストパンクやニューウェイヴ、インディー・ロック／ポップの一部作品に冠せられた呼び名だったのだが、とくにそれら対象曲の表現の核心（音楽性の芯や歌詞の内容、アーティストの思想信条など）に準拠していたわけではない。ただ聴き手側の一定の嗜好性によってラベリングされていっただけのもの。しかも判断基準は、レコーディング作品のアレンジや音全体のテイスト、さらにはヴィジュアル・イメージ（レコードのスリーヴ・デザインやアーティスト写真など）といった「ぼんやりした印象」のみ。それで網にかかれば入れ物のなかに放り込むという、つまり元来は気軽な「遊び」ぐらいのものだった、のだろう。だから近年の

「ヨット・ロック」の流行などに、構造としてはよく似ていた。ユーモラスなサブジャンル認識遊び、というやつだ。リスナー側のそうした遊びは、たしかに国際的によくある話ではある（古くは「ヘア・メタル」なんかがこの例にあてはまる）。

しかし日本のこの場合における問題は、これが「遊び」ではなく、なにやら妙な信仰に化けてしまった点にある。あたかもそんな「架空のジャンル」を「なにか意味のあるカテゴリーなのだ」と信じ込むような誤謬《ごびゅう》が発生して――当たり前だが、そんな地点から、実質的な意義あるものなど、生まれ得るはずもない。事実と願望をアベコベに認識してしまった、完全なる倒錯が出発地点となっているからだ。たとえば想像してみてほしいのだが、「ヨット・ロック」に命を賭けるアーティストなど、（たぶん間違いなく）地球上にいない、それと同じ理屈なのだが……しかし「それをこそ、目指してしまう」かのような、無為なるカルト行為の連鎖が当時の日本では起こってしまい、ゆえに、そこに甚大なる弊害が生じてしまう。つまりうまく育てば、いっぱしのポストパンクになったかもしれない、リスナーのなかに生じ得た「芽」のようなものが、軒並み「刈り取られていった」のが90年代以降の日本の悲劇の一端だったと見ることもできる。

とまれ、精神性はあと回しにして（あるいは、まったく無視して）「外形的な特徴とも言えぬ特徴にのみ執着する」という性質において、やはりこれら「ネオアコ」「ギターポップ」病というのも、じつに日本的なガラパゴス症状だったと言うほかないだろう。「歌謡曲」脳こそが生み出したカルトだったわけだ。

つまり「そこ」にこそ、日本のポップ音楽における最大の問題点があったのだ。ゆえに古来より、日本の先鋭的ロック・アーティストは歌謡曲を敵視した。「歌謡曲になってしまったら」それはすなわち、洋楽のロックにすこしぐらい似てはいても「じつはロックではない」ものに、なってしまうからだ。それは旧態依然とした「日本としか言いようのないもの」にするりと飲み込まれていくことを意味したから。体制の言うがままになるだけの存在に、成り下がることと同義だったから。

真の敵の正体

元来、日本において舶来の「やんちゃな」文物を好む人々は、それによって精神を武装しては「日本としか言いようのないもの」と対峙《たいじ》しようとした。対峙することで、（日本においては歴史的に未分化のまま放置されている）個人としての尊厳をどうにか確立しようと試みたのだ。無力に「日本」に飲み込まれていくことをいさぎよしとせず、「あらがう」ほうを選んだわけだ。ゆえに「本物」をこそ志向した。フリクションの面々のように、上海バンスキングの面々のように、海を越えていった。歌謡曲というものの本質が、さらに言えば「日本そのもの」が、とにかく肌に合わなかったから。許せなかったから。

歌謡曲の正体とは、輸入されてきた文化を「脱臭」して、洗いざらして——元来はその部分にこそ、音楽の「向こう側」にいる人々の汗や血や魂の最も重要なる一部分が染み込んでいたのに——そこはしっかりと抜き去っておいてから、「外側のみ」を、まるで剥製のようにして日本に土着化させたものにほかならなかった。ゆえに「歌謡曲でいいや」と頭を垂れることは、なによりもまず、体制への全面降伏を意味した。父に、母に、祖父母に、先祖に、地域の古老に、日本政府に、そしてなにより、天皇陛下に——自分がこの世に生まれるずっと前から連綿とあった「権威」に屈従しては「お願いです、生きさせてください」と頼み込むような姿勢をこそ、意味した。

だから日本においてはまず「この構図」そのものに「ふざけんなよ」と楯突くような思想と、「輸入されてきたロック」とが結びついたわけだ。アナーキーの「東京イズバーニング」

も、これとまったく同じ。そう、日本におけるパンク・ロックやポストパンクとは、その特殊な前提条件ゆえ、英米のように「ロックやポップのオールドウェイヴ」と衝突するようなものではなかったのだ。なぜならば、日本人にとっては「ロックもパンクも」かそけき輸入文化であることに変わりはなく、実のあるものとして根付いたことは一度もなかった。つまり「ロックもパンクも」仮にその愛好者の世代が違ったとしても、無二の仲間とのニュアンスのほうが強かった。なぜならばこの地には、いつもいつも一切変わらず、あくなき貪欲さで「外来文化をすべて飲み込み、『土着化』させては権威に帰順させようとする」そんな風土が強固にあり続けていたからだ。それこそが「真の敵の正体」にほかならなかったからだ。

パンクは利用しやすかった

だから言い換えると、ブルーハーツの文化的達成および商業的成功によって「ビートパンク」や「インディーズ」などと読み替えられて人口に膾炙してしまったパンク・ロックとは、これまた「歌謡曲の亜種」でしかないものに、いつの間にか変質していたのだった。あるいは僕が前章の「1　産業化したニューウェイヴが、パンクを消し去った」の項で述べた、ニューウェイヴの構造にも近かったかもしれない。「決して『魂を入れてはならない』」「よく出来た『外側だけが、それっぽい』ものとしてあればいい」――というやつだ。たしかに

「パンクは利用しやすかった」のだ。「それっぽい」特徴さえつかまえれば、誰でもすぐに「パンクらしきことができる」のが一大特徴でもあり、ゆえに地球規模で流行したのだから。その逆に、残念なことに、だからこそ日本では「ポストパンクは、難しかった」とも言える。外形的には「なんでもあり」なのだけれども、しかし「精神がパンクであること」を強く求められるものがポストパンクだったからだ。歌謡曲に平気で帰順していけるような精神構造を持つ人物であるならば、その者の内面に「パンクの魂」が宿ることは一切ない。だから絶対に、ポストパンクとは、ならない。

ゆえに、逆にこう言い切ることも容易だ。なにがどうあっても、天地が逆さになっても、S.O.BやG.I.S.M.が歌謡曲になることはまずない、と。日本人にとってパンク・ロックがかけがえのないものである理由は、まず第一に「そこ」にあるのかもしれない。変化しようとしない日本というもの、そのものに対しての、永遠なる「反逆」の象徴ともなり得るものなのだから。

市民革命のなかった国

日本の政体は市民革命の洗礼を一度も受けていない（明治維新は革命ではない）。だから権力機構および権威のありかた、それを維持するための抑圧装置の構造は、ほぼ封建時代からの持ち越しにも近いものが、今日まで連綿と続いている。ゆえに日本人にとってのパンク・ロックとは、文化的行為の上だけでも「革命」につながるような精神の高揚を、反逆ののろしを上げるようなイメージを、仮想的に体験できるものだったのかもしれない。

アメリカもイギリスも「革命を経た」国だ。アメリカの「独立戦争」と日本では言われているが、これは（おそらくは明治政府による意図的な）誤訳だ。アメリカ英語では、普通「American Revolution（アメリカ革命）」となる。もしくはRevolutionary Warだ。なぜならば、イギリスから独立した上で新たな王を戴いたわけではなく、共和制の民主主義国家を作ったのだから、「市民革命」以外のなにものでもない。片やイギリスの革命はアメリカやフランスほど徹底的かつ派手ではなかったのだが、しかし17世紀のピューリタン革命と名誉革命の2連発は、人類史上に残る大きな出来事ではあった。前者がステュアート朝の絶対王政を打倒して共和制を樹立、後者は王権を制限し言論の自由を決議、立憲君主制を招来するに至った。つまりこれら「革命の子孫たち」の国から、そのなかでもかなり「地べたに近い」層から生まれてきた音楽文化がパンク・ロックだったということは、じつはとても重要だ。そして日本人が（かなり日本風に変形したものであったとしても）「ことのほか」それを好んでいる、という事実もまた。

ゆえに僕は、「パンクに引き寄せられる」日本人の心意気を買うのだ。ボウイに笑われようとも——いや、つい吹き出されてしまうほどの真摯さが、そこにはあることの証《あか》しなのだから、これはきっと「いいこと」なのだろう——だって「真面目なこと言うのって、かっこ悪いよね」なんていう風潮、おそろしく過去のものとなってから長い。そんなこと言ってはくすくす笑い合っていられるほど、90年代以降の日本は呑気な国ではない。

だからもしあなたが深い憤りを自覚した上で、あたりを見回してみようとしたときに、きっと「本物の」パンク・ロックはとても役に立つはずだ。そしてあたかも「ポストパンク・バンドのように」ひとりひとりが冷静に的確に、社会構造における「矛盾」そのものと向き合っていかねばならない時間は、ここ日本でも、すでに始まっているのだから。

6 日本のパンク・ロック／ポストパンク／ノイズの名盤アルバム15枚

1：リザード『S／T』（79年）東京ロッカーズより、満を持しての1ｓｔ。2：フリクション『S／T』（80年）通称「軋轢」。坂本龍一が共同プロデュースの1ｓｔ。3：ＩＮＵ『メシ喰うな！』（81年）作家・町田康が町田町蔵名義で最初に世に出た、ポストパンク・バンド1ｓｔ。4：ＳＳ『LIVE!』（90年）79年のライヴを収録した全36トラック。フィンガー5のカヴァーも。5：アナーキー『S／T』（80年）「なーにが日本の（以下本文参照）」これぞ日本のパンク1ｓｔ。6：ザ・スターリン『ストップ・ジャップ』（82年）2ｎｄにしてメジャー・デビュー作。人気曲「ロマンチスト」収録。7：Ｖ．Ａ．『グレート・パンク・ヒッツ』（83年）日本ＨＣ勢集結の貴重コンピ（本文参照）。8：ＥＰ-4『リンガ・フランカ1 昭和大赦』（83年）インダストリアルとＮＷファンクを接続する特異種1ｓｔ。9：Ｓ.Ｏ.Ｂ『ドント・ビー・スウィンドル』（87年）45回転の12インチ盤に20分強で計18曲。世界の「その筋」が瞠目した、プロト・グラインドコア実質的1ｓｔ。10：ボアダムス『ソウル・ディスチャージ』（89年）ノイズからオルタナ、そしてさらなる前人未到系音楽の雄として国際的に飛躍していく彼らのアイデア満載2ｎｄ。11：不失者『不失者 1ｓｔ』（89年）世界で広く愛されるアングラ音楽家、灰野敬二がギタリストとして率いるバンド、78年のライヴを収録。ハード・ロックとサイケがあらゆる境界を越えていく流体の美。12：ゼルダ『S／T』（82年）Ｆ・スコット・フィッツジェラルドの妻の名を冠した全員女性バンド1ｓｔ。13：ザ・ブルーハーツ『S／T』（87年）「リンダリンダ」も収録、あらゆる意味で「日本中を沸騰させた」歴史的1ｓｔ。14：少年ナイフ『プリティー・リトル・バカ・ガイ』（86年）初期代表曲を多く収録した3ｒｄ。15：ハイスタンダード『グローイング・アップ』（95年）日本の「メロコア」人気に点火した大ヒット作1ｓｔ。

〈凡例〉「S／T」とは「Self Titled」、アーティスト名と盤タイトルが同じとの意味／☆は『名盤100』にも収録／盤のナラビは「この順番で聴くといいかも」との筆者からの提案です。

① 

② 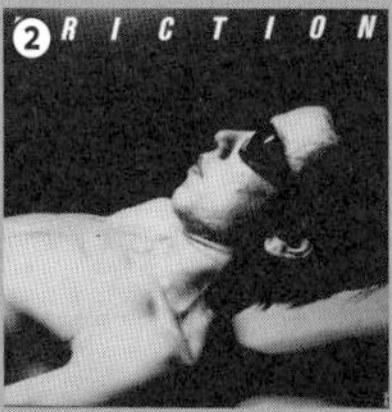

③ 

④ 

⑤ 

⑥ 

⑦ 

⑧ 

⑨ 

⑩ 

⑪ 

⑫ 

⑬ 

⑭ 

⑮ 

終章　夢破れて、傷つき果て。それでも、なお……

82年、来日公演時のザ・クラッシュのジョー・ストラマー。左腕に「ミッキーマウスを殺せ!!」とペイント（Everett Collection/アフロ）

英エリザベス女王の逝去

ここまでの文章に登場してきた人々のうち、すでに鬼籍に入った人は少なくない。原稿の準備中、あるいはウェブサイトでの連載中に訃報に接したことも幾度かあった。なかでも社会的にとりわけ大きな衝撃を呼んだのが、22年の9月8日の、英エリザベス女王の逝去だった。

若きセックス・ピストルズが、あたかも爆弾を抱えて特攻するかのようにして、代表曲「ゴッド・セイヴ・ザ・クイーン」を世に放ったのが77年の5月だったことは、すでに記した。その時期はちょうどエリザベス女王の戴冠25周年（シルヴァー・ジュビリー）を祝賀する一連の行事の真っ最中だったのだが、しかし女王および王室の権威は、ピストルズの「体当たり」ごときでは、びくともしなかった。同曲のシングルも「天下」は獲れなかった。パンクスの熱い支持は集めながらも、全英チャートでは（不正な操作が疑われはしたものの）結局のところ2位止まりだった。

そんなナンバー、「ゴッド・セイヴ・ザ・クイーン」が、原稿執筆中の22年6月、初めて全英チャートのトップに立った。女王崩御の、約3ヶ月前だ。これはオリジナル・リリースから45年経ったのちの、達成だった。アナログ・シングルとして再発売されたものが、フィジカル・チャートの1位となったのだ。これは同年、ちょうどそのころ、女王のプラチナム・ジュビリー(戴冠70周年)の祝賀が盛り上がっていたタイミングに当てこんだリリースだった。つまりは便乗商法だったのだが、しかしこれが最初の犯行、だったわけではない。

じつはこれまでもずっと、エリザベス女王のジュビリーのたびに、「ゴッド・セイヴ・ザ・クイーン」の新たなる再発盤は繰り返しリリースされていた。02年のゴールデン・ジュビリー(戴冠50周年)にも、12年のダイアモンド・ジュビリー(戴冠60周年)にも、リイシューされていた。しかしこのどちらも、チャート・アクションは芳しいものではなかった。だから「プラチナム」での達成は、なにやら時代の波が、ふたたびピストルズの方角に、パンク方向に向いていたことの証しだったのかもしれない。もしくは商品企画が冴えていたのかもしれない(限定1977枚は、幻のA&M盤仕様にするなどの、凝った仕掛けがあった。SNSも機動的に駆使された)。

「『女王を愛してない』なんて、俺は言ったことないぜ」

もっとも、さすがに「その同じ年」に女王が逝去してしまうなんてことは、誰にとっても予想外だったはずだ。訃報が世界を駆け巡った9月8日、その当日に素早く、ジョン・ライドンは彼名義のウェブサイトから声明を発した。

「エリザベス2世女王、安らかにお眠りください。勝利を彼女に」

最後の部分、原文では「Send her victorious」となっていて、これはイギリスの事実上の国歌からの引用だ。つまりピストルズの曲じゃないほうの「ゴッド・セイヴ・ザ・クイーン」、18世紀のジョージ2世の時代より英国民に親しまれているアンセムの歌詞に、こんな一節がある。「神よ女王を護りたまえ／彼女に勝利を、幸福と栄光を送りたまえ／御代の長からんことを」——ライドンはここから抜いた言葉をあえて使うことで、女王に敬意を表したわけだ。そしてすこしあとの16日、今度はパブリック・イメージ・リミテッド（ＰｉＬ）のツイッター・アカウントを通じて、彼はセックス・ピストルズの便乗商法を非難した。いわく、女王の逝去に際して「ゴッド・セイヴ・ザ・クイーン」で商業的利益を求めようとすることは、彼女と家族にとって非礼であり、悪趣味だとして「ピストルズがおこなうそれらの行動すべてと、自分は距離をとりたい」との意志を表明した。

ここの部分は、とくに最近お馴染みの、ライドンによる「ピストルズの他のメンバーや取り巻き」に対する牽制ともとれたのだが、着目すべきは王室に対する彼のスタンスだろう。ここ最近のライドンは、折に触れて「女王個人は尊敬している」と繰り返し述べていた。『女王を愛してない』なんて、俺は言ったことないぜ」とも。とくにプラチナム・ジュビリーに際してのインタヴューにおけるライドンは「長年にわたって生き延びてきた女王を俺は尊敬する、拍手を送りたい」とまで、述べていた。ただ彼は「いま現在の君主制には賛成できない」とのことで、つまりは「ここ」こそが、長年にわたるライドンの「攻撃対象」だったということだ。彼は女王や王族個人ではなく、政治家個人でもなく、君主制をも含む「不公正なる社会システム」と戦ってきたという自負があるのだろう。さらに彼は、前述した幾度にもわたる「ゴッド・セイヴ・ザ・クイーン」の再発売劇にも、そもそも否定的だった。ジュビリーにかこつけて同曲を1位に押し上げようとするキャンペーンは、セックス・ピストルズの象徴的価値を損なっているのだ、と――。

なんとまあ「常識的」なのか、とあなたは思わないだろうか？　いつの間にやら、ジョン・ライドンが「きわめてまともなことを言うようになっている」と。個人としてのエリザベス女王には敬意を表し、旧態依然とした王室制度には疑問を呈する――なんて、ちょっとしたリベラルよりも、ずっと保守中道的ですらある。かつては「過激」の代名詞だった、不敬なる文化的テロリスト筆頭だったはずのあのロットンも、歳をとって丸くなったのか？
――と思ってしまう人も、いるかもしれない。

しかし僕は、本質的には、彼はさほど変わってはいないのだと思う。時代のほうが、世相のほうが大きく変わったのだ。70年代当時の「アナキスト志望」の若者が、まるで保守みたいな場所に収まってしまうほどまでにも、世の中全体のバランスが変わってしまった。そして少なくともイギリスにおいては「変わらぬものの象徴でもあった（であるがゆえに、敬愛と同時に揶揄や攻撃をも引き寄せた）」あのエリザベス女王までもが、世を去ってしまった。「ゴッド・セイヴ・ザ・クイーン」の時代がついに終わりを告げ、「～キング」の世になってしまった。

「困ったオジサン」化したライドン

90年代以降のジョン・ライドンは、まず92年にＰｉＬを解散していた（正式には無期活動休止と称されていた)。そして、あろうことかセックス・ピストルズの再結成もおこなっていた(96年にワールド・ツアー。2002年と07年にもツアー)。ゼロ年代の彼は、TVパーソナリティーとしても人気を得た。有名人が野生動物に親しむリアリティ番組出演などで受けて「面白いおじさん」と化す。この部分の彼は、言うなれば、80年代日本におけるビートたけし(映画監督デビューする前まで)ぐらいの人物として、全英の視聴者に親しまれていた、のかもしれない。09年には、今度はＰｉＬが再結成されている(しかしもちろん、オリジナル・メンバーのジャー・ウォブルやキース・レヴィンらは、こちらには一切関係していない)。だからそののち、ＰｉＬ名義の新作リリースやツアーも、ときどきある。しかしそれらよりも、ときに旧作のリイシューなどのほうが世間の耳目を大きく集めるような、そんな存在に、近年のジョン・ライドンはなっていた。

さらに「ここ最近のライドン」は、困ったオジサンとも化していた。それほどまでにも「変わってしまった世界」においては、彼生来のラディカル志向が、どうにも難儀な地点にまでたどり着いてしまったのか。ここのところのライドンは、なんとドナルド・トランプへの支持を表明して、あきれられていた。現在はアメリカの市民権も持つライドンは、2020年の米大統領選時にはトランプに投票したのだという。そのときばかりではなく、以前から一貫して、インタヴューなどで彼は幾度も繰り返しトランプを誉め称えていた。「唯一の希望」とか「彼とは友だちになれる」とまで、ライドンは言っていた。ブレグジット（英国のＥＵ離脱）にも賛成だった。

重なるモリッシーの姿

ライドンのこうした「現在地」を観察するたびに、僕は近年のモリッシーの姿を連想せざるを得ない。「憂鬱の王」だった青年から、「差別発言ばかりする」中年男への変化だ。

ザ・スミスのフロントマンとして80年代中盤にメランコリックでセンチメンタルなインディー・ロック突端で狂おしく舞い踊った、傑出した詩人でありヴォーカリストであるモリッシーは、今日、人種・民族差別発言の数々を強く非難されている。とくにロンドン市長のサディク・カーンや移民をターゲットにした彼の発言は醜悪で、轟々たる非難を集めた。しかしモリッシーは反省するどころか、鼻で笑ってこれらを一蹴。「左巻きの連中（Loony Left）は、ヒトラーが左翼だったってこと、忘れているよね」なんて無理筋でやり返すわ、人種差別主義者と言われることに「意味はない」などと居直る始末。よってそんな彼の姿は、米人気コメディ・アニメ『ザ・シンプソンズ』のネタにもなった——リサ・シンプソンが80

年代UKのザ・スミスみたいなバンドに入れ込むと、当時のモリッシーみたいな「空想の友だち」ができる。しかしその歌手の「現実世界での現在の姿」は、醜く太ってヘイト発言を繰り返す中年男で、あろうことか肉食を推進までしている！——というもので、まさにこれは、かつてスミスやモリッシーの音楽を深く愛したクリエイターたちによる「泣いて馬謖《ばしょく》を斬る」ような精神が結晶化した作品だった、のかもしれない。

歳月とは、なんと残酷なものなのか、との感慨を僕は抱かざるを得ない。時の流れの前には、人間など取るに足りないけし粒以下の存在でしかない、のかもしれない。

およそ当時、並ぶ者はいなかったパンクおよびポストパンクのヒーローたちが、歳を重ねて右傾化し、問題中年化することもある——どうやらこれが、現代の偽らざる一断面でもあるようだ。これらはきっと、いま現在の人類が「70年代や80年代とは、まったく違う」社会情勢や地球環境バランスのなかにあることの、なによりもの証拠なのだろう。新自由主義をも通り過ぎようとしているわりには、どうにもこうにも、驚くほどまでにも「19世紀にも近い」ような現在地に、我々は否応なく立たされているのかもしれない。新たなる悲惨の世が、これから本格的に幕を開けるのかもしれない。

エリザベス女王だけではなく、２０２２年の４月３日には、〈ＳＥＸ〉〈セディショナリーズ〉の名物店員だったジョーダン・ムーニーことパメラ・ルークも世を去った。そして同年12月29日には、ヴィヴィアン・ウエストウッドが没した。つまり「ほんものの」女王と前後して、「パンクの」女王との異名を得たことがあるふたりの女性が、70年代のあの時代に、ストリートの最前衛にて暴れまくっていた彼女たちが、鬼籍に入ってしまったことになる。23年４月６日には、ジョン・ライドンの妻、ノラ・フォースターも他界した。

どうやら僕らは、そんな時代相のなかにいるようだ。

ひとつの「死」

90年代のオルタナティヴ・ロック・ブームの終結にも、ひとつの「死」が大きく関わっていた。第４章の第６項にてニルヴァーナのアルバム『ネヴァーマインド』が全米１位を奪取した達成を記したが、その２年とすこしあと、94年４月５日にフロントマンのカート・コベインが自殺してしまう。急激な成功がプレッシャーとなった、との見方や、ドラッグの悪影響を指摘する声も多かった。いずれにせよ、人気絶頂の現役ロックスター、しかもまだ27歳だった若者が自ら死を選んでしまったことによる社会的影響は甚大で、この直後から、オルタナティヴ・ロックのブームは目に見えて熱を失っていく。パンク・ロックの延長線上にあったはずの、理想や夢の結実のひとつは、ここで確実に砕け散ってしまう。

入れ替わるかのようにして米ポップ音楽市場の主流となったのが、こちらも90年代前半に「黄金時代」の渦中にあったヒップホップ勢だった。もっとも、こちらはこちらで「死の波」には覆われていた。ギャングの抗争がらみと言われている(西海岸と東海岸、それぞれのスーパースター、2パックとノトーリアス・B.I.G.が射殺された)。しかしなんとか乗り切って、R&Bなども巻き込みつつ、ゼロ年代以降も米英のポップのメインストリーム域を支配し続けている。

もっとも、すでに記したとおり、パンク・ロックとヒップホップには、かなり多くの共通項がある。前者が「パクリ上等」であり、後者が「サンプリングが基本」というところ、まるで親戚みたいだ。そしてどちらも「思いついたら、すぐにやる!」ことが、なによりも重要視されるアート・フォームでもある。パンク・ロックからポストパンク、ハードコアなどの長い長い潮流が、カート・コベインの成功と自死によってひとつの完結を得たことが、ちょうど多元宇宙的に言うと「裏っかわの位置」にあたるようなエリアにもなにかしら影響して、それがヒップホップの、あるいは近縁種のダンス音楽の90年代以降における「メインストリーム化」につながっていったのかもしれない。かつてのビースティ・ボーイズがそうだったように、ハードコア小僧は、いつだってすぐに「ラップに走る」ものだから。そしてまた「逆もまた真なり」なのだから。

もっとも、今日に至るまでずっと、パンク・ロックそのものも世界中で存在し続けている。マーケットの中心域で目立って売れているものは多数ではないが、しかし、衰退著しいロック音楽界全体のなかでは「まだまだ踏みとどまっている」サブジャンルの雄として、世にあり続けている。そしてときに、いや往々にして、ヒップホップやダンス音楽、場合によってはなんとカントリー音楽などとも「異種交配」しては、得意技である「反逆ののろし」やら「批評性」やら「ジャンルの刷新」やらをおこなう際の、ある意味で肝腎要のスパイス的要素として機能している、場合も多い。「パンクの精神」は、あらゆる場所に遍在している。

ジョー・ストラマーの死

ジョー・ストラマーの訃報を耳にした夜を、僕は忘れることはない。

2002年12月22日、そのときの僕はサンフランシスコのミッション地区の古着屋にいた。店内ではラジオ放送が流れていて、なにだったかは思い出せないのだが、ザ・クラッシュの曲が1曲かかって、それから「デス・オア・グローリー」が鳴り始めた。「2曲続けてクラッシュか」と、僕は思った。もとより「デス〜」はあまり得意な曲ではない。ちょっとスポ根的すぎるというか、スローガン的すぎるといつも感じていたからだ。その曲終わりで、DJの女性が言葉少なにひとこと喋って、またクラッシュの曲になった。

と、そこで店内にいたアメリカ人の友人が、怪訝《けげん》な表情をして、僕のほうにやってくる。彼は僕に訊く。「いま、ラジオでなんて言ってた?」と。僕は答えた。ジョー・ストラマーが死んだ、と。たしかそう言ってたと思う、と。「やっぱりそうだよな。俺もそう聞こえた」と友人は言った。

続けて僕はこう言った。「He was my hero of my junior-high era」と。友人は「Me too」と言った。そこからあとのことは、あまりよく憶えていない。クルマのなかでは、お互いほとんど口をきかなかった。友人はカーラジオのステーションを次々に切り替えては、情報を探していたはずだ。ノースビーチの、シティ・ライツ書店のすぐそばにあった彼の家に着いてから、ようやく友人はインターネットで検索して確証を得た（このころはまだスマートフォンは世になかった）。そして、どうやら本当らしい、ということを僕らは実感した。ストラマーは50歳で、心臓発作だったということが、わかった。そこからあとのことも、あまり記憶にない（たぶん夕食を摂った。デリバリーで中華とか）。毎年冬になると、そのときの光景を僕は思い出す。紙パックに入ったチョウメンの、あまり誉められたものではない味わいとともに。

パンク・ロックとは、僕にとって学校のようなものだった。そんな自分のフェイヴァリット・バンドがザ・クラッシュであることを自覚したのは、結構遅い。30歳を過ぎてすこししたころ、だったろうか。もうとっくのむかしに、クラッシュは世になかった。そんなころに、ようやく気づいたのだ。クラッシュが地上最高のバンドだとは決して思わないのだが、しかし、レゲエやファンク、ヒップホップ、フォークやロカビリーですら僕は「クラッシュというフィルターを通して」把握していったようなところがある。音楽だけではない。服装や態度、社会問題全般についての自分の考えかた、そのベーシックの部分において、彼らからの影響がきわめて大きく――あまりに大きすぎるので、そのことに気づくのに、すこしばかり時間がかかってしまったというわけだ。クラッシュとは、ティーン時代の自分の、言うなればば兄貴分みたいな存在だった。バイクの乗りかたやギターの弾きかたを最初に手ほどきしてくれた、ちょっと不良な先輩連中が彼らだった、のかもしれない。

そんなことを自覚してから、大して時間も経っていないころに、ジョー・ストラマーは世を去ってしまった。

心の底から「吹っ飛ばされた」クラッシュ・ソング

「キャリア・オポチュニティーズ（Career Opportunities）」というクラッシュの曲がある。彼らのデビュー・アルバムに収録されているナンバーだ。歌詞を理解して、そして最初に、心の底から「吹っ飛ばされた」クラッシュ・ソングが、僕の場合これだった。

邦題は「出世のチャンス」だ。たしかにCareer Opportunitiesとはそういう意味なのだが、この歌のなかでは、ほぼ反語として取り扱われている。つまり主人公には――いや「主人公と同様の、労働者階級の若者たちには」――出世のチャンスなんて、あるわけない。未来を築ける「キャリア」なんて、あるわけないのだ。なんせ「あいつら」は、俺やお前に、その日暮らしのどうしようもない仕事のみを押し付けるだけだから。そんな仕事を「まるで未来があるかのようにして」嘘をついては、目の前に吊り下げる。いや「それしかないんだ」と思い込ませるのだ……という、そんな内容の歌だ。

だから「いろんな仕事」について、ひたすら悪し様に言及されていく。ヴァース1では「BBCでお茶汲みをしたいか?」「警官なんかに、ほんとになりたいのか?」と問われる。ヴァース2では「陸軍も嫌だし空軍も嫌だ」「熱帯の暑さのなかで戦いたくない」と歌われる。もちろん「公務員の服務規程なんて大嫌い」だし、「あんたらのために、郵便爆弾(Letter Bomb)を開封するなんてゴメンだ」なんてラインもある。

クラッシュのミック・ジョーンズは、実際にこの「郵便開封」の仕事をしていた時期があるという。IRA(アイルランド共和軍)がテロ攻撃の一環として、郵便爆弾戦術をよく採用していた時代、政府機関はオフィスおよび職員の被害を最小限にするため「郵便物を開封するため」の下仕事をするアルバイトを採用していた。つまり運悪く「それが爆弾だった」ならば、最初に吹っ飛ぶひとりとなることが運命づけられている、そんな職種だ。これでジョーンズも日銭を稼いでいたことがあるのだが……当然にして、そんな仕事に未来などあるわけがない。だからこの曲のコーラス部では「出世のチャンスなんて、決してやって来はしない」と繰り返されることになる。

「自動販売機の理論」

なかでも当曲の白眉は、ブリッジ部分でのシャウトだ。「Oi!」と叫ぶやいなや、ジョー・ストラマーは、喉も破れよとこう吠える。「Bus driver / Ambulance man / Ticket inspector / I don't understand!（バス運転手／救急隊員／検札係／俺にはわかんねえよ！・）」——衝撃だった。こんな歌が、世の中に存在し得るとは。そんなこと一度たりとも僕は、想像したこともなかった。否定的な意味で「バス・ドライヴァー!!」なんて歌うのは、職業差別ではないのか？　なんなのか、この曲は、と……。

たとえばもし「子供のころから憧れていて、自分はバス運転手になったのだ」という人がこのフレーズを聴いたなら、悲しい気持ちになっても不思議はない。しかし「そんな気持ちになる」ことについても、その真なる意味をこそ「問う」のが、この歌の全体像なのだ。「それは本当の本当に『あなた自身の、自発的な心の動きから選択された』憧れだったのだろうか？・」と。あなたは本当に「無限大の、フリーハンドの自由をもとに、自分の意志の完全なる反映として、自らの未来を決したのか?」と。

言うまでもなく、大抵の人は「そんなことはない」と答えるしかない。我々の人生とは、あらかじめかなり大幅に「制限」されているからだ。僕はよく「自動販売機の理論」だと言う。目の前に、缶入りの清涼飲料水が並ぶ、しかし品揃えは悪い自動販売機が一台あったとしよう。本音で言うと、そこになにも欲しいものはない。でも、喉が渇いてしょうがない。だから「ここから選ぶしかない」のだ、と思い込まされる——つまりこれが、我々大多数の「庶民」の人生における「選択の本質」にほかならない。我々の「夢」なんて、「理想や憧れ」なんて、完全なる自由意志によって選びとられたものなんかではない。そんなに気が利いた世の中なんて、有史以来、一度たりとも存在したことはない。あらかじめ用意周到に「あいつら」によって操作されているものであることが、普通だ。

「あいつら」とはつまり、「自動販売機を用意する」側にいる奴らだ。働かなくても、決して食うには困らない、そんな奴らだ。つまり「選択する必要すらない」支配者どもだ。なぜならば「資本」があるから。それが相続されるから。政治権力の座に就いているのなら、地盤やカンバンが「受け継がれる」から——だからその者たちは、「持たざる」他者に対して、

「制限された」人生を送れと強要できるだけの「力」を保持し続けている。生きていたいならば、お前らの目の前にある、役立たずの自動販売機から「選ぶしかないのだ」と……。

クラッシュがこの曲で「撃つ」のは、ここの部分なのだ。「支配」の構造そのものを、歌のなかに引っ張り込んだ上で、わかりやすく解体してみせようとする。つまり社会構造の矛盾をえぐり出すために、ここで労働者階級の若者が就くことが容易な「職業」を列記するわけだ。「搾取している側」ほどのカネや権力を得ることなど、そんな「未来」など、決して手に入れることなどできない（＝出世のチャンスなど、ほとんどない）だろう仕事ばかりを並べる。そしてこんな「ひどい品揃えの自動販売機」のボタンを、心ならずも押す人が一定数いるかぎり、不均衡はなにひとつ改善しないことを知らしめようとするのだ。権力者は、資本家は、社会的弱者から「人生そのもの」を奪い去り続ける。そして「奴ら」の地位は、なにごともなく保全され続ける。古来からつねに「そうであった」のと同様に。

おわかりだろうか？　「毎日勤勉に働いていれば、幸せになれるんですよ」なんていうのは、基本的に「搾取する側」が仕掛けた陥穽《かんせい》であり大嘘にほかならない。だから「信じてはならない」との主張が、この曲の中心を走る思想となっているのだ。つまりは階級闘争の足がかりとなるような「疑問」を呈したのがこの曲であり、クラッシュ流の社会主義宣言を寓話調に示したかのごときナンバーだったわけだ（もちろんジョー・ストラマーは、自身を社会主義者と規定していた）。

「賃金奴隷制（Wage Slavery）」

この曲でのクラッシュの主張は、たとえば今日のノーム・チョムスキー、アメリカの哲学者・言語学者にして、アナルコ・サンディカリスト（無政府組合主義者）でもある彼がよく言及する「賃金奴隷制（Wage Slavery）」の概念とほぼ重なる。「生活のために働いて賃金を得なければならない」ということは、あるいは「働いているのに、生命維持ぎりぎりの収入しかない」ような人は、すなわち奴隷にもほど近い悲惨な境遇なのだ、という考えかたは、古代ローマの大政治家キケロ以来、脈々とある。そしてカール・マルクスがこれを「賃金奴隷制」と名付けた。奴隷が所有者に「売り買いされる」ように、プロレタリアは「毎日毎日」かならず、自分自身の労働力を資本家に売らねばならない――つまり、かつての奴隷と今日の賃労働者のあいだには、基本的な差異など「ない」のだ、という認識がこの語を生んだ。

だからこそ、この「キャリアア・オポチュニティーズ」から伝わってくるインパクトは強く、そして重い。スパッと始まってすぐに終わる、景気のいいパンク・ロック・ナンバーであるのだが、この曲の詞を理解したとき感じた、まるで後頭部を突然ぶん殴られたような衝撃は、いまもなお、僕のなかに残り続けている。僕の父は、勤め人だった。だから僕に課せられた「人生のコース」とは、なるべくいい大学に行って、なるべくいい就職をして――といったもので、まさしくそれを、僕自身まったくなんの疑問もなく、信じ込んでいた。そんな小規模な僕の「洗脳状態」を、すさまじいまでに爽快に「吹っ飛ばしてくれた」のがこの曲だった。「バス・ドライヴァー!!」という、とてつもなく印象的な、ジョー・ストラマーのあのシャウト一発だった。

そのせいで――比喩ではなく、そのままの意味で――いまの僕はここにいる。「キャリア・オポチュニティーズ」という曲を理解する前とは、まったく違った人生のコースを選択したあげく、いまだになんとか、この世に留まり続けている。

「Punks Never Die」

2023年にはフランスやイギリスのみならず、イスラエルでも激しいデモが繰り広げられた。22年には中国でも異例の大規模デモがあった。スリランカでもあった。なんの疑問も持たず「自動販売機の品揃えから選ぶ」ような人生を、多くの国で、多くの人々が、拒絶し始めていることの証明だ。こうしたときに武器となるのは、まずは知性だ。正確な情報だ。だからインターネットを介して、人々は意見交換し、協力し合う。

その同じ空間には、広大無辺なるネットの情報の海のなかには、「キャリア・オポチュニティーズ」だけではない、ザ・クラッシュの音そのものや画像や映像、作品の読み解きの数々が点在している。セックス・ピストルズの「ふざけんなよ！」節だって同様に健在だ。それらのアイデアは、いまもって――ではなく、じつは「いまこそ」重要な示唆に満ちているのかもしれない。有益な「発想の源」となり得るのかもしれない。

19世紀の小説群のエッセンスが、20世紀の終盤に「ゴス」として結晶化することによって、未来へとつながっていったように。あるいはまた、ウィリアム・ギブスンの『ニューロマンサー』が描いたサイバーパンクな近未来のように。同作には、宇宙開拓地コロニー「ザイオン」に住まう、マエルクムなるキャラクターが登場する。曳航船《えいこうせん》マーカス・ガーヴェイ号を操縦する、ちょっとした宇宙海賊の風格あるナイスガイで、主人公ケイスに協力する彼は、もちろんラスタファリアンだ。ラスタあるところにレゲエあり。そしてレゲエがあるんだから、あの宇宙にはパンク・ロックだって——あるに違いない。こうしたファンタジーとリアリティのあわいにも、きわめて重要な触媒として、パンク・ロックは漂い続けるのかもしれない。おそらくは、永遠に。

つまるところパンク・ロックとは、エルヴィスが死んで、ジョン・レノンが死ぬまでの、ほんの数年間に集中して起こった出来事の、その「反響」をこそ指すものかもしれない。それからあとも、いくつもの死が、折々に重なっていった。しかしいくら人が去ろうが、結局のところは「いまだに」その反響は鳴り止まない。止む気配など、一切ない。

なぜならば、すべてのパンクスが、その精神が死に絶えてしまうことなどあり得ないからだ。そこに人類の文明があるかぎり、かならずやパンクスが立ち上がる。だから「Punks Not Dead」どころではなく、きっと「Punks Never Die」であるに違いない。

【雑誌など】

英：『New Musical Express（NME）』『Sounds』『Melody Maker』『The Guardian』
『The Mirror』など各紙
米：『Rolling Stone』『Cream』『Punk』ほか各誌、『The New York Times』
『The Washington Post』など各紙
日：『POPEYE』創刊から81年までの各号、『Doll』『Rock Magazine』
『宝島』『Fool's Mate』『米国音楽』『In the City』各号
ほか：The Quietus（www.thequietus.com), Far Out（www.faroutmagazine.co.uk）などウェブサイト

ナサニエル・ホーソーン『ホーソーン短篇小説集』（坂下昇・編訳／岩波文庫／ 1993 年）
エドガー・アラン・ポオ『ポオ小説全集』1 ～ 4（阿部知二ほか・訳／創元推理文庫／ 1974 年）
エドガー・アラン・ポオ『ポオ 詩と詩論』（福永武彦ほか・訳／創元推理文庫／ 1979 年）
ジェイムズ・ジョイス『ユリシーズ』1 ～ 4（高松雄一、丸谷才一、永川玲二・訳／集英社文庫／ 2003 年）
トリスタン・ツァラ『ムッシュー・アンチピリンの宣言―ダダ宣言集』（塚原史・訳／光文社古典新訳文庫／ 2010 年）
ウィリアム・バロウズ『裸のランチ』（鮎川信夫・訳／河出書房新社／ 1992 年）
ヒューバート・セルビー・Jr.『ブルックリン最終出口』（宮本陽吉・訳／河出書房新社／ 1968 年）
J・G・バラード『クラッシュ』（柳下毅一郎・訳／ペヨトル工房／ 1992 年）
J・G・バラード『ハイ・ライズ』（村上博基・訳／ハヤカワ文庫／ 1980 年）
ギデオン・サムズ『ザ・パンク』（柳下毅一郎・訳／ PSC ／ 1994 年）
ジム・キャロル『マンハッタン少年日記』（梅沢葉子・訳／晶文社／ 1982 年）
キャシー・アッカー『血みどろ臓物ハイスクール』（渡辺佐智江・訳／白水社／ 1992 年）
ダグラス・クープランド『ジェネレーション X―加速された文化のための物語たち』（黒丸尚・訳／角川書店／ 1992 年）
チャック・パラニューク『ファイト・クラブ』（池田真紀子・訳／早川書房／ 1999 年）
アーヴィン・ウェルシュ『トレインスポッティング』（池田真紀子・訳／角川文庫／ 1998 年）
ゲイリー・パンター『日本版 JIMBO: ジンボ』（橋本ユキ・訳／松文館／ 1983 年）
アラン・ムーア、デイヴ・ギボンス『WATCHMEN ウォッチメン』（石川裕人、秋友克也、沖恭一郎、海法紀光・訳／小学館集英社プロダクション／ 2009 年）
ウィリアム・ギブスン『ニューロマンサー』（黒丸尚・訳／ハヤカワ文庫／ 1986 年）

1994年)
デイヴィッド・ピース『1974ジョーカー』(酒井武志・訳/ハヤカワ・ミステリ文庫/2001年)
グレアム・グリーン『ブライトン・ロック』(丸谷才一・訳/ハヤカワepi文庫/2006年)
テッド・ヒューズ『詩集 誕生日の手紙』(野仲美弥子・訳/書肆青樹社/2004年)
チャールズ・ディケンズ『オリヴァー・トゥイスト』(小池滋・訳/講談社文庫/1971年)
アントニイ・バージェス『時計じかけのオレンジ』(乾信一郎・訳/ハヤカワ・ノヴェルズ/1971年)
アラン・シリトー『土曜の夜と日曜の朝』(永川玲二・訳/河出書房新社/1976年)
アラン・シリトー『長距離走者の孤独』(丸谷才一、河野一郎・訳/新潮文庫/1973年)
アラン・シリトー『屑屋の娘』(河野一郎、橋口稔・訳/集英社文庫/1977年)
ジョージ・オーウェル『1984年』(新庄哲夫・訳/ハヤカワ文庫/1972年)
ジョルジュ・バタイユ(オーシュ卿)『眼球譚[初稿]』(生田耕作・訳/河出文庫/2003年)
清水徹、出口裕弘・編『新版 バタイユの世界』(青土社/1978年)
マルキ・ド・サド『悪徳の栄え』上・下(澁澤龍彥・訳/河出文庫/1990年)
ホレス・ウォルポール『オトラント城奇譚』(井口濃・訳/講談社文庫/1978年)
メアリー・シェリー『フランケンシュタイン』(小林章夫・訳/光文社古典新訳文庫/2010年)
ブラム・ストーカー『吸血鬼ドラキュラ』(平井呈一・訳/創元推理文庫/1971年)
オスカー・ワイルド『ドリアン・グレイの肖像』(福田恆存・訳/新潮文庫/1962年)
オスカー・ワイルド『幸福な王子―ワイルド童話全集』(西村孝次・訳/新潮文庫/1968年)
ナサニエル・ホーソーン『完訳 緋文字』(八木敏雄・訳/岩波文庫/1992年)

訳／平凡社／1993年）
ギー・ドゥボール『スペクタクルの社会についての注解』（木下誠・訳／現代思潮新社／2000年）
ヴァルター・ベンヤミン『複製技術時代の芸術』（佐々木基一・編集解説／晶文社／1999年）
スーザン・ソンタグ『反解釈』（高橋康也、出淵博、由良君美、海老根宏、河村錠一郎、喜志哲雄・訳／竹内書店／1971年）
ノーム・チョムスキー『アメリカンドリームの終わり―あるいは、富と権力を集中させる10の原理』（寺島隆吉、寺島美紀子・訳／ディスカヴァー・トゥエンティワン／2017年）
カール・マルクス、フリードリヒ・エンゲルス『共産党宣言』（大内兵衛、向坂逸郎・訳／岩波文庫／1951年）
フリードリヒ・エンゲルス『イギリスにおける労働者階級の状態』上・下（一條和生、杉山忠平・訳／岩波文庫／1990年）
リチャード・イングリッシュ、マイケル・ケニー『経済衰退の歴史学―イギリス衰退論争の諸相』（川北稔・訳／ミネルヴァ書房／2008年）
ケロウ・チェズニー『ヴィクトリア朝の下層社会』（植松靖夫、中坪千夏子・訳／高科書店／1991年）
村岡健次・川北 稔 編著『イギリス近代史―宗教改革から現代まで』（ミネルヴァ書房／1986年）
田口典男「イギリス労使関係におけるサッチャリズムの影響」（『Artes liberales』65 141-157, 1999-12-27／岩手大学人文社会学部）
福島勝彦「戦後イギリスにおける失業保険の展開：1966-77年（その2）」（『創価経済論集』11 (1), 1-13, 1981-06-01／創価大学経済学会）

【小説、詩、戯曲、文芸評論、コミックなど】
William Shakespeare '*King Richard III*' (Tredition Classics, 2012)
William Shakespeare '*Measure for Measure*' (Penguin Press, 2015)
アルチュール・ランボー『ランボー詩集』（堀口大學・訳／新潮文庫／1951年）
ポール・ヴェルレーヌ『ヴェルレーヌ詩集』（堀口大學・訳／新潮文庫／1950年）
シャルル・ボードレール『ボードレール詩集』（堀口大學・訳／新潮文庫／1951年）
シャルル・ボードレール『悪の華』（堀口大學・訳／新潮文庫／1953年）
ロオトレアモン『マルドロオルの歌』（青柳瑞穂・訳／講談社文芸文庫／

Jewish Punk'（Chicago Review, 2008）
George Gimarc '*Punk Diary 1970 ~ 1979*'（St. Martin's, 1994）
George Gimarc '*Post Punk Diary 1980 ~ 1982*'（St. Martin's, 1997）

【ロック／ポップ音楽全般、ストリート文化】
ジョン・サベージ『イギリス「族」物語』（岡崎真理・訳／毎日新聞社／1999 年）
Gary Herman '*Rock'n' Roll Babylon*'（Plexus, 1982）
　ゲーリー・ハーマン『ロックンロール・バビロン』（中江昌彦・訳／白夜書房／ 1988 年）
Greil Marcus '*Mystery Train: Images of America in Rock'n' Roll Music*'（E.P. Dutton, 1975）
　グリール・マーカス『ミステリー・トレイン —ロック音楽にみるアメリカ像』（三井徹・訳／第三文明社／ 1989 年）
Simon Frith '*Sound Effects: Youth, Leisure, and the Politics of Rock'n' roll*'（Pantheon, 1981）
　サイモン・フリス『サウンドの力 —若者・余暇・ロックの政治学』（細川周平、竹田賢一・訳／晶文社／ 1991 年）
Richard Barnes '*Mods!*'（Eel Pie, 1979）
George Marshall '*Spirit of '69 - A Skinhead Bible*'（S. T., 1991）
Colin Larkin '*The Virgin Encyclopedia of Sixties Music*'（1998）, '*...Seventies Music*'（1998）, '*… Eighties Music*'（1997）, '*...Nineties Music*'（2000）, '*...Indie & New Wave*'（1998）, '*...Reggae*'（1998）, '*...R&B and Soul*'（1998）, '*...Dance Music*'（1998）（Virgin）
Ira A. Robbins '*The Trouser Press Guide to New Wave Records*'（Charles Scribner's Sons, 1983）
Ira A. Robbins '*The Trouser Press Record Guide: The Ultimate Guide to Alter-native Music*'（Collier Books, 1991）
Ira A. Robbins '*The Trouser Press Guide to 90's Rock*'（Fireside, 1997）

【芸術批評、社会思想、社会史、経済史など】
ジョージ・メリー『反逆から様式へ—イギリス・ポップ芸術論』（三井徹・訳／音楽之友社／ 1973 年）
ハンス・リヒター『ダダ—芸術と反芸術』（針生一郎・訳／美術出版社／1981 年）
ギー・ドゥボール『スペクタクルの社会—情報資本主義批判』（木下誠・

Locations, Photography, Fashion' (Abstract Sounds, 1999)
ポール・ヴァージェス&アラン・パーカー『SATELLITE—SEX PISTOLS COMPLETE FILE』(西川真理子・訳/クロックワークス/2000年)
Craig Bromberg '*The Wicked Ways of Malcolm McLaren*' (Harper and Row, 1989)
クレイグ・ブロンバーグ『セックス・ピストルズを操った男—マルコム・マクラーレンのねじけた人生』(林田ひめじ・訳/ソニー・マガジンズ/1993年)
Caroline Coon '*1988: The New Wave Punk Rock Explosion*' (Hawthorn, 1977)
キャロライン・クーン『パンク・エクスプロージョン1977』(水上はるこ・訳/宝島社/1993年)
Nina Antonia '*Johnny Thunders: In Cold Blood*' (Jungle, 1987)
ニーナ・アントニア『ジョニー・サンダース—イン・コールド・ブラッド』(鳥井賀句・訳/シンコー・ミュージック/1988年)
Roman Kozak '*This Ain't No Disco: the Story of CBGB*' (Faber and Faber, 1988)
ローマン・コザック『CBGB伝説—ニューヨーク・パンク・ヒストリー』(沼崎敦子・訳/CBS・ソニー出版/1990年)
行川和彦『パンク・ロック/ハードコア史』(リットーミュージック/2007年)
Steven Blush '*American Hardcore: A Tribal History*' (Feral House, 2001)
スティーヴン・ブラッシュ『アメリカン・ハードコア』(横島智子・訳/メディア総合研究所/2008年)
Legs McNeil, Gillian McCain '*Please Kill Me: Uncensored Oral History of Punk*' (Little Brown, 1996)
レッグス・マクニール、ジリアン・マッケイン『プリーズ・キル・ミー』(島田陽子・訳/メディア総合研究所/2007年)
Dennis Morris '*Destroy - Sex Pistols*' (Creation, 1998)
Bob Gruen '*Sex Pistols: Chaos*' (Omnibus, 1990)
Bob Gruen '*The Clash: Photographs by Bob Gruen*' (Vision On, 2001)
Jordan Mooney with Cathi Unsworth '*Defying Gravity - Jordan's Story*' (Omnibus, 2019)
Steven Lee Beeber '*The Heebie-Jeebies at CBGB's: A Secret History of*

参考文献

【パンク・ロック関連】
Jon Savage '*England's Dreaming: The Sex Pistols and Punk Rock*' (Faber and Faber, 1991)
　ジョン・サヴェージ『イングランズ・ドリーミング―セックス・ピストルズとパンク・ロック』(水上はるこ・訳／シンコー・ミュージック／1998年)
グリール・マーカス『ロックの「新しい波」―パンクからネオ・ダダまで』(三井徹・編訳／晶文社／1984年)
John Lydon with Keith Zimmerman '*Rotten: No Irish, No Blacks, No Dogs*' (St. Martin's, 1994)
　ジョン・ライドン『STILL A PUNK―ジョン・ライドン自伝』(竹林正子・訳／ロッキング・オン／1994年)
Glen Matlock with Pete Silverton '*I was a teenage Sex Pistol*' (Omnibus, 1990)
　グレン・マトロック『オレはセックス・ピストルズだった』(ピート・シルヴァートン補筆／岡山徹・訳／音楽之友社／1992年)
Steve Jones '*Lonely Boy: Tales from a Sex Pistol*' (William Heinemann, 2016)
　スティーヴ・ジョーンズ『ロンリー・ボーイ―ア・セックス・ピストル・ストーリー』(川田倫代・訳／イースト・プレス／2022年)
Fred and Judy Vermorel '*The Sex Pistols*' (Tandem, 1978)
　フレッド＆ジュディ・ヴァーモレル『セックス・ピストルズ・インサイドストーリー』(野間けい子・訳／シンコー・ミュージック／1986年)
Lee Wood '*The Sex Pistols Diary: Sex Pistols Day by Day*' (Omnibus, 1988)
　リー・ウッド『セックス・ピストルズ伝説』(野間けい子・訳／JICC出版局／1990年)
Alan Parker '*Vicious: Too Fast to Live*' (Creation, 2004)
　アラン・パーカー『シド・ヴィシャスの全て　――VICIOUS――TOO FAST TO LIVE...』(竹林正子・訳／ロッキング・オン／2004年)
Malcolm Butt '*Sid Vicious: Rock'n' Roll Star*' (Plexus, 1997)
　マルコム・バット『シド・ヴィシャス―ロックンロール・スター』(松尾康治・訳／シンコー・ミュージック／1998年)
Paul Burgess, Alan Parker '*Satellite: Sex Pistols - Memorabilia,*

本書は、２０２２年８月から２０２３年５月にかけて光文社新書ｎｏｔｅで連載した「教養としてのパンク・ロック」に加筆・修正を施し、新書化したものです。

川﨑大助（かわさきだいすけ）

1965年生まれ。作家。'88年、音楽雑誌「ロッキング・オン」にてライター・デビュー。'93年、インディー雑誌「米国音楽」を創刊。執筆のほか、編集やデザイン、DJ、レコード・プロデュースもおこなう。ビームスが発行する文芸誌「インザシティ」に短編小説を継続して発表。著書に長編小説『東京フールズゴールド』（河出書房新社）、『日本のロック名盤ベスト100』（講談社現代新書）、『教養としてのロック名盤ベスト100』『教養としてのロック名曲ベスト100』（以上、光文社新書）、『僕と魚のブルーズ　評伝フィッシュマンズ』（イースト・プレス）、訳書に『フレディ・マーキュリー 写真のなかの人生』（光文社）がある。

X（旧 Twitter）は @dsk_kawasaki

教養《きょうよう》としてのパンク・ロック

2023年11月30日初版1刷発行

著　者 ―― 川﨑大助
発行者 ―― 三宅貴久
装　幀 ―― アラン・チャン
印刷所 ―― 近代美術
製本所 ―― ナショナル製本
発行所 ―― 株式会社光文社
東京都文京区音羽1-16-6（〒112-8011）
https://www.kobunsha.com/
電　話 ―― 編集部03（5395）8289　書籍販売部03（5395）8116
業務部03（5395）8125
メール ―― sinsyo@kobunsha.com

 ISBN 978-4-334-10153-4

1275
朝、起きられない病
起立性調節障害と栄養の関係
今西康次
「だるさや頭痛、吐き気で起きられない」…中高生の1割が悩む起立性調節障害を栄養の観点から治療・改善させている医師が、発達に必要な栄養や周囲の対応について症例を交え解説。
978-4-334-10069-8

1276
人事変革ストーリー
個と組織「共進化」の時代
髙倉千春
個が活きる組織とは──。複数の外資企業や日本企業で戦略人事や人事制度改革に取り組んできた人事のプロフェッショナルが、これからの日本企業に求められる「新たな知恵」を示す。
978-4-334-10088-9

1277
愛とラブソングの哲学
源河亨
この世はなぜラブソングであふれている⁉︎ 共感できるから？ 愛が普遍的だから？ 生物学・脳科学・歴史学・社会学など様々な学問を駆使して、哲学研究者が問いの答えに迫る。
978-4-334-10089-6

1278
ワクチンを学び直す
岩田健太郎
効果、安全性、種類、活用法──最新の動きに加え、予防接種制度や海外のワクチンも含めたワクチン接種の全体像を、感染症の専門家が分かりやすく解説。今こそ、正しい知識を！
978-4-334-10090-2

1279
日本企業はなぜ「強み」を捨てるのか
増補改訂版『日本〝式〟経営の逆襲』
岩尾俊兵
「カネよりヒト」のスタイルこそ日本企業の強みだったが、自らその姿勢を手放してしまったのはなぜか。東大初の経営学博士号を取得した気鋭の経営学者が説く、日本経済復活への道。
978-4-334-10091-9

光文社新書

1280
新説 徳川家康
後半生の戦略と決断
野村玄
秀吉の没後、豊臣家と豊臣恩顧の大名たちの制約の中で家康はどのように政治的な手腕を発揮し、幕府の礎を築いていったのか。一次史料から家康の真の偉大さに迫る。
978-4-334-10131-2

1281
発達障害児を育てるということ
柴田哲　柴田コウ
父は発達心理学を研究する大学教授。母は公認心理師。発達の専門家夫妻が軽度自閉症児の息子と送る日々を、保護者視点と研究者視点を行き来しながら綴った「学術的子育てエッセイ」。
978-4-334-10132-9

1282
教養としてのパンク・ロック
川崎大助
「パンク」の語源は？　誰が「パンク・ロック」と名付けたのか？なぜ髪を逆立てるのか？　なぜトゲトゲの付いた革ジャンを着るのか？　パンクの発想・哲学を名盤105枚とともに解説。
978-4-334-10153-4

1283
犯罪へ至る心理
エティエンヌ・ド・グレーフの思想と人生
梅澤礼
どのようにして人は犯罪に手を染めることになるのか。誰もが罪を犯しうるとしながら、それでも防ぐ方法を模索し続けた、20世紀ベルギーの精神科医・犯罪学者・作家の歩みを丁寧に辿る。
978-4-334-10134-3

1284
だからタイはおもしろい
暮らしてわかったタイ人の「素の顔」
髙田胤臣
経済格差、階級社会、利己主義……。微笑みの裏側には色々あっても、したたかに、サバーイ（気楽）に生きる。ともに暮らしてはじめてわかる、タイ社会とタイ人の本質とは。
978-4-334-10135-0